Im Jahr der HOLZ-SCHLANGE können wir einen neuen Anfang wagen.

Ihr Chinesisches Horoskop erscheint aktuell im 46. Jahr.

DARO VERLAG

Roger Gerhard Keller
Calle La Hondura 22, 1 A-22
E-38683 Puerto de Santiago
Telefon: (00 34) 66 26 03 147
E-Mail: roger@chinesischeshoroskop.com

Das Chinesische Horoskop-Jahrbuch aus dem DARO Verlag kann auch bei Amazon oder über den Buchhandel bestellt werden.

Prognosen/Texte: Daniela Herzberg

Günstige/ungünstige Tage & Zusatzartikel: Roger Keller

Chinesische Tierzeichen/sonstige Grafiken: Robert Habeck / Daniela Herzberg

Redaktion/Lektorat: Roger Keller

Satz: Ostfriesische Presse Druck GmbH, Emden

Druck: Silber-Druck, Niestetal

INHALT

Im Jahr der Holz-Schlange können wir einen neuen Anfang wagen

Liebe Leserin, lieber Leser!

Daniela Herzberg mit ihrem Lebensgefährten Roger Keller, Herausgeber und Co-Autor

Der schillernde Holz-Drache hat in den vergangenen zwölf Monaten für einigen Wirbel gesorgt. So hat es viel Unruhe auf dem internationalen Parkett gegeben und auch auf der privaten Ebene konnten wir alle sicher einige Umbrüche verzeichnen.
Ein Drachenjahr bringt immer Erneuerung - das gilt umso mehr, wenn dazu noch eine neue Lo Shu Phase anbricht, wie es 2024 der Fall war. (Mehr dazu erfahren Sie ab Seite 138).
Im Jahr der Holz-Schlange kann sich nun hoffentlich der Staub etwas setzen, der im letzten Jahr in allen Bereichen aufgewirbelt wurde. Im Gegensatz zu ihrem Vorgänger geht es der neuen Regentin nämlich nicht darum, möglichst viel möglichst rasch zu verändern. Die Schlange braucht vielmehr Zeit, um den Dingen auf den Grund zu gehen und ist für oberflächliche und nicht durchdachte Aktionen in der Regel nicht zu haben.
Viele der im letzten Jahr getroffenen Entscheidungen dürfen deshalb nun noch einmal auf den Prüfstand gestellt werden. Da kann es dann durchaus passieren, dass so manches schnell aus dem Boden gestampfte Konzept eingestellt wird, groß angekündigte Prestigeprojekte wie ein Kartenhaus in sich zusammenfallen oder überstürzt geschmiedete Allianzen auseinanderbrechen. Das kann dann auch dazu führen, dass so manche Persönlichkeit des öffentlichen Leben Stellung beziehen und sich mit den Fehlern der Vergangenheit auseinander setzen muss.
Generell dürfte es nun auf allen Ebenen nicht mehr so einfach sein, oberflächliche Erfolge zu erzielen, denn mit der Schlange am Ruder gilt wieder klar mehr Sein als Schein. Das bedeutet, dass wir 2025 vielleicht nicht mehr ganz so schnell unsere Ziele erreichen und dafür intensiver arbeiten müssen. Dafür können wir aber dann auch mehr darauf bauen, dass das Ergebnis Bestand hat und wir nicht nur ein kurzes Strohfeuer entfacht haben. Das gilt auch für den Bereich der persönlichen Beziehungen, wo wir nun wieder mehr in die Tiefe gehen dürfen.
So mancher mag im ersten Teil des Jahres mit Aufräumarbeiten aus den letzten Monaten beschäftigt sein. Mit Unterstützung der Holz-Schlange lässt sich Vergangenes klarer einordnen und analysieren. Das kann zum einen dabei helfen, aus den gemachten Fehlern zu lernen und sie zukünftig zu vermeiden. Zum anderen können wir daraus auch wichtige Erkenntnisse über uns selbst gewinnen und uns auf dieser Basis neu ausrichten.
Das Thema persönliche Entwicklung ist der Holz-Schlange wirklich wichtig. So lädt sie uns alle ein, 2025 mehr auf unsere Bedürfnisse zu achten und herauszufinden, wo unsere wirkliche Bestimmung liegt. Wer sich in den kommenden Monaten auf die Energie der neuen Regentin einlässt und sich geduldig zeigt, kann die richtige Richtung einschlagen und entspannt in Fülle und Glück leben.

Herzlichst

Daniela Herzberg

Tipps für die Nutzung des China Horoskop Jahrbuch 2025

Mit der Holz-Schlange kehrt ab Februar 2025 in allen Bereichen wieder etwas mehr Ruhe ein. Hier kommen alle nötigen Informationen, damit Sie unseren Ratgeber optimal nutzen können.

Wie bestimme ich mein Tierzeichen?

Der Hauptunterschied zwischen einem westlichen und einem chinesischen Horoskop besteht darin, dass in China das Tierzeichen nach dem Jahr berechnet wird und nicht wie im westlichen Horoskop nach dem Monat. **Welches chinesische Tierzeichen für welches Jahr gilt, können Sie ganz einfach in der Tabelle auf den Seiten 6/7 nachlesen.** Aber Achtung: Bei den Chinesen beginnt das astrologische Jahr nicht wie bei uns am 1. Januar, sondern nach dem chinesischen Sonnenkalender immer um den 4. Februar. Wer also vor diesem Termin geboren wurde, gehört noch zum Tierzeichen des Vorjahres.

Die zu der Jahresvorschau der einzelnen Tierzeichen angegebenen Daten ab Seite 8 beziehen sich übrigens auf den jeweiligen Termin des chinesischen Neujahrsfestes, der im Gegensatz zum persönlichen Horoskop nach dem Mondkalender berechnet wird.

Was Ihre Geburtsstunde über Sie verrät

Neben dem Geburtsjahr hat auch die Geburtsstunde einen wichtigen Einfluss auf die Persönlichkeit eines Menschen. Gibt das Tier des Jahres Hinweise auf Ihr Äußeres, so spiegelt das Tier der Geburtsstunde eher Ihre innere Persönlichkeit wider. Je nachdem, wie diese beiden Tiere zueinander stehen, ist der Mensch in Harmonie mit sich selbst oder geprägt von Spannungen innerhalb seiner Persönlichkeit. Oft finden sich auch Aspekte Ihrer Persönlichkeit im Tier der Geburtsstunde, die das Jahrestier nicht repräsentiert.

Die Chinesen teilen den Tag in zwölf Doppelstunden ein und ihr Tag beginnt, anders als bei uns, bereits um 23:00 Uhr mit der Doppelstunde der Ratte. Ihr persönliches Stundentier können Sie ganz einfach mit Hilfe der Tabelle auf Seiten 6 und 7 finden.

Je nachdem, wo Sie geboren sind, müssen Sie Ihre Geburtszeit bitte der realen astronomischen Zeit anpassen. Für Deutschland, Österreich, die Schweiz und einige andere europäischen Länder gilt die so genannte Mitteleuropäische Zeit (kurz MEZ), die bei Görlitz an der deutsch-polnischen Grenze gemessen wird. Generell gilt: Je weiter westlich Ihr Geburtsort von Görlitz entfernt liegt, desto höher die Abweichung. Wenn also jemand zum Beispiel um 12:00 Uhr in Köln geboren wurde, ergibt sich aus astronomischer Sicht eine Abweichung von minus 32 Minuten. Das bedeutet, dass die astronomische Geburtszeit etwas früher bei etwa 11:28 Uhr liegt. Für Geburtsdaten nach 1980 müssen Sie darüber hinaus zwischen Ende März und Anfang Oktober die Sommerzeit berücksichtigen und eine Stunde abziehen, um die genaue astronomische Zeit zu erhalten.

Die Entstehung der Tierzeichen, die Fünf Elemente und Yin/Yang

Jahrtausende lang waren die Geheimnisse der chinesischen Astrologie nur dem Kaiser und seinem Hofstaat vorbehalten. Wahrscheinlich waren es buddhistische Mönche, die vor etwa 1200 Jahren einen Weg fanden, die kaiserlichen Verbote zu umgehen, um mit Horoskopen ihren Lebensunterhalt aufbessern zu können. Sie nahmen das bis dahin geheime Wissen um die Fünf Elemente und Yin und Yang und ordneten den Eigenschaften zwölf Tierzeichen zu. Jedes Jahr wurde einem Tier zugewiesen, so dass sich jedes der Tierzeichen alle zwölf Jahre wiederholt.

So kam jedes Tier zu seinem persönlichen Element und seiner Polarität, die seine Charaktereigenschaften recht genau widerspiegeln. Yang-Holz

steht zum Beispiel für ungestümes, expansives Wachstum, das sehr eindrucksvoll durch den Tiger repräsentiert wird. Die mütterliche Yin-Erde passt dagegen hervorragend zur sanftmütigen Ziege.
Neben dem Element, welches das Tier repräsentiert, ergibt sich durch das Geburtsjahr jedoch noch ein weiterer Elemente-Anteil, mit dessen Hilfe sich die Tierzeichen noch besser einordnen lassen. Nicht jeder Drache ist gleich – je nachdem, ob Holz, Feuer, Erde, Metall oder Wasser ihn begleiten ist er mal forscher, mal verträumter. **Welches Element Ihr Geburtszeichen charakterisiert, können Sie auf der Seite mit Ihrer persönlichen Jahresvorschau ab Seite 8 im Kasten neben den Geburtsjahren nachlesen.**

Wer passt zu wem?

Diese Frage ist leider nicht ganz so einfach zu beantworten. Was man klar sagen kann, ist, dass es wie auch im westlichen Horoskop Tierzeichen gibt, die sich besser verstehen als andere. Auf der Tabelle auf den Seiten 6 und 7 finden Sie die günstigen und die weniger günstigen Kombinationen für Ihr Tierzeichen. Falls Sie Ihr Stundentier kennen, können Sie auch dieses in Ihr Urteil mit einbeziehen. Manchmal ergeben sich daraus neue Aspekte, die bei ausschließlicher Betrachtung des Jahrestiers nicht so offensichtlich zu sehen sind. Generell vermittelt Ihnen die Tabelle eine Tendenz, wie die Tiere miteinander harmonieren. Bedenken Sie jedoch bitte, dass sich ein komplettes Horoskop (Geburtstag, -stunde, -monat und -jahr) aus vier Tierzeichen bzw. acht Elementanteilen zusammensetzt, die für eine genaue Analyse im Gesamtkontext und unter dem zeitlichen Aspekt betrachtet werden müssen. So kann die Kombination aus zwei Jahrestieren auf den ersten Blick unharmonisch sein, sich aber bei genauerem Betrachten des gesamten Bildes durchaus zu einem harmonischen Ganzen zusammenfügen.

Auf unserer Webseite **www.5-elemente.org** können Sie Ihre vier Tierzeichen unter der Rubrik Astrologie kostenlos errechnen lassen oder auch eine individuelle Auswertung bei uns bestellen.

Astronomische Abweichung der Geburtszeit von der MEZ

Aachen	ca. -36 min	**Freiburg**	ca. -29 min
Augsburg	ca. -16 min	**Fulda**	ca. -21 min
Baden-Baden	ca. -27 min	**Hamburg**	ca. -20 min
Berlin	ca. -6 min	**Hannover**	ca. -25 min
Bielefeld	ca. -26 min	**Karlsruhe**	ca. -26 min
Bonn	ca. -32 min	**Kassel**	ca. -22 min
Bremen	ca. -25 min	**Kiel**	ca. -19 min
Dortmund	ca. -30 min	**Köln**	ca. -32 min
Dresden	ca. -5 min	**Leipzig**	ca. -11 min
Düsseldorf	ca. -33 min	**Magdeburg**	ca. -14 min
Erfurt	ca. -16 min	**München**	ca. -14 min
Flensburg	ca. -22 min	**Nürnberg**	ca. -16 min
Frankfurt a. Main	ca. -25 min	**Stuttgart**	ca. -23 min
Wien	ca. + 5 min	**Zürich**	ca. -26 min
Graz	ca. + 1 min	**Bern**	ca. -30 min

Tierzeichen	Grund-element	Geburts-zeit	Passt generell zu	Passt gene-rell nicht zu	Geburtsjahre mit Zusatzelement	Eigenschaften
Ratte 	Yang Wasser	23:00 – 01:00	Ratte Büffel Drache Affe	Pferd Hase Hahn	1924, 1984 Holz-Ratte 1936, 1996 Feuer-Ratte 1948, 2008 Erd-Ratte 1960, 2020 Metall-Ratte 1972 Wasser-Ratte	kreativ bewusst clever weitsichtig kommunikativ
Büffel 	Yin Erde	01:00 – 03:00	Ratte Schlange Hahn	Ziege Drache Hund	1925, 1985 Holz-Büffel 1937, 1997 Feuer-Büffel 1949, 2009 Erd-Büffel 1961, 2021 Metall-Büffel 1973 Wasser-Büffel	einfallsreich stark konservativ durchsetzungsstark aufmerksam
Tiger 	Yang Holz	03:00 – 05:00	Pferd Hund Schwein Hase	Affe Tiger Schlange	1926, 1986 Feuer-Tiger 1938, 1998 Erd-Tiger 1950, 2010 Metall-Tiger 1962, 2022 Wasser-Tiger 1974 Holz-Tiger	strategisch willensstark entschlossen mutig führungsstark
Hase 	Yin Holz	05:00 – 07:00	Hase Ziege Schwein Schlange Tiger	Drache Hahn Pferd Ratte	1927, 1987 Feuer-Hase 1939, 1999 Erd-Hase 1951, 2011 Metall-Hase 1963, 2023 Wasser-Hase 1975 Holz-Hase	träumerisch diplomatisch häuslich heilend intuitiv
Drache 	Yang Erde	07:00 – 09:00	Ratte Affe Schlange	Hund Hase Ziege Büffel	1928, 1988 Erd-Drache 1940, 2000 Metall-Drache 1952, 2012 Wasser-Drache 1964, 2024 Holz-Drache 1976 Feuer-Drache	moralisch selbstsicher glückbringend opportunistisch erfolgreich
Schlange 	Yin Feuer	09:00 – 11:00	Büffel Hahn Drache Hase Affe	Schwein Tiger	1929, 1989 Erd-Schlange 1941, 2001 Metall-Schlange 1953, 2013 Wasser-Schlange 1965, 2025 Holz-Schlange 1977 Feuer-Schlange	zufrieden abwartend verlässlich vorsichtig traditionell

Pferd 	Yang Feuer	11:00 – 13:00	Pferd Tiger Hund Ziege	Ratte Hahn Hase	1930, 1990 Metall-Pferd 1942, 2002 Wasser-Pferd 1954, 2014 Holz-Pferd 1966, 2026 Feuer-Pferd 1978 Erd-Pferd	verantwortungsvoll hitzig versonnen aktiv teamfähig
Ziege 	Yin Erde	13:00 – 15:00	Ziege Hase Schwein Pferd	Büffel Hund Drache	1931, 1991 Metall-Ziege 1943, 2003 Wasser-Ziege 1955, 2015 Holz-Ziege 1967, 2027 Feuer-Ziege 1979 Erd-Ziege	freundlich genügsam künstlerisch versonnen selbstlos
Affe 	Yang Metall	15:00 – 17:00	Affe Ratte Drache Hahn Schlange	Tiger Schwein	1920, 1980 Metall-Affe 1932, 1992 Wasser-Affe 1944, 2004 Holz-Affe 1956, 2016 Feuer-Affe 1968, 2028 Erd-Affe	entschlussfreudig elegant fingerfertig leichtsinnig zuversichtlich
Hahn 	Yin Metall	17:00 – 19:00	Büffel Schlange Affe	Hase Hahn Ratte Pferd	1921, 1981 Metall-Hahn 1933, 1993 Wasser-Hahn 1945, 2005 Holz-Hahn 1957, 2017 Feuer-Hahn 1969, 2029 Erd-Hahn	stolz weitsichtig perfektionistisch offen sparsam
Hund 	Yang Erde	19:00 – 21:00	Hund Tiger Pferd Schwein	Drache Ziege Büffel	1922, 1982 Wasser-Hund 1934, 1994 Holz-Hund 1946, 2006 Feuer-Hund 1958, 2018 Erd-Hund 1970, 2030 Metall-Hund	wachsam intellektuell loyal misstrauisch komplex
Schwein 	Yin Wasser	21:00 – 23:00	Schwein Hase Ziege Hund Tiger	Schlange Affe	1923, 1983 Wasser-Schwein 1935, 1995 Holz-Schwein 1947, 2007 Feuer-Schwein 1959, 2019 Erd-Schwein 1971, 2031 Metall-Schwein	gesprächig treu hingebungsvoll mitfühlend fleißig

Die Tierzeichen und ihre Entsprechungen

TZE, die RATTE schaltet einen Gang zurück

Grund-Element
Wasser Yang

Wenn Sie eine Ratte sind, sind Sie in einem der folgenden Jahre geboren:

鼠

1936 Feuer-Ratte	(24.01.1936-10.02.1937)
1948 Erd-Ratte	(10.02.1948-28.01.1949)
1960 Metall-Ratte	(28.01.1960-14.02.1961)
1972 Wasser-Ratte	(15.02.1972-03.02.1973)
1984 Holz-Ratte	(02.02.1984-19.02.1985)
1996 Feuer-Ratte	(19.02.1996-06.02.1997)
2008 Erd-Ratte	(07.02.2008-25.01.2009)
2020 Metall-Ratte	(25.01.2020-11.02.2021)

Mit dem Drachen an ihrer Seite konnte die Ratte im vergangenen Jahr in vielen Bereichen glänzen und ihre zahlreichen Ideen nach außen tragen. Ob das allerdings immer dann auch zu einer erfolgreichen Umsetzung geführt hat, steht auf einem anderen Blatt. Sicher hat die Ratte in den letzten zwölf Monaten aber einiges bewirken können und geht mit gestärktem Selbstbewusstsein in das neue Jahr.

Mit der Holz-Schlange ist es erst einmal nicht mehr so einfach für die Ratte, sich sichtbar zu machen, denn die neue Regentin drängt sich nicht ins Rampenlicht. Sie wünscht sich vielmehr von ihren Untertanen, dass in allen Bereichen genauer hingeschaut wird. Die Liebe zum Detail teilt sie durchaus mit der Ratte, die sich nun wieder mehr Gedanken machen darf, bevor sie aktiv wird.

Das kann in den kommenden zwölf Monaten immer dann hilfreich sein, wenn es darum geht, aus verschiedenen Möglichkeiten das Richtige auszuwählen. Die Ratte kann sich nämlich Zeit und Arbeit sparen, wenn sie mit Hilfe der Schlange ihre zahlreichen vermeintlich brillanten Ideen erst einmal auf ihre Machbarkeit hin überprüft und sich überlegt, wie das Ganze in die Tat umzusetzen ist.

Auf der finanziellen Ebene kann sich die neue Regentschaft durchaus positiv auswirken. Im Gegensatz zum Drachen weiß die Schlange nämlich geschickt zu budgetieren. Mit vorsichtigen Investitionen kann die Ratte 2025 ihren Einfluss ausweiten und unnütze Ausgaben vermeiden. Die Schritte werden vielleicht eher klein sein, aber dafür nachhaltig.

Auf der privaten Ebene geht es vielleicht nicht immer auf allen Ebenen harmonisch zu. Die Schlange hat zuweilen die Tendenz, emotionale Spannungen auszulösen, was sich in Partnerschaft, Familie oder Freundeskreis bemerkbar machen kann. Das mag sich erst einmal lästig anfühlen, sollte die Ratte aber nicht davon abhalten, auf ihre sozialen Fähigkeiten zu vertrauen.

Ihr Powertipp für 2025

Sie haben die Gelegenheit, Ihrem Leben eine neue Richtung zu geben. Lassen Sie sich nicht von Unkenrufen entmutigen!

Die RATTE und ihr Wissen

Für die Ratte ist es enorm wichtig, auf dem Laufenden zu bleiben. Schließlich braucht sie immer neue Informationen, um ihre zahlreichen Ideen und Pläne entwickeln zu können.

Sie kann eine Flut von Nachrichten aufnehmen und wird nicht müde, immer neue Quellen aufzutun, um so mehr Wissen anzusammeln und sich inspirieren zu lassen. Das Internet ist deshalb eine wunderbare Spielwiese für die Ratte, und sie wird nicht müde, Youtube, Facebook oder Instagram zu durchstreifen. Dabei kommen ihr eher kurze Beiträge besonders entgegen, denn ihr wird recht schnell langweilig, wenn es zu sehr ins Detail geht.

Die meisten Ratten interessieren sich nämlich nicht unbedingt dafür, besonders tief in ein Thema einzusteigen. Ihnen ist es eher wichtig, sich breit aufzustellen. So hat dieses Tierzeichen auf fast jede Frage eine Antwort parat, auch wenn diese vielleicht nicht immer ganz den Kern der Sache trifft. Zum Mitreden reicht ihr Wissen allemal.

Nach außen erscheint die Ratte immer sehr gut informiert, denn sie weiß, ihr Wissen in die richtigen Worte zu kleiden. Innerlich sieht es dagegen vielleicht manchmal ein bisschen anders aus, denn sie ist sich gar nicht immer sicher, ob sie aus den gesammelten Informationen auch wirklich die Essenz herausfiltern kann. Das hält sie aber in der Regel nicht davon ab, das, was sie weiß, laut und deutlich kundzutun, auch wenn es nicht der Weisheit letzter Schluss ist.

Wie geht die Ratte mit Informationen um?

Die Ratte ist ein klassischer Sammler von Informationen. Man kann ihrer Meinung nach einfach nie genug davon haben. Die schiere Flut an Daten führt aber in der Regel dazu, dass der interne Speicher irgendwann so voll ist, dass es mit dem Ordnen der Gedanken schwierig wird. Dann kommt es der Ratte zugute, dass sie sich recht gut von Dingen trennen kann, die sie nicht mehr interessieren. So löscht sie einfach Themen, die sie noch vor kurzem brennend interessiert haben, und tauscht diese ohne Umschweife gegen ein neues Steckenpferd aus.

Bei der Überprüfung von Fakten tut sich die Ratte vielleicht zuweilen ein bisschen schwer - vor allem, wenn die Sache nicht offensichtlich ist und sie sich anstrengen muss, um die entsprechenden Informationen zu erhalten. Sie muss sich schon wirklich sehr für die Sache interessieren, um bereit zu sein, einen höheren Aufwand zu betreiben. Hat sie sich allerdings erst einmal in ein interessantes Thema verbissen, wird sie alles tun, um möglichst breit informiert zu sein.

Der Tipp für die Ratte:

Sie müssen wirklich nicht immer alles wissen. Wenn Sie lernen, bei Ihren Recherchen schon von Anfang an die Spreu vom Weizen zu trennen, sparen Sie sich viel Zeit und Energie. Darüber hinaus sollten Sie sich des Öfteren einmal eine Pause von der Medienflut gönnen! Die Welt dreht sich auch dann weiter, wenn Sie nicht überall an vorderster Wissensfront dabei sind.

> *Einst lebten wir auf dem Land, dann in Städten, und von jetzt an im Netz.*
>
> **– Mark Zuckerberg**
> Meta- und Facebookgründer
> Holz-Ratte

KIU, der BÜFFEL startet beruflich und privat durch

Grund-Element
Erde Yin

Wenn Sie ein Büffel sind, sind Sie in einem der folgenden Jahre geboren:

牛

1937 Feuer-Büffel	(11.02.1937-30.01.1938)
1949 Erd-Büffel	(29.01.1949-16.02.1950)
1961 Metall-Büffel	(15.02.1961-04.02.1962)
1973 Wasser-Büffel	(04.02.1973-22.01.1974)
1985 Holz-Büffel	(20.02.1985-08.02.1986)
1997 Feuer-Büffel	(07.02.1997-27.01.1998)
2009 Erd-Büffel	(26.01.2009-13.02.2010)
2021 Metall-Büffel	(12.02.2021-31.01.2022)

Wie oft hat der Büffel im vergangenen Jahr über seinen Schatten springen müssen? Mit dem Drachen ging es 2024 vor allem darum, sicheres Terrain zu verlassen und sich auf Neues einzulassen. Das entspricht nicht unbedingt dem Charakter des Büffels und hat vielleicht zuweilen dazu geführt, dass er sich in den letzten Monaten etwas mehr aus dem aktiven Geschehen zurückgezogen hat.

Mit der Schlange übernimmt nun ein Tierzeichen das Zepter, das mit dem Büffel in allen Bereichen harmoniert. In den kommenden zwölf Monaten kann ihm deshalb fast alles gelingen. 2025 kann der Büffel auf gesellschaftlicher und beruflicher Ebene vorankommen und wertvolle Kontakte knüpfen.

Vor allem im Beruf stehen alle Zeichen auf Erfolg. Die Karriereleiter lässt sich nun deutlich einfacher erklimmen und der Büffel bekommt die verdiente Anerkennung für sein Tun. Es ist außerdem auch ein wirklich guter Zeitpunkt, um den Job zu wechseln - auch dann, wenn das Ganze mit einem Standortwechsel verbunden ist. Auch für selbständige Büffel ist die Holz-Schlange ein guter Partner und unterstützt geschäftliche Belange vor allem dann, wenn es darum geht, sich nun vorsichtig auszubreiten und der eigenen Agenda zu folgen.

Im privaten Alltag hilft die Schlange dem Büffel, genauer hinzuschauen und kein Detail aus dem Auge zu verlieren, was Partner und Familie sehr zu schätzen wissen. Mit aufmerksamem Verhalten kann der Büffel nun nicht nur neue Herzen gewinnen, sondern auch leicht eingeschlafenen Beziehungen neues Leben einhauchen.

Wer das vergangene Jahr genutzt hat, um sich für einen potentiellen Partner sichtbarer zu machen, darf nun sicher die Ernte einfahren und ein neues Glück finden. Aber auch in bestehenden Partnerschaften kann die Liebe im Jahr der Holz-Schlange frisch erblühen und die gegenseitige Anziehungskraft verstärkt werden.

Ihr Powertipp für 2025

Genießen Sie die erfüllte Zeitspanne und nehmen Sie an, was das Universum Ihnen nun bietet.

Der BÜFFEL und sein Wissen

Der Büffel steht im Chinesischen Tierkreis unter anderem für Kontinuität und eher konservative Werte. So ist es nicht verwunderlich, dass er sich gerne im Detail schlau macht, wenn es um Themen aus seinem Wirkungskreis geht. Dabei geht er wie immer sehr pragmatisch vor. Welche Informationen sind wirklich wichtig für mich? Wozu kann ich dieses Wissen gebrauchen? Macht es wirklich Sinn, dass ich in diesen Bereich tiefer eintauche?
Wissen, das ihm nicht in irgendeiner Form dient oder ihn weiterbringt, wird deshalb schnell als nicht relevant eingestuft und ist es nicht wert, darauf unnütze Zeit zu verschwenden. Es gibt einfach wichtigere Dinge im Leben, als sich mit Themen zu befassen, die schon morgen das Papier nicht mehr wert sind, auf dem sie gedruckt wurden.
Viele Büffel bleiben auch im digitalen Zeitalter den traditionellen Medien treu und stehen Informationen skeptisch gegenüber, die irgendjemand aus den sozialen Medien aufgeschnappt hat. Dieses Tierzeichen möchte lieber schwarz auf weiß sehen, was Sache ist. Selber Informationen zu sammeln und sich dann eine Meinung zu bilden, gehört für den Büffel zur Wissensfindung unbedingt dazu.
Hat er sich seinen Standpunkt erst einmal erarbeitet, hat er kein Problem damit, seine Sichtweise deutlich zu äußern und schert sich dabei auch recht wenig um möglichen Widerstand, auch wenn seine Einstellung als zu konservativ abgetan wird.

Wie geht der Büffel mit Informationen um?
Es ist dem Büffel wichtig, über entscheidende Themen im Bilde zu sein. Das gilt sowohl für gesellschaftliche als auch für berufliche oder private Aspekte. Dabei neigt er durchaus zuweilen dazu, die gewonnenen Informationen gleich in bestimmte Schubladen einzuordnen und sie dort ohne weiteres Hinterfragen zu belassen. So kann es passieren, dass er mit einer vorgefertigten Meinung auf bestimmte Menschen oder Situationen zugeht. Es fällt ihm dann oft schwer, seine bisherige Einstellung zu revidieren und sich eine neue Sichtweise zu eigen zu machen.

Die meisten Büffel haben einen sehr ausgeprägten moralischen und pragmatischen Kompass, mit dem sie ihr Wissen überprüfen. Das kann sie durchaus davor bewahren, Fehlinformationen aufzusitzen. Eine allzu fantasievolle Berichterstattung oder das schamlose Spiel mit Emotionen haben beim Büffel in der Regel kaum eine Chance, denn derartige Tricks werden von ihm schnell durchschaut.
Allerdings gelingt es ihm nicht immer, die Nuancen wahrzunehmen, die sich hinter gewissen Themen verbergen.

Der Tipp für den Büffel:
Manchmal kann es nicht schaden, mehr über den Tellerrand zu schauen und sich in alle Richtungen zu informieren. Keine Meinung sollte so festgefahren sein, dass man sie nicht mit wirklich guten Argumenten kontern kann. Lösen Sie sich von dem Gedanken, dass die Dinge immer nur entweder schwarz oder weiß sein können.

> ***Folge nie der Menge, nur weil du Angst hast, anders zu sein.***
>
> **– Margaret Thatcher**
> Erste britische Premierministerin
> Holz-Büffel

YING, der TIGER schreitet bedächtig voran

Grund-Element
Holz Yang

Wenn Sie ein Tiger sind, sind Sie in einem der folgenden Jahre geboren:

虎

1938	Erd-Tiger	(31.01.1938-18.02.1939)
1950	Metall-Tiger	(17.02.1950-05.02.1951)
1962	Wasser-Tiger	(05.02.1962-24.01.1963)
1974	Holz-Tiger	(23.01.1974-10.02.1975)
1986	Feuer-Tiger	(09.02.1986-28.01.1987)
1998	Erd-Tiger	(28.01.1998-15.02.1999)
2010	Metall-Tiger	(14.02.2010-02.02.2011)
2022	Wasser-Tiger	(01.02.2022-21.01.2023)

Im vergangenen Jahr konnte der Tiger mit Hilfe des Drachen so manches Mal die Aufmerksamkeit in die gewünschte Richtung lenken und so die nötige Unterstützung für seine Pläne bekommen. Wenn er die gebotenen Möglichkeiten ergriffen hat, hat er sicher auf der privaten und beruflichen Ebene 2024 viel erreichen können.

Nun übergibt der Drache sein Zepter an die Holz-Schlange, die deutlich weniger offensiv unterwegs ist. Das bedeutet nicht, dass sich in diesem Jahr keine guten Gelegenheiten mehr für den Tiger bieten. Sie zeigen sich wahrscheinlich nicht mehr so offensichtlich und es ist auch nicht mehr ganz so einfach, beherzt zuzugreifen. Vielmehr wünscht sich die Schlange vom Tiger, dass er sich über jeden seiner Schritte wirklich Gedanken macht und jetzt etwas vorsichtiger sein Terrain erweitert.

Die Finanzen des Tigers können sich mit Hilfe der Schlange in den kommenden Monaten recht gut entwickeln. Gewinne sollten aber nicht gleich wieder mit beiden Händen ausgegeben, sondern lieber zurückgelegt werden. In eher unsicheren Zeiten ist es wichtig, ein gutes Polster zu haben, um im Zweifelsfall schnell reagieren zu können.

Auch wenn die aktuelle Herrscherin auf fast alle Fragen eine Antwort hat, sollte der Tiger sich 2025 besser nicht auf bürokratische oder juristische Auseinandersetzungen einlassen. Die Sache kann sich als zeitintensiv und äußerst anstrengend erweisen und das Ergebnis rechtfertigt oft nicht den Einsatz.

Im Bereich der persönlichen Beziehungen darf der Tiger sich in den kommenden Monaten ruhig etwas nachgiebiger zeigen und mehr Verantwortung abgeben.

Bestehenden Partnerschaften tut es nun besonders gut, wenn wichtige Entscheidungen nicht einseitig getroffen werden. Es ist vielleicht nicht einfach für den Tiger, wichtige Angelegenheiten anderen zu überlassen. Für eine harmonische Beziehung ist es aber unabdingbar, dass auch einmal die andere Seite das Sagen hat.

Ihr Powertipp für 2025
Es ist wirklich keine Schande, Hilfe anzunehmen. Jetzt können Sie wertvolle Allianzen schmieden!

Der TIGER und sein Wissen

Der Wissensdurst des Tigers ist in der Regel sehr groß. Er findet es einfach wichtig, über möglichst viele Dinge im Bilde zu sein und ist gerne bereit, dafür seine Zeit zu investieren.
Wenn ihn ein Thema sehr interessiert, startet der Tiger eine intensive Recherche und verlässt sich dabei garantiert nicht nur auf eine Informationsquelle. Videos, Fachliteratur, Dokumentationen, Vorträge - der Tiger saugt alle Daten auf, die er bekommen kann und durchleuchtet die Sache mehrfach in alle Richtungen. Seine Umgebung mag deswegen zuweilen ein wenig die Augen verdrehen. Am Ende zahlt es sich aber fast immer aus, denn so trifft der Tiger seine Entscheidungen in der Regel sehr gut vorbereitet.
Das erlangte Wissen teilt der Tiger gerne mit seiner Umgebung und fühlt sich dabei oft so sicher, dass es seinem Gegenüber schwer fallen dürfte, ihn von etwas anderem zu überzeugen. Geschäftspartner, Freunde und Familie sollten sich deshalb lieber gut vorbereiten, bevor sie in eine Diskussion mit dem Tiger einsteigen, ansonsten wird das Ganze wahrscheinlich eine recht einseitige Angelegenheit.
Gut informiert zu sein hilft dem Tiger, in seinem persönlichen und beruflichen Umfeld die Kontrolle zu behalten. Dafür ist es unabdingbar, dass er bereit ist, immer wieder dazu zu lernen und gegenüber neuen Quellen aufgeschlossen zu sein. So bleibt er immer im Bilde und stellt sicher, dass ihm kein wichtiges Detail entgeht.

Wie geht der Tiger mit Informationen um?
Der Tiger glaubt lange nicht alles, was er liest oder sieht und verlässt sich deshalb auch nicht nur auf eine Quelle bei seinen Recherchen. Vielmehr versucht er, das gesamte Spektrum eines Themas zu erfassen und sich dann daraus eine Meinung zu bilden.
Kommt er dabei ungenauen Angaben oder falschen Informationen auf die Spur, bringt ihn das schnell zur Weißglut - vor allem, wenn er das Gefühl hat, dass dies vorsätzlich geschieht. Mit seinem ausgeprägten Sinn für Gerechtigkeit kann es der Tiger nur schwer ertragen, wenn er und der Rest der Öffentlichkeit an der Nase herumgeführt

werden. Ein gesundes Misstrauen den Medien und dem Internet gegenüber hilft ihm dabei, derartige Ungereimtheiten aufzuspüren. Er scheut sich in der Regel nicht, diese dann auch öffentlich zu machen und die Urheber mit seinen Erkenntnissen zu konfrontieren.
Vor allem für Partner, Familie und Freunde mag es anfangs vielleicht nicht immer angenehm sein, wenn der Tiger seinen Finger in die Wunde legt. Am Ende des Tages kann das aber dazu führen, dass beide Seiten ehrlicher miteinander umgehen können.

Der Tipp für den Tiger:
Sicher ist es gut, dass Sie neuen Informationen erst einmal skeptisch gegenüber stehen. Wenn Sie Ihrem Gegenüber aber das Gefühl geben, dass Sie allein die Weisheit mit Löffeln gegessen haben, kann kaum ein konstruktiver Austausch entstehen. Auch andere Meinungen können fundiert sein. Lassen Sie sich also ruhig mehr darauf ein.

”

Es ist schwer, ein Volk zu regieren, das 246 Käsesorten hat.

– Charles de Gaulle
Französicher Staatspräsident
Metall-Tiger

MAO, der HASE genießt seine persönlichen Beziehungen

Grund-Element
Holz Yin

Wenn Sie ein Hase sind, sind Sie in einem der folgenden Jahre geboren:

兔

1939 Erd-Hase	(19.02.1939-07.02.1940)
1951 Metall-Hase	(06.02.1951-26.01.1952)
1963 Wasser-Hase	(25.01.1963-12.02.1964)
1975 Holz-Hase	(11.02.1975-30.01.1976)
1987 Feuer-Hase	(29.01.1987-16.02.1988)
1999 Erd-Hase	(16.02.1999-04.02.2000)
2011 Metall-Hase	(03.02.2011-22.01.2012)
2023 Wasser-Hase	(22.01.2023-09.02.2024)

Mit dem Drachen war der Hase im vergangenen Jahr nicht immer einer Meinung. Vor allem im Umgang mit den Menschen im unmittelbaren Umfeld konnten sich diese beiden sicher nicht immer einig werden. Auf der anderen Seite hat der alte Regent mutigen Hasen sicher dabei helfen können, sich besser ins rechte Licht zu rücken und Gelegenheiten beim Schopf zu packen.
Mit der Holz-Schlange weht ab sofort ein deutlich sanfterer Wind. Im Gegensatz zu ihrem Vorgänger legt es die neue Herrscherin überhaupt nicht darauf an, sich in den Vordergrund zu drängen. Das dürfte den meisten Hasen durchaus entgegen kommen und ihnen die Möglichkeit geben, in Ruhe und ohne große Ablenkung die Aufgaben zu erfüllen, die das neue Jahr mit sich bringt.
Umsicht und ein durchdachtes Vorgehen sind jetzt vor allem auf der beruflichen und finanziellen Ebene 2025 von großem Vorteil. Mit Hilfe der analytischen Schlange lassen sich Projekte bis in die Tiefe planen, ohne dabei das Budget aus den Augen zu verlieren. Ein realistischer Blick auf die Fakten in Kombination mit einem gesunden Bauchgefühl kann dafür sorgen, dass sich nun viele Dinge umsetzen lassen, die im vergangenen Jahr nur angedacht worden sind oder für die einfach die Zeit gefehlt hat.
Im Bereich der persönlichen Beziehungen darf sich der Hase in diesem Jahr wirklich auf seine Intuition verlassen. Sein Umfeld mag vielleicht manchmal erstaunt auf sein Handeln reagieren. Das sollte ihn aber nicht davon abhalten, sich selbst treu zu bleiben und zu seinen Entscheidungen zu stehen. Mit Hilfe der neuen Herrscherin lassen sich die erspürten Dinge recht leicht mit den entsprechenden Fakten untermauern.
Vor allem in Liebesangelegenheiten gilt die Kombination von Hase und Schlange als besonders günstig. Wer sich nicht in seine Beziehung hineinreden lässt, dem stehen wirklich schöne Zeiten bevor, die man sich auf keinen Fall von potentiellen Neidern vermiesen lassen sollte.

Ihr Powertipp für 2025
Machen Sie sich nicht zu sehr von der Meinung anderer abhängig! Im Jahr der Holz-Schlange dürfen Sie Ihrem Gefühl folgen.

Der HASE und sein Wissen

Der Hase lässt sich nur ungern in ein enges Wissenskorsett einschnüren – er braucht einfach Raum für seine Fantasie und seine Intuition! So fällt es ihm oft schon von Klein auf nicht ganz so leicht, sich nur auf das zu verlassen, was ihm von anderer Seite vorgegeben wird. Und auch im späteren Leben wird man dieses Tierzeichen nicht glücklich machen, wenn man versucht, ihm einfach nur stumpfe Fakten zu vermitteln. Gelingt es, den Hasen zu inspirieren, saugt er gierig alles Wissen auf, was ihm in dem gewählten Bereich geboten wird.
Der Hase mit seinem intuitiven Yin Holz möchte in der Regel lieber selbst erspüren, was um ihn herum los ist, anstatt lediglich darüber zu lesen. Deshalb mag er sich nicht ausschließlich auf die Nachrichten verlassen, sondern spürt lieber in sich hinein, wie sich diese für ihn anfühlen.
Bei seiner sensiblen Ader kann die aktuelle Informationsflut beim Hasen allerdings leicht dazu führen, dass er sich überfordert fühlt. Wenn ihm das allgemeine Geschehen zu sehr an die Substanz geht, zieht er sich in sein Inneres zurück und kreiert seine eigene heile Welt. Dann interessiert ihn kaum noch, was im Internet oder in der Zeitung steht. Das kann zuweilen auf der einen Seite dazu führen, dass er sich ein wenig von der Realität abkoppelt. Auf der anderen Seite bewahrt er sich so jedoch seine positive Sicht auf die Welt und die Menschen, die in ihr leben.

Wie geht der Hase mit Informationen um?
Harmonie ist dem Hasen sehr wichtig. So wird er kaum sein Wissen teilen, wenn das Ganze zu unangenehmen Irritationen führen könnte. Auch wenn er Informationen hat, die vom allgemeinen Narrativ in seinem Umkreis abweichen, tut er sich schwer damit, sich zu äußern, wenn er weiß, dass er damit potentiell einen Konflikt auslösen könnte. Ganz anders sieht es aus, wenn zum Thema schon ein allgemeiner Konsens da ist oder er sich mit Gleichgesinnten austauscht. In solchen Fällen genießt es der Hase, aktiv an der Diskussion teilzunehmen und zu zeigen, wie gut er informiert ist. Mit seiner emotional betonten und verständnisvollen Art kann der Hase sein Wissen wunderbar

vermitteln und auch schwierige Sachverhalte für seine Umgebung verständlich machen. Das ist sicher auch einer der Gründe, warum so viele Hasen einen lehrenden Beruf ergreifen oder therapeutisch tätig sind.
Der Hase hat die Fähigkeit, harte Fakten so zu verpacken, dass sie sich eher harmlos anhören. Manchmal kann das dazu führen, dass der anderen Seite die Dringlichkeit der Sache dadurch nicht voll bewusst wird.

Der Tipp für den Hasen:
Manchmal ist es besser, wenn Sie nicht alle Informationen, die draußen in der Welt herum kreisen, nah an sich heran lassen. Ein gewisser Abstand zu den Dingen kann für Sie unabdingbar sein, um emotional gesund zu bleiben. Es ist allerdings wichtig, eine gute Balance zu finden und die Realität nicht komplett außen vor zu lassen. Sprechen Sie Ihre Zweifel deshalb offen an, auch wenn das zu Auseinandersetzungen führen kann!

” ***Phantasie ist wichtiger als Wissen, denn Wissen ist begrenzt.***

– Albert Einstein
Physiker & Nobelpreisträger
Erd-Hase

SHENG, der DRACHE setzt seine Pläne um

Grund-Element
Erde Yang

Wenn Sie ein Drache sind, sind Sie in einem der folgenden Jahre geboren:

龍

1928	Erd-Drache	(23.01.1928-09.02.1929)
1940	Metall-Drache	(08.02.1940-26.01.1941)
1952	Wasser-Drache	(27.01.1952-13.02.1953)
1964	Holz-Drache	(13.02.1964-01.02.1965)
1976	Feuer-Drache	(31.01.1976-17.02.1977)
1988	Erd-Drache	(17.02.1988-05.02.1989)
2000	Metall-Drache	(05.02.2000-23.01.2001)
2012	Wasser-Drache	(23.01.2012-09.02.2013)

Es war sicher einiges los beim Drachen in den vergangenen zwölf Monaten. Mit Unterstützung seines Artgenossen konnte er in allen Bereichen zeigen, was in ihm steckt. Dabei hat er unter Umständen allerdings auf so vielen unterschiedlichen Hochzeiten getanzt, dass sich der eine oder andere Fehler eingeschlichen hat und das Ergebnis nicht ganz seinen Vorstellungen entsprach.
Das es nicht reicht, nur oberflächlich zu glänzen, lernt der Drache mit der Holz-Schlange, die 2025 das Zepter übernimmt. Mit ihrer Hilfe kann er Fehler aus den vergangenen Monaten erkennen und korrigieren und so seine Pläne zu einem erfolgreichen Ende bringen.
Vor allem finanziell aus dem Ruder geratene Projekte können mit Hilfe der analytischen Schlange wieder auf Kurs gebracht werden und sich positiv entwickeln. So lässt sich vielleicht sogar ein kleines Polster ansparen, was der Drache dann für einen seiner ambitionierten Pläne einsetzen kann.
Generell werden sich die Dinge auf der beruflichen Ebene wahrscheinlich nicht so schnell entwickeln, wie der Drache es aus dem letzten Jahr gewohnt ist. Dafür können sich bestehende Knoten langsam aber sicher lösen und es bieten sich so vielleicht Möglichkeiten für einen neuen Anfang.
Auf der privaten Ebene dürfte es jetzt mehr darum gehen, wie der Drache mit seiner inneren Welt umgeht. Die Schlange schärft nämlich vor allem auch den Blick für die eigene spirituelle Entwicklung abseits der Öffentlichkeit. So darf sich der Drache jetzt durchaus auch einmal aus dem aktiven Geschehen zurückziehen und sich alleine und mit Zeit mit seinen persönlichen Themen auseinandersetzen.
In der Liebe kehrt bei den meisten Drachen 2025 etwas mehr Ruhe ein. Wer ein neues Herz erobert hat oder in einer längeren Beziehung lebt, darf nun mehr in die Tiefe gehen und kann eine ganz neue Ebene des gegenseitigen Verständnis erreichen.

Ihr Powertipp für 2025
Für wilde Kapriolen ist jetzt nicht die Zeit. Bleiben Sie auf Kurs, dann können Sie in den kommenden Monaten reiche Ernte einfahren.

Der DRACHE und sein Wissen

Nach außen erscheint es oft so, als ob der Drache wirklich fast alles weiß. Selbstbewusst präsentiert er seine Kenntnisse in der Öffentlichkeit und schert sich dabei wenig darum, was andere davon halten. Die meisten Drachen lieben es, die Aufmerksamkeit auf sich zu ziehen und können in fast allen Bereichen mitreden.
Schaut man jedoch genauer hin, wird man feststellen, dass der Drache gar nicht immer so gut informiert ist, wie es auf den ersten Blick aussieht. Das liegt sicher auch daran, dass er sich für viele Themen gleichzeitig interessiert und deshalb oft schon aus Zeitgründen nur an der Oberfläche kratzen kann. Manchmal findet er aber auch eine Sache einfach nicht spannend genug, um mehr Zeit zu investieren und sich schlau zu machen.
Mangelndes Wissen in der Tiefe macht er meist spielend mit seiner Präsentation wett. Er spürt, was man von ihm erwartet und ist in der Regel in der Lage mit den Informationen, die er hat, Eindruck zu schinden. Je begeisterter er von einem Thema ist, desto glaubwürdiger wirkt er auf seine Umgebung. Hat er wirklich Feuer gefangen, ist er dann auch bereit, mehr in die Materie einzutauchen und so sein Wissen auf stabilere Beine zu stellen. Uninteressante Themen werden dagegen schnell abgetan und nicht mehr weiter verfolgt, selbst wenn es ihm einen Nutzen bringen könnte.

Wie geht der Drache mit Informationen um?
Der Drache gehört nicht unbedingt zu den Tierzeichen, die jedes Wort auf die Goldwaage legen. Wird ihm ein neuer Sachverhalt präsentiert, der ihn interessiert, schert es ihn meist recht wenig, woher die Informationen kommen. Solange es spannend genug für ihn ist, macht er sich wenig Gedanken, ob das Ganze wirklich Hand und Fuß hat. Das kann natürlich zuweilen dazu führen, dass man ihm recht einfach einen Bären aufbinden kann. In der Regel hält er sich nicht lange damit auf, sondern stürzt sich lieber einfach auf ein neues Thema. Hat er sich selbst geirrt und gar falsche Informationen weitergegeben, macht er sich nicht weiter Gedanken darüber, sondern streicht den Vorfall ebenfalls einfach schnell aus seiner Erinnerung.

Drachen sind oft im öffentlichen Leben sichtbar - sei es in der Unterhaltungsindustrie oder auch in der Politik. Das bedeutet, dass ihr Wissen Gewicht hat. Dessen ist sich dieses Tierzeichen bewusst und nutzt seine Ausstrahlung gerne dafür, andere von seinen Ansichten zu überzeugen. Bläst ihm dabei der Wind ins Gesicht, wägt er ab, ob es Sinn macht, bei der eigenen Einstellung zu bleiben oder ob es einfacher ist, sich anzupassen.

Der Tipp für den Drachen:
Es ist wunderbar, wie Sie Ihre Umgebung mit Ihrem Wissen begeistern können. Seien Sie sich der Verantwortung bewusst und teilen Sie nicht vorschnell Nachrichten, deren Inhalt Sie nicht überprüfen können! Es ist überhaupt nicht schlimm, wenn Sie nicht auf alle Fragen eine schlaue Antwort haben. Im Zweifelsfall fragen Sie lieber einmal mehr nach, bevor Sie falsche oder unvollständige Informationen verbreiten.

Am liebsten erinnere ich mich an die Zukunft.

– Salvador Dalí
Künstler
Holz-Drache

SZE, die SCHLANGE weiß, was ihr wichtig ist

Grund-Element
Feuer Yin

Wenn Sie eine Schlange sind, sind Sie in einem der folgenden Jahre geboren:

蛇

1929	Erd-Schlange	(10.02.1929-29.01.1930)
1941	Metall-Schlange	(27.01.1941-14.02.1942)
1953	Wasser-Schlange	(14.02.1953-02.02.1954)
1965	Holz-Schlange	(02.02.1965-20.01.1966)
1977	Feuer-Schlange	(18.02.1977-06.02.1978)
1989	Erd-Schlange	(06.02.1989-26.01.1990)
2001	Metall-Schlange	(24.01.2001-11.02.2002)
2013	Wasser-Schlange	(10.02.2013-30.01.2014)

Viele Schlangen konnten das vergangene Jahr nutzen, um den eigenen Einsatz endlich für ihre Umgebung sichtbarer zu machen. Mit dem Drachen an ihrer Seite konnte sie sich auf der einen Seite an vorderster Front zeigen und trotzdem gleichzeitig ihre spirituellen Qualitäten weiterentwickeln.

Wer die entsprechende Vorarbeit 2024 gemacht hat, darf sich jetzt auf ein hervorragendes Jahr freuen, das in allen Bereichen positive Ereignisse hervorbringen kann. Damit sie wirklich profitieren kann, darf sie allerdings nicht zu sehr zögern. Gute Gelegenheiten wollen beherzt am Schopfe gepackt werden, denn ansonsten nimmt sie jemand anders wahr.

Wer im vergangenen Jahr gelernt hat, mit erhöhter Aufmerksamkeit von außen umzugehen, darf sich über die Belohnung seines Einsatzes freuen und Zuwendung von allen Seiten genießen. Vor allem wenn es um gesellschaftliche oder berufliche Anerkennung geht, stehen die meisten Schlangen nun wirklich gut da. 2025 dürfte es nämlich noch einfacher sein als im Jahr zuvor, einen gewissen Status zu erreichen.

Die Karriere mag generell für viele Schlangen in den kommenden Monaten mehr in den Vordergrund rücken und vor allem bei vielen Frauen eine wichtigere Rolle spielen. Alte Hindernisse können sich endlich auflösen und es ist ein guter Zeitpunkt, etwas Neues zu beginnen oder auch auf bekanntem Terrain so richtig durchzustarten. Die Finanzen sollten sich in den meisten Fällen positiv entwickeln.

Aber auch in der Liebe hält das Jahr für die Schlange schöne Überraschungen bereit, wenn sie sich für diesen Bereich in ihrem Leben genug Zeit nimmt. Für einsame Herzen sollte es genug gesellschaftliche Ereignisse geben, um jemanden kennenzulernen. Bei bestehenden Beziehungen kommt es darauf an, wo die Prioritäten gesetzt werden. Es ist in den kommenden Monaten sicher nicht immer einfach für die Schlange, Zeit für den Partner zu finden.

Ihr Powertipp für 2025
Sie können in diesem Jahr fast alles erreichen, wenn Sie Ihre Energie vernünftig einteilen!

Die SCHLANGE und ihr Wissen

Die Schlange ist im Chinesischen Tierkreis sicher das Zeichen, welches die meiste Zeit in sein Wissen investiert. Wenn sie sich für ein Thema interessiert, taucht die Schlange wirklich intensiv in die Materie ein. Sie belegt Kurse, schaut Videos, liest sich in der Tiefe ein und hat doch irgendwie immer das Gefühl, dass es noch mehr zu entdecken gibt oder sie noch nicht genug weiß. Das ist sicher auch ein Grund dafür, dass Schlangen so oft in Fortbildungen zu finden sind und nicht müde werden, ein und dasselbe Thema auch mehrfach auszurollen.

Mit ihrem Wissen muss die Schlange im Gegensatz zu anderen Tierzeichen nicht hausieren gehen. Sie lernt in erster Linie erst einmal für sich selbst und genießt es, dabei wirklich ins Detail zu gehen. Da sie über ein sehr gutes Gedächtnis verfügt, kann sie zu Hause, im Alltag oder auch im Beruf immer die richtige Information ans Licht bringen, wenn es gerade erforderlich ist. Wer braucht schon Wikipedia, wenn er eine Schlange an seiner Seite hat!

Es mag nicht immer ganz einfach für dieses eher zurückhaltende Tierzeichen sein, sich an vorderste Front zu stellen und klare Position zu beziehen. Das kann zum einen daran liegen, dass die Schlange sich innerlich nicht sicher genug fühlt oder auch daran, dass sie zuweilen die Tendenz hat, Dinge einfach zu sehr zu analysieren.

Wie geht die Schlange mit Informationen um?

Die meisten Schlangen lieben es, Informationen zu sammeln. Dabei spielt es oft keine große Rolle, ob diese nützlich sind oder ob es sich um Klatsch und Tratsch handelt. Sie saugt erst einmal alles auf und sortiert es in ihre verschiedenen Gedanken-Schubladen ein, so dass sie bei Bedarf alle Angaben schnell abrufen kann. Für die Schlange gibt es keine trivialen Informationen! Man weiß ihrer Ansicht nach schließlich nie, ob und wann das Ganze noch nützlich sein könnte.

Wie glaubwürdig die gesammelten Daten sind, überprüft die Schlange am liebsten selbst und lässt sich gerne viel Zeit dafür. Leichtfertige oder spontane Meinungsäußerungen zu wichtigen Themen wird man von ihr deshalb kaum bekommen. Weiß sie es nicht genau, hält sie eben einfach den Mund. Allerdings kann das manchmal dazu führen, dass sie den Eindruck erweckt, als würde sie die Sache nicht wirklich interessieren. Geht es um weniger wichtige Themen, lässt sich die Schlange dagegen durchaus auch schon einmal auf Spekulationen ein. Dabei genießt sie es besonders, gut gehütete Geheimnisse zu offenbaren oder mysteriöse Sachverhalte aufzudecken.

Der Tipp für die Schlange:

Sammeln Sie Wissen nicht nur um des Wissens willen an, liebe Schlange. Wenn Sie schon so tief in ein Thema eingestiegen sind, sollten Sie das auch mit der Welt teilen. Zeigen Sie also mutig, was Sie gelernt haben und geben Sie Ihre Erfahrungen weiter, auch wenn es sich noch nicht ganz perfekt anfühlt.

> *Mein Ziel ist das vollständige Verstehen des Universums: warum es ist, wie es ist, und warum es überhaupt vorhanden ist.*
>
> **– Stephen Hawking**
> Theoretischer Physiker
> Wasser-Schlange

WU, das PFERD kann es ruhig angehen lassen

Grund-Element
Feuer Yang

Wenn Sie ein Pferd sind, sind Sie in einem der folgenden Jahre geboren:

馬

1930	Metall-Pferd	(30.01.1930-16.02.1931)
1942	Wasser-Pferd	(15.02.1942-04.02.1943)
1954	Holz-Pferd	(03.02.1954-23.01.1955)
1966	Feuer-Pferd	(21.01.1966-08.02.1967)
1978	Erd-Pferd	(07.02.1978-27.01.1979)
1990	Metall-Pferd	(27.01.1990-14.02.1991)
2002	Wasser-Pferd	(12.02.2002-31.01.2003)
2014	Holz-Pferd	(31.01.2014-18.02.2015)

Die vergangenen zwölf Monate waren für viele Pferde sicher von einigen Veränderungen geprägt. Unter der Herrschaft des Drachen war es einfacher, den eigenen Bedürfnissen gerecht zu werden und spontanere Entscheidungen zu treffen. Dabei hat das Pferd vielleicht erkannt, was es wirklich für sein Leben will, aber bislang noch keinen richtigen Weg gefunden, seine Wünsche umzusetzen.

Mit Hilfe der Holz-Schlange ist es nun an der Zeit, den inneren Sehnsüchten mehr Raum zu geben und eventuell eine neue Richtung einzuschlagen. Dabei ist überhaupt keine Eile geboten. Anstatt eine ehrgeizige Agenda zu verfolgen, darf sich das Pferd nun ruhig mehr ausprobieren. 2025 geht es nämlich nicht primär um Erfolg und harte Arbeit, sondern mehr darum, womit man sich langfristig wohl fühlt.

Auf der beruflichen Ebene ist es deshalb in den kommenden Monaten besser, Bestehendes zu erhalten und vorsichtig auszubauen anstatt überambitionierte Pläne zu verfolgen. Die Produktivität mag von außen betrachtet nicht ganz so hoch sein wie im letzten Jahr. Dafür darf sich im Bereich der inneren Entwicklung aber umso mehr tun. Das Pferd kann hier 2025 wirklich große Schritte machen.

Auf der privaten Ebene darf sich das Pferd jetzt mit Freunden und Familie so richtig austoben. Gemeinsam lassen sich im Jahr der Holz-Schlange Erinnerungen schaffen, die alle Beteiligten das ganze Leben begleiten werden.

Im Bereich der Partnerschaft sollte das Pferd dagegen lieber kein zu großes Risiko eingehen und sich nicht in unnötige Abenteuer verwickeln lassen. Der kurze Kick ist es nicht wert, dass es dafür seinen Ruf aufs Spiel setzt oder die bessere Hälfte nachhaltig verletzt. Im Jahr der Schlange können sich eifersüchtige Tendenzen stärker bemerkbar machen. Da ist es nun sicher besser, dem Partner in diesem Bereich keinen Anlass zur Sorge zu geben und sich offen zu zeigen.

Ihr Powertipp für 2025

Tun Sie einfach einmal, was Ihnen wirklich Freude bereitet und kümmern Sie sich nicht darum, wenn man Sie deswegen belächelt!

Das PFERD und sein Wissen

Das Pferd hat einen recht pragmatischen Ansatz, wenn es darum geht, sich Wissen anzueignen. Zunächst einmal stellt es sich die Frage, wozu das Ganze gut ist. Kann ich die Informationen wirklich gebrauchen? Wofür kann ich das Gelernte einsetzen? Macht die Quelle für mich einen soliden Eindruck? Wenn diese Fragen klar sind, wird das Pferd aktiv und sucht nach den für sein Empfinden richtigen Antworten. Dabei bleibt es dann in der Richtung, für die es sich einmal entschieden hat und hält sich nicht damit auf, zu sehr links und rechts des Weges nach Alternativen Ausschau zu halten.

Für das Pferd ist es nicht wichtig, mit seinen Fähigkeiten hausieren zu gehen und es muss nicht mit seinem Wissen glänzen. Vielmehr setzt es seine Kenntnisse in der Regel ohne großes Aufheben einfach direkt in der Praxis ein. Da ist es dann auch nicht mehr wichtig, wie und woher es seine Kompetenz erlangt hat - Hauptsache, das Ergebnis stimmt für alle Beteiligten.

Damit es ein möglichst unverfälschtes Bild von aktuellen Situationen bekommen, nimmt das Pferd durchaus einen gewissen Aufwand auf sich und recherchiert selbst die Fakten. Schließlich möchte es ungern Überraschungen erleben, bloss weil es sich nicht genug informiert hat. Dabei verlässt es sich in der Regel auf bewährte Quellen und ist eher skeptisch, wenn die Informationen von einer Seite kommen, die es nicht kennt und deshalb als nicht vertrauenswürdig einschätzt.

Wie geht das Pferd mit Informationen um?

Für das Pferd ist es nicht unbedingt notwendig, in der Tiefe über alles informiert zu sein. So entscheidet es je nach Interessenlage, wie viel es wirklich über eine Sache wissen muss. Hat es für sich festgestellt, dass das Thema ihm nichts bringt oder keinen Reiz hat, kann es Nachrichten aus diesem Bereich einfach komplett ignorieren. Ähnlich verhält es sich mit Ansichten, die komplett konträr zu der eigenen sind. Das Pferd hat in der Regel eine ganz klare Meinung und findet es es dann eher lästig, sich mit dem Thema weiter auseinander zu setzen. Für seinen Geschmack ist einfach alles dazu gesagt und man kann nun bitte

zur Tagesordnung übergehen.

Wissen soll vor allem einen Nutzen haben für das Pferd und nicht nur Unterhaltungswert. An Gerüchten und trivialen gesellschaftlichen Nachrichten ist es deshalb nur dann interessiert, wenn sich daraus am Ende des Tages ein Vorteil ergeben kann. Allerdings ist das Pferd nicht unbedingt gut darin, auf den ersten Blick scheinbar unnützes Wissen zu speichern und sich damit auseinander zu setzen. Bevor das Thema relevant werden kann, hat es das Ganze schon lange wieder vergessen.

Der Tipp für das Pferd:

Manchmal macht es durchaus Sinn, auch über Dinge Bescheid zu wissen, die auf den ersten Blick nicht ganz so wichtig oder interessant erscheinen. Achten Sie deshalb darauf, Ihr Wissen möglichst breit zu fächern und auch auf Stimmen zu hören, die sich konträr zu Ihren eigenen Ansichten äußern. Für eine objektive Meinungsfindung ist es immer wichtig, sich alle Seiten anzuhören und erst einmal nichts auszuschließen.

> *Ich bin lediglich ein einigermaßen aufgeklärter, zeitungslesender, älterer Mitbürger.*
>
> **– Helmut Schmidt**
> Politiker und Ex-Bundeskanzler
> Erd-Ziege

WEI, die ZIEGE findet ihren inneren Kern

Grund-Element
Erde Yin

Wenn Sie eine Ziege sind, sind Sie in einem der folgenden Jahre geboren:

羊

1931	Metall-Ziege	(17.02.1931-05.02.1932)
1943	Wasser-Ziege	(05.02.1943-24.01.1944)
1955	Holz-Ziege	(24.01.1955-11.02.1956)
1967	Feuer-Ziege	(09.02.1967-29.01.1968)
1979	Erd-Ziege	(28.01.1979-15.02.1980)
1991	Metall-Ziege	(15.02.1991-03.02.1992)
2003	Wasser-Ziege	(01.02.2003-21.01.2004)
2015	Holz-Ziege	(19.02.2015-07.02.2016)

Die direkte Art des Holz-Drachen hat im vergangenen Jahr vielleicht bei so mancher Ziege Unbehagen verursacht. Allerdings haben sich so sicher auch diverse Möglichkeiten ergeben, die eigenen Bedürfnisse mehr in den Vordergrund zu rücken.
Hat die Ziege in den vergangenen zwölf Monaten Veränderungen auf beruflicher oder auch privater Ebene angeschoben, kann sie diese nun im Jahr der Holz-Schlange vorsichtig weiterentwickeln. Dabei weht ihr nun deutlich weniger Gegenwind ins Gesicht als 2024.
Die neue Regentin ermöglicht es der Ziege, jetzt mehr in die Tiefe zu gehen und so der eigenen Essenz deutlich besser auf die Spur zu kommen. Es kann sich in allen Bereichen des Lebens nur zum Vorteil auswirken, wenn die Ziege einfach besser weiß, was ihr wirklich wichtig ist. Sicher muss sie wieder einmal über ihren Schatten springen, um die Erkenntnis nun auch umzusetzen. Ihr Umfeld steht ihren Plänen 2025 aber deutlich aufgeschlossener gegenüber als zuvor - vor allem dann, wenn die Veränderung langsam und behutsam vonstatten geht.
Künstlerischen Aktivitäten stehen nun unter einem günstigen Stern und können gut weiterentwickelt werden. Aber auch in andere beruflichen Bereichen kommt mehr Bewegung ins Spiel, sobald sich die Ziege flexibel zeigt und weder einem Job- noch Ortswechsel von vorne herein ausschließt. Die Schlange hilft hier einmal mehr bei der Entscheidungsfindung, denn mit ihrer Unterstützung lassen sich die Vor- und Nachteile für eine Veränderung realistisch abschätzen.
Auch auf der privaten Ebene stehen der Ziege harmonischere Zeiten bevor, denn mit der neuen Herrscherin versteht sie sich einfach besser als mit ihrem Vorgänger. Mit Hilfe der Schlange kann sie sich deutlich subtiler von ihrer besten Seite zeigen. Das hilft nicht nur bei der Partnersuche, sondern bringt auch das Selbstbewusstsein, um sich in laufenden Beziehungen mehr einzubringen.

Ihr Powertipp für 2025

Wenn Sie wissen, was Sie wollen, können Sie 2025 wirklich einiges verändern. Stehen Sie selbstbewusst zu Ihren Wünschen!

Die ZIEGE und ihr Wissen

Die Ziege ist vielseitig interessiert und ist bereit, ständig dazu zu lernen. Das tut sie am liebsten im direkten Kontakt mit ihrer Umgebung. So besucht sie Kurse, geht zu Vorträgen oder trifft sich mit Gleichgesinnten für den Austausch. Da der soziale Aspekt für die Ziege so wichtig ist, ist sie in der Regel kein allzu großer Freund davon, ihre Kenntnisse anonym über das Internet zu vertiefen. Sie möchte lieber direkt und aus erster Hand lebendige Erfahrungen machen und so ihr Wissen aufbauen. Eine ganz besondere Freude macht es ihr dabei, wenn sie ihre oft etwas versteckten kreativen Talente dabei vertiefen und verfeinern kann.

Allerdings fühlt sich die Ziege oft so sehr von ihren privaten und beruflichen Pflichten eingespannt, dass sie sich nicht so recht die Zeit nehmen mag, um den eigenen persönlichen Horizont zu erweitern. Das kann dann unter Umständen dazu führen, dass sie sich nicht den Dingen widmet, die sie wirklich interessieren, sondern ihre Kenntnisse vor allem in Bereichen ansammelt, die von ihr erwartet werden.

Die Ziege eignet sich neues Wissen meist auf eine sehr methodische Art und Weise an. Ihre gute Struktur hilft ihr dabei, ohne große Eile genau das Know-how zu entwickeln, was sie zu einem begehrten Partner in allen organisatorischen Belangen macht - sei es auf der beruflichen oder der privaten Ebene.

Wie geht die Ziege mit Informationen um?

Die Ziege verinnerlicht Gelerntes recht schnell und ist in der Regel in der Lage, auch neue Informationen gut in ihren Alltag zu integrieren. Sie möchte ihr Wissen in die Praxis umsetzen und am liebsten ihre komplette Umgebung vom Nutzen überzeugen. Dabei mag sie zuweilen ein bisschen zu missionarisch daher kommen. Partner, Nachwuchs oder Freunde können auf ihre Belehrungen vielleicht manchmal ein wenig genervt reagieren und nehmen die Ziege dann nicht so ernst, wie sie sich das wünschen würde.

Den meisten Ziegen liegt es fern anzuecken. Um die Harmonie zu bewahren, hinterfragen sie deshalb vielleicht nicht immer die Informationen, die

an sie herangetragen werden. Bei einem persönlichen Austausch halten sie sich deshalb oft erst einmal mit der eigenen Meinung zurück, selbst wenn sie es im Grunde besser wissen.

Vor allem bei Menschen aus dem persönlichen Umfeld tut sich die Ziege schwer, berechtigte Zweifel zu äußern und verkneift es sich, Stellung zu beziehen. So kann es leicht passieren, dass sie Entscheidungen mitträgt, obwohl es in ihrem Inneren ganz anders aussieht und sie sich damit nicht wirklich wohl fühlt.

Der Tipp für die Ziege:

Auf der einen Seite möchten Sie Ihr Wissen teilen, auf der anderen Seite trauen Sie sich zuweilen nicht, gegen eine starke Gegenmeinung anzugehen. Es gilt, hier eine gute Balance zu finden und von Fall zu Fall abzuwägen, liebe Ziege! Ihre Ansichten sind wichtig und wollen gehört werden, auch wenn das nicht immer von Zustimmung begleitet wird.

> *Ich weiß, dass ich wie jede Frau des Volkes mehr Kraft habe, als es scheint.*

– Eva Perón
ehemalige First Lady Argentiniens
Erd-Ziege

SUNG, der AFFE sollte genauer hinschauen

Grund-Element
Metall Yang

Wenn Sie ein Affe sind, sind Sie in einem der folgenden Jahre geboren:

猴

1932 Wasser-Affe	(06.02.1932-25.01.1933)
1944 Holz-Affe	(25.01.1944-12.02.1945)
1956 Feuer-Affe	(12.02.1956-30.01.1957)
1968 Erd-Affe	(30.01.1968-16.02.1969)
1980 Metall-Affe	(16.02.1980-04.02.1981)
1992 Wasser-Affe	(04.02.1992-22.01.1993)
2004 Holz-Affe	(22.01.2004-08.02.2005)
2016 Feuer-Affe	(08.02.2016-28.01.2017)

Spontane Entscheidungen und unkonventionelle Methoden haben das Handeln des Affen im Jahr des Holz-Drachen zuweilen bestimmt. Dabei ist es ihm zwar sicher nicht langweilig geworden, aber er hat vielleicht seine persönlichen Ressourcen in einigen Situationen überstrapaziert.

Mit der Herrschaft der Holz-Schlange beginnt nun eine Zeit für den Affen, in der sein kreatives Schaffen auf den ersten Blick vielleicht etwas eingeschränkt wirken kann. Die neue Regentin legt deutlich mehr Wert auf eine gute Planung und lässt Ihren Untertanen eine nachlässige Vorbereitung nicht so einfach durchgehen.

Das kann den Affen vor allem auf der beruflichen Ebene erst einmal ein wenig ausbremsen. Wenn er sich jedoch auf die Genauigkeit der Schlange einlässt, kann er am Ende deutlich effektiver zum Ziel kommen. Ein gesunder Schuss Realismus bewahrt ihn außerdem davor, sich mit allzu visionären Plänen aus dem vergangenen Jahr in die Nesseln zu setzen oder sich gar finanziell zu verausgaben.

Sind die letzten Details geklärt und alle nötigen Informationen zusammengetragen, kann sich der Affe guten Gewissens an die Umsetzung seiner Ideen wagen. Er sollte allerdings in den nächsten Monaten möglichst wenig dem Zufall überlassen und sich nicht blind darauf verlassen, dass er automatisch die gleiche Unterstützung bekommt wie im letzten Jahr. Jetzt muss er wieder mehr Eigeninitiative übernehmen.

Weniger impulsives Handeln kann dem Affen auch auf der privaten Ebene dabei helfen, schwierige Klippen zu umschiffen. Im Jahr der Schlange reagieren Partner, Familie und Freunde nämlich unter Umständen deutlich empfindlicher als zuvor und nehmen viel schneller wahr, wenn etwas nicht stimmig ist. Deshalb sollte der Affe wirklich genau darauf achten, wie er sich ausdrückt.

Besonders in der Liebe ist nun Ehrlichkeit Trumpf. Die Wahrheit sollte allerdings immer mit Respekt vorgebracht werden, damit unnötige Verletzungen vermieden werden.

Ihr Powertipp für 2025

Teilen Sie Ihre Pläne mit anderen und nehmen Sie den Rat an, den man Ihnen nun anbietet.

Der AFFE und sein Wissen

Die Interessen des Affen sind in der Regel sehr breit gefächert. Es gibt einfach so viele spannende Themen, die er gerne vertiefen würde. Allerdings macht ihm da meistens seine begrenzte Zeit einen Strich durch die Rechnung. So muss er sich schweren Herzens für einige wenige Dinge entscheiden.
Aber auch wenn er bei seinen Studien eine bestimmte Richtung einschlägt, schielt der Affe trotzdem weiter auf all die anderen spannenden Aspekte. Auf der einen Seite kann das dazu führen, dass er sich nicht genug auf eine Sache konzentriert und deshalb nicht so tief in das Thema einsteigt, wie es nötig wäre, um sich echtes Wissen anzueignen. Auf der anderen Seite kann er sich so aber breit gefächert aufstellen und verfügt später dann über wichtige zusätzliche Kenntnisse, die weit über das eigentliche Themenfeld hinaus gehen können.
Mit seiner nie versiegenden kindlichen Neugierde erschließt sich der Affe in jeder Phase seines Lebens neue Wissensfelder. Seiner Umgebung mag sein Verhalten zuweilen etwas sprunghaft erscheinen. Im Grunde folgt er aber nur seinen Interessen und lässt sich davon nicht allzu sehr von bestehenden Pflichten oder der allgemeinen Meinung abbringen. Man ist nie zu alt, um nicht doch noch etwas Tolles dazu zu lernen.

Wie geht der Affe mit Informationen um?
Der Affe ist es gewohnt, mit einer Flut von Informationen umzugehen. Es stört ihn daher meist wenig, wenn er aus allen Richtungen mit unterschiedlichen Nachrichten bombardiert wird. Ob er dabei digital oder analog seine Kenntnisse erlangt spielt für ihn keine allzu große Rolle.
Sein eher sprunghaftes Wesen kann allerdings schon manchmal dafür sorgen, dass er die Fakten durcheinander bringt und in seiner selbstbewussten Art Informationen teilt, die sich im Nachhinein als falsch herausstellen. Dahinter steckt in der Regel keine böse Absicht, sondern einfach etwas Nachlässigkeit, weil der Affe zu viele Informationen auf einmal auf sich einprasseln lässt. Spricht man ihn auf seinen Fehler an, kann er ihn meistens unbekümmert eingestehen und kann die

ganze Aufregung um das Thema nicht verstehen. Die schiere Menge an Informationen macht es dem Affen manchmal nicht leicht, sich eine klare Meinung zu bilden. So neigt er hin und wieder dazu, seine Position zu ändern oder in seinen Überzeugungen zu schwanken. Nimmt er sich dann genug Zeit, um die verschiedenen Aspekte abzuwägen, kommt er in der Regel jedoch zu einem für ihn schlüssigen Ergebnis.

Der Tipp für den Affen:
Weniger ist manchmal mehr! Es ist wirklich nicht nötig, dass Sie über alles Bescheid wissen, lieber Affe! Auch mit einem etwas weniger breiten Wissen bleiben Sie noch ein eloquenter Gesprächspartner, der sich ohne Probleme auf dem öffentlichen Parkett bewegen kann. Versuchen Sie, sich bei Ihrer Informationsfindung mehr auf einige wenige Aspekte zu konzentrieren. Dann bleibt auch mehr Zeit, die Fakten ein bisschen gründlicher zu kontrollieren und es schleichen sich weniger Fehler ein.

” *Kinder an die Macht!*

– Herbert Grönemeyer
deutscher Musiker
Feuer-Affe

YU, den HAHN stärkt persönliche Verbindungen

Grund-Element
Metall Yin

Wenn Sie ein Hahn sind, sind Sie in einem der folgenden Jahre geboren:

雞

1933	Wasser-Hahn	(26.01.1933-13.02.1934)
1945	Holz-Hahn	(13.02.1945-01.02.1946)
1957	Feuer-Hahn	(31.01.1957-17.02.1958)
1969	Erd-Hahn	(17.02.1969-05.02.1970)
1981	Metall-Hahn	(05.02.1981-24.01.1982)
1993	Wasser-Hahn	(23.01.1993-09.02.1994)
2005	Holz-Hahn	(09.02.2005-28.01.2006)
2017	Feuer-Hahn	(29.01.2017-15.02.2018)

Nach der Achterbahnfahrt im Jahr des Drachen mit vielen Höhen und einigen Tiefen kommt der Hahn nun mit der Schlange in deutlich ruhigere Gewässer. Das bedeutet unter anderem auch, dass mit den schnellen und kurzzeitigen Erfolgen aus dem vergangenen Jahr 2025 nicht unbedingt zu rechnen ist. Dafür lassen sich mit Hilfe der neuen Herrscherin langfristige Strategien entwickeln und Allianzen schmieden, die den Hahn für eine lange Zeit begleiten können.

Im Gegensatz zu ihrem Vorgänger lässt sich die Schlange nicht von großen Gesten beeindrucken, sondern will vielmehr immer wissen, was dahinter steckt. Das kommt dem Hahn mit seinem Sinn für Genauigkeit entgegen, denn auch er schaut am liebsten zweimal hin, bevor er sich auf etwas Neues einlässt. So kann er in den kommenden Monaten so manches Projekt aus dem Drachenjahr verfeinern und mögliche Patzer ausbessern.

Macht sich der Hahn die Diskretion und das Taktgefühl der Schlange bei Verhandlungen und wichtigen Gesprächen zu eigen, kann er in den kommenden Monaten starke Partnerschaften eingehen, die ihn sowohl beruflich als auch finanziell und gesellschaftlich dauerhaft voranbringen können. So kann er seine persönlichen Ambitionen wunderbar ausleben, ohne damit auf Kosten anderer zu agieren.

Im Jahr der Schlange können generell bestehende persönliche Beziehungen vertieft werden. Das gilt nicht nur für die Partnerschaft, sondern auch für alle anderen Bereiche. Es dürfte dem Hahn nun leichter fallen, zu den eigenen Gefühlen zu stehen und diese zu teilen. Dafür ist es allerdings vor allem in Liebesangelegenheiten erforderlich, dass sich der Hahn ein wenig mehr zurück nimmt.

Mit seiner imposanten Erscheinung allein gewinnt der Hahn im Gegensatz zum vergangenen Jahr 2025 nämlich keine Herzen. Wenn er sich jedoch auf seine inneren Qualitäten besinnt, stehen ihm in der Liebe alle Türen offen und er kann harmonische Zeiten genießen.

Ihr Powertipp für 2025

Versuchen Sie nun, alle Ihre Aktivitäten in Einklang zu bringen - mit Hilfe der Holz-Schlange kann es gelingen, Harmonie herzustellen.

Der HAHN und sein Wissen

Für den Hahn fühlt es sich einfach richtig an, gut informiert zu sein. Schließlich weiß er nie, zu welcher Gelegenheit sein Wissen gefragt sein wird. Da ist es einfach besser, wenn er gut vorbereitet ist und nichts dem Zufall überlässt. Das ist sicher auch einer der Gründe, warum die meisten Hähne auf den ersten Eindruck sehr intelligent und belesen erscheinen. Sie wissen einfach, was es braucht, um einen möglichst perfekten Eindruck zu machen.

Hinzu kommt, dass sich der Hahn einfach für viele Dinge interessiert. Im Gegensatz zum Affen ist sein Zeitmanagement dabei in der Regel deutlich besser, so dass er seine Prioritäten klarer setzt und sich deshalb nicht so schnell übernimmt.

Vor allem, wenn ihm etwas nützlich erscheint, will es der Hahn ganz genau wissen. Damit dieses Tierzeichen seinem Ruf als Problemlöser gerecht werden kann, ist es eben unentbehrlich, über die entsprechenden Kenntnisse zu verfügen. Dafür kann der Hahn durchaus auch tiefer in die Materie eintauchen und es macht ihn richtig stolz, wenn er mit seinem Know-How etwas bewegen kann.

Aber auch die tägliche aktuelle Medienflut wird von vielen Hähnen aufmerksam beobachtet. Derartige Informationen mögen zwar nicht wirklich wichtig sein, interessieren den Hahn aber trotzdem.

Wie geht der Hahn mit Informationen um?

Der Hahn hat in der Regel eine sehr klare Meinung zu vielen Themen. Die hat er sich gebildet, indem er sich auf die Fakten verlässt, die er in den von ihm gewählten Medien findet. Alternativen Quellen steht er häufig erst einmal skeptisch gegenüber - vor allem, wenn er das Gefühl hat, dass er nicht genug über die Urheber weiß.

Hat er sich bestimmte Informationen erst einmal angeeignet, vertraut er diesen und macht sie sich komplett zu eigen. Wird sein Wissensstand dann von außen angezweifelt, kommt das überhaupt nicht gut an. In solchen Fällen kann der Hahn durchaus gereizt reagieren. Eine konstruktive Auseinandersetzung mit dem Thema ist dann eher schwierig.

Viele Hähne verfügen in vielen Bereichen über einen großen Sachverstand, den sie bereitwillig mit ihrer Umgebung teilen. Dieses Tierzeichen sieht es durchaus als seine Aufgabe an, die in seinen Augen Unwissenden umfassend ins Bild zu setzen und dafür zu sorgen, dass jeder Zugriff zu seiner Meinung nach wichtigen Informationen bekommt. Das ist sicher auch ein Grund dafür, dass man unter den Hahngeborenen so viele Journalisten findet.

Der Tipp für den Hahn:

Hüten Sie sich davor, andere Meinungen zu sehr zu bewerten und verurteilen Sie nicht von vornherein, wenn jemand eine andere Ansicht hat als Sie selbst. Zum einen mag Ihr Gegenüber andere Maßstäbe anlegen und zum anderen ist nicht unbedingt gesagt, dass Ihre Informationen hundertprozentig richtig sind. Bleiben Sie offen für eine konstruktive Diskussion, dann kommt am Ende sicher auch ein Ergebnis heraus, mit dem alle leben können.

> *Wer viel weiß, stellt die richtigen Fragen.*
>
> **– Sabine Christiansen**
> deutsche Journalistin
> Feuer-Hahn

SHIH, der HUND verlässt sich auf seine eigenen Fähigkeiten

Grund-Element
Erde Yang

Wenn Sie ein Hund sind, sind Sie in einem der folgenden Jahre geboren:

犬

1934 Holz-Hund	(14.02.1934-03.02.1935)
1946 Feuer-Hund	(02.02.1946-21.01.1947)
1958 Erd-Hund	(18.02.1958-07.02.1959)
1970 Metall-Hund	(06.02.1970-26.01.1971)
1982 Wasser-Hund	(25.01.1982-12.02.1983)
1994 Holz-Hund	(10.02.1994-30.01.1995)
2006 Feuer-Hund	(29.01.2006-17.02.2007)
2018 Erd-Hund	(16.02.2018-04.02.2019)

Mit dem letzten Jahresregenten ist der Hund sicher so manches Mal an seine Grenzen gebracht worden. Zu unterschiedlich waren die Ansichten - vor allem wenn es um Themen ging, die ihm wichtig sind wie Sicherheit, Loyalität oder Kontinuität. Da dürfte ihm die Holz-Schlange als neue Herrscherin besser liegen als der visionäre Drache, der zuweilen mehr für Unruhe gesorgt hat, anstatt konkrete Ergebnisse vorzuweisen.
Mit der neuen Regentin geht es in den kommenden zwölf Monaten für den Hund unter anderem darum, die Schwierigkeiten der Vergangenheit hinter sich zu lassen und sich auf seine eigenen Pläne zu konzentrieren. Es ist generell ein guter Moment für einen Neuanfang, denn die Schlange sorgt dafür, dass dabei kein Detail ausser Acht gelassen wird, was dem Hund mit seinem Bedürfnis nach Sicherheit sehr entgegen kommt.
Gerade auf der beruflichen Ebene sollte der Hund nun selbst die Ärmel hochkrempeln und sich nicht allzu sehr auf seine Mitstreiter verlassen. So stellt er sicher, dass wirklich alles genau so ausgeführt wird, wie er es sich vorstellt. Je mehr er Verantwortung übernimmt und sein Können und seine Zuverlässigkeit selbstbewusst zur Schau stellt, desto mehr Zustimmung und Anerkennung kann er bekommen.
Wer sich im vergangenen Jahr in der Liebe aus seiner Komfortzone bewegt hat, möchte nun vielleicht weniger Aufregung haben und lieber eine gemeinsame Routine entwickeln. Solange sichergestellt wird, dass das für beide Seiten in Ordnung ist, steht ruhigeren Zeiten in der Beziehung nichts im Wege.
Vielleicht schleicht sich zuweilen in 2025 das Gefühl ein, dass sich der Hund nicht voll und ganz auf seine Lieben verlassen kann. Das ist sicher keine böse Absicht, sondern liegt einfach daran, dass seine Erwartungen oft höher sind als das Engagement auf der anderen Seite. Im Jahr der aufmerksamen Schlange nimmt der Hund derartige Dinge einfach besser wahr.

Ihr Powertipp für 2025
Stehen Sie selbstbewusst zu Ihren Bedürfnissen und kümmern Sie sich selbst darum, diesen gerecht zu werden!

Der HUND und sein Wissen

Der Hund empfindet es in der Regel nicht als notwendig, immer als Erster informiert zu sein. Ihm ist es viel wichtiger, dass das vermittelte Wissen Hand und Fuß hat. Und er weiß, dass es dafür zuweilen notwendig ist, sich Zeit zu nehmen und etwas genauer hinzuschauen. Das kann dazu führen, dass der Hund vielleicht nicht immer auf dem neuesten Stand ist. Dafür weiß er aber zu Themen, mit denen er sich intensiv befasst hat, umso mehr zu sagen.

In der heutigen Zeit wird aus Sicht der meisten Hunde viel zu schnell entschieden, was wichtig ist und was nicht. Auf Trends aus dem Internet mit immer neuen, wechselnden Themen mag der Hund deshalb nicht seine Zeit verschwenden. Er verlässt sich lieber auf traditionellere Quellen oder macht einfach seine eigenen Recherchen.

Geht es darum, seine Interessen zu unterstützen, steigt der Hund gerne tief ins Thema ein. Die Kenntnisse, die er so erwirbt, sollen dabei aber bitteschön einen Nutzen haben. Er weiß, dass sein Speicherplatz limitiert ist und mag sich deshalb nicht mit Dingen belasten, die am Ende des Tages keinen Wert für ihn haben. Anstatt sich also zum Beispiel die Namen und Lebensläufe von Prominenten zu merken, schult er lieber seinen Sachverstand, was auf seine Umgebung manchmal etwas trocken oder zu pragmatisch wirken mag.

Wie geht der Hund mit Informationen um?

Eine schnelle Reaktion auf neue Informationen darf man vom Hund wirklich nicht erwarten. Vor allem, wenn es sich um wichtige Themen handelt, will er das Gehörte erst einmal in Ruhe anschauen und verarbeiten. War für ihn dann die ganze Aufregung umsonst, kann es passieren, dass er sich überhaupt nicht zu der Sache äußert. Auf seine Umgebung mag das manchmal ein bisschen arrogant wirken, doch so ist es meistens nicht gemeint. Der Hund will sich einfach nicht mit Sachen aufhalten, die für ihn belanglos erscheinen und kann nicht nachvollziehen, dass derartige Themen für andere Menschen wichtig sein könnten.

Geht es um Informationen, die die Menschen in seinem Umfeld betreffen, springt bei vielen Hunden schnell der Beschützerinstinkt an. Da kann es dann passieren, dass man Familie und Partner nicht mit seinem Wissen belasten will oder der Meinung ist, dass seine Lieben mit diesen Kenntnissen überfordert wären und ihnen die Last abnehmen will.

Der Tipp für den Hund:

Eine gewisse Zurückhaltung in Bezug auf gewisse Informationen ist sicher nicht schlecht. Sie sollten dabei aber nicht gleich alles, was frisch daherkommt, als nicht relevant abtun. Das Leben ist ständig im Wandel. Damit Sie damit Schritt halten können, gehört es einfach dazu, sich auch neue Ideen wenigstens einmal anzuhören. Dann werden Sie feststellen, dass Ihre eigene Sichtweise vielleicht nicht immer die richtige ist. Mal ganz abgesehen davon, dass Sie Ihrem Gegenüber Respekt zeigen, wenn Sie zuhören.

> *Ich wollte Kenntnisse sammeln, Beobachtungen machen und diese protokollieren; und das so ehrlich und klar wie möglich anderen mitteilen.*
>
> **– Jane Goodall**
> britische Verhaltensforscherin
> Holz-Hund

HAN, das SCHWEIN geht Kompromisse ein

Wenn Sie ein Schwein sind, sind Sie in einem der folgenden Jahre geboren:

豬

1935	Holz-Schwein	(04.02.1935-23.01.1936)
1947	Feuer-Schwein	(22.01.1947-09.02.1948)
1959	Erd-Schwein	(08.02.1959-27.01.1960)
1971	Metall-Schwein	(27.01.1971-14.02.1972)
1983	Wasser-Schwein	(13.02.1983-01.02.1984)
1995	Holz-Schwein	(31.01.1995-18.02.1996)
2007	Feuer-Schwein	(18.02.2007-06.02.2008)
2019	Erd-Schwein	(05.02.2019-24.02.2020)

So manches Schwein mag im Jahr des Drachen das allgemeine Geschehen eher von der Seitenlinie aus betrachtet haben. Zu unruhig war das Geschehen, zu unsicher die Möglichkeiten, als das es sich gelohnt hätte, sich aus seinem behaglichem Heim herauszuwagen.

Auch 2025 mögen die Zeichen auf den ersten Blick nicht ganz so günstig stehen für das Schwein, denn die neue Jahresregentin steht in direkter Opposition zu ihm. Bei genauerer Betrachtung liegt die Schlange dem Schwein aber in vielen Bereichen durchaus besser als ihr Vorgänger. Mit ihrem geschulten Blick auf die Details kann sie das Schwein vor so mancher Fehleinschätzung bewahren, so dass es nun in deutlich weniger Fettnäpfchen tritt. Dermaßen unterstützt können wichtige Entscheidungen mit mehr Pragmatismus und Weitblick getroffen werden.

In den kommenden Monaten dürfte es vor allem auf beruflicher Ebene etwas schwieriger sein, die eigene Sichtweise und Werte zu verteidigen. Damit das nicht zu anstrengend wird, sollte sich das Schwein genau überlegen, wann es auf keinen Fall von seinen Idealen abweichen kann und wann ein Kompromiss die bessere Lösung für alle Seiten ist.

Auf der persönlichen Ebene ist es nun besonders wichtig für das Schwein, auf die eigene Gesundheit und die seiner Lieben zu achten. Sollten sich Ereignisse ergeben, die den normalen Lauf der Dinge durcheinander bringen können, ist es wichtig, ruhig zu bleiben und die Veränderungen entspannt in den Alltag zu integrieren.

Im Jahr der Schlange wird das Schwein in Herzensangelegenheiten vielleicht zuweilen mit Gefühlen von Missgunst oder Eifersucht konfrontiert, die ihm bis dato eher fremd waren. Wer sich nicht in die Dramen der anderen Seite verwickeln lässt und ehrlich zu seinen Gefühlen steht, kann angespannte Situationen schnell zur Zufriedenheit aller auflösen.

Ihr Powertipp für 2025

Machen Sie sich keinen Stress, wenn die Dinge sich nicht ganz so entwickeln, wie Sie es erwartet haben! Arbeiten Sie einfach mit dem, was Ihnen das Universum jetzt präsentiert!

Das SCHWEIN und sein Wissen

Auch das Schwein gehört zu den Tierzeichen, die Wissen vor allem deshalb erwerben, um es aktiv einzusetzen. Dabei ist es dem Schwein besonders wichtig, seine Kenntnisse nicht nur für sich selbst, sondern vor allem auch für die Menschen in seiner Umgebung einzusetzen. Das Bedürfnis, seine Fähigkeiten in den Dienst der Allgemeinheit zu stellen, ist vor allem dann ausgeprägt, wenn es im familiären Umfeld nicht genug für das Schwein zu tun gibt. Dann steckt es sein Herz in Projekte, in denen es mit seinem Sachverstand Gutes tun kann.

Schon von klein auf will das Schwein ganz genau verstehen, warum es etwas lernen soll. Ist das Ziel in seinem Sinne und verständlich, bleibt es fleißig bis zum Ende bei der Sache und lässt sich kaum ablenken. Erschließt sich ihm die Sache nicht oder erscheinen ihm die Gründe nicht passend, tut es sich dagegen schwer.

Das Schwein gehört zu den neugierigen Vertretern im Chinesischen Tierkreis und lässt sich gerne von außen inspirieren. So zeigt es sich neuen Informationstechnologien gegenüber durchaus aufgeschlossen und erkennt den Nutzen, den die neuen Dienste mit sich bringen. Als schneller Lerner setzt das Schwein sie gekonnt ein, um seinen Wissensdurst zu stillen.

Wie geht das Schwein mit Informationen um?

Eine der sympathischsten Eigenschaften des Schweins ist sicher, dass es schnell sein Herz öffnet und seinem Gegenüber vertraut. Das kann aber leider auch dazu führen, dass dieses Vertrauen zuweilen missbraucht wird. So kann es dem Schwein recht schnell passieren, dass es falschen Informationen aufsitzt oder Manipulationen auf den Leim geht, die sein eigentlich solides Wissen kompromittieren können. Es kann in einem solchen Fall durchaus eine gewisse Zeit dauern, bis das Schwein sich von der Sache distanzieren kann. Es glaubt einfach hundertprozentig an das Gute im Menschen und muss dann erst einmal verdauen, dass es auch Ausnahmen gibt.

Geht es darum, eine Auswahl zu treffen, welches Wissen wirklich wichtig ist, orientiert sich das Schwein auch immer daran, welche persönlichen

Emotionen mit dem Thema verbunden sind. Es fällt ihm dann viel leichter, Prioritäten zu setzen, wenn es genau erspüren kann, wie die Sache es in seinem Inneren bewegt. Was das Schwein gefühlsmäßig berührt, verdient es, genauer betrachtet zu werden. Auf der anderen Seite teilt das Schwein seine eigenen Ansichten auch gerne auf eine eher emotionale Weise und gibt der Information so ein persönlicheres Gesicht.

Der Tipp für das Schwein:

Glauben Sie nicht immer direkt alles, was Sie hören! Auch wenn Sie nur die besten Absichten haben, kann es manchmal passieren, dass Ihr Gegenüber aus nicht ganz so lauteren Motiven heraus handelt und Sie nicht so genau ins Bild setzt, wie Sie es verdient hätten. Wenn Sie Ihre Informationen aus unterschiedlichen Quellen beziehen, können Sie sich ein neutrales Bild machen und viel mehr bewirken.

" *Wissen und nichts tun,*
ist wie nichts wissen.

– Tenzin Gyatso
14. Dalai Lama
Holz-Schwein

Die wertvollen Entscheidungshilfen für jeden Tag

Egal, ob Sie einen wichtigen Termin wie eine Geschäftseröffnung oder eine Hochzeit planen oder einfach nur wissen wollen, unter welchen Vorzeichen ein bestimmter Tag in der Woche für Ihr Tierzeichen steht – schlagen Sie das entsprechende Datum einfach in unseren praktischen Tabellen nach, die Sie immer im Anschluss des jeweiligen Monats finden können. Ab Seite 40.

Wie schon in den letzten Jahren finden Sie auch im aktuellen Kalender wieder nach jedem Monat eine zusätzliche Doppelseite, auf der wir übersichtlich in Tabellenform wichtige Informationen zu jedem einzelnen Tag des Jahres der Holz-Schlange zusammengefasst haben.

Sie können so nicht nur sofort erkennen, welche Tage für Sie persönlich besonders günstig sind, sondern auch, welches Tierzeichen den jeweiligen Tag eines Monats regiert. Darüber hinaus finden Sie oberhalb der Tabelle noch Angaben zum Tierzeichen des Jahres und des jeweiligen Monats.

Komprimiert auf zwei Zeilen für jeden Tag haben wir in der Tabelle farblich die günstigen und ungünstigen Aktivitäten gekennzeichnet. Außerdem können Sie in einer weiteren Zeile farblich ablesen, wie sich der jeweilige Tag für Ihr Tierzeichen im Allgemeinen gestaltet.

So kann Ihnen dieses Horoskop-Jahrbuch noch mehr zum unentbehrlichen Begleiter durch das Jahr der Holz-Schlange werden.

Die große Monatsvorschau für jedes der zwölf chinesischen Tierzeichen im Jahr 2025

TZE Ratte

Grundtendenz des Monats:
Der scheidende Jahresregent ist der perfekte Helfer für die Ratte, um auf sich aufmerksam zu machen. Wenn Sie sich wünschen, dass Ihre Projekte im Licht der Öffentlichkeit scheinen sollen, dann sollten Sie die herrschende Energie im Januar noch einmal nutzen. Zumal Ihnen nun mit dem Feuer-Büffel ein Tierzeichen zur Seite steht, das Ihnen das nötige Durchhaltevermögen mit auf den Weg gibt. Trauen Sie sich also ruhig nach draußen mit Ihren Ideen!
Vielleicht haben Sie sich aber auch in den letzten Monaten vom Tempo des Drachen leicht überfordert gefühlt. Dann wäre nun sicher der passende Zeitpunkt für eine wohlverdiente Pause.

Liebe, Familie, Freundschaft: Frische Beziehungen dürfen nun durchaus an Tiefe gewinnen - vorausgesetzt, die Ratte lässt dies zu! Es gibt wohl kaum einen besseren Monat im Jahr, um eine gesunde Basis für die Liebe zu schaffen. Darauf lässt sich im kommenden Jahr der Holz-Schlange vortrefflich aufbauen.
Wenn Sie immer noch auf der Suche nach einem neuen Partner sind, wäre es vielleicht an der Zeit, die eigenen Erwartungen zu überprüfen. Unter Umständen wissen Sie gar nicht so recht, wonach Sie Ausschau halten oder lassen sich zu sehr von Außenstehenden beeinflussen. Finden Sie heraus, was Sie wirklich wollen und was Ihnen persönlich wichtig ist.

Beruf, Finanzen: Wer in den letzten Wochen ordentlich Gas gegeben hat, muss sich zum Ausklang des Drachenjahres wirklich nicht mehr hetzen. Nutzen Sie die verbleibenden Wochen lieber dafür, die vielen liegen gebliebenen Kleinigkeiten zu erledigen. Dann starten Sie in die neue Regentschaft mit einem klaren Kopf und ohne unnötigen Ballast.
Wer jetzt im Januar ein Angebot bekommt, sollte sich überlegen, es anzunehmen, auch wenn es vielleicht nicht ganz genau das ist, was Sie wollen.

Tipp des Monats:
Lassen Sie das Gedankenkarussell ruhen und erfreuen Sie sich lieber daran, was Sie alles in den vergangenen 12 Monaten geschafft haben.

KIU Büffel

Grundtendenz des Monats:
Im Verlauf der letzten zwölf Monate haben Sie sicherlich bemerkt, dass es nicht immer ausreicht, das Geschehen aus der zweiten Reihe zu betrachten und im Anschluss die Arbeit anderer zu erledigen. Der scheidende Jahresregent hat Sie ermutigt, aktiver einzugreifen und zuweilen einfach mehr zu wagen. Dafür mussten Sie vielleicht Ihre vertraute Umgebung verlassen.
Zum Ende des Drachenjahres steht Ihnen nun ein Artgenosse zur Seite und der Büffel kann wieder stärker die Rolle des Beobachters einnehmen. Je mehr Informationen Sie nun sammeln, desto besser können Sie ins kommende Jahr der Schlange starten.

Liebe, Familie, Freundschaft: Vielleicht ist es Ihnen trotz Unterstützung des charismatischen Drachen nicht gelungen, in den vergangenen Monaten den perfekten Partner zu finden. Das mag unter Umständen auch daran liegen, dass Ihre eigentlichen Wünsche sich klar von dem unterscheiden, was der Drache Ihnen präsentiert hat. Am besten, Sie setzen sich zum Jahresausklang in Ruhe hin und bringen Ihre innersten Bedürfnisse zu Papier. Im nächsten Jahr stehen die Chancen in der Liebe für den Büffel deutlich besser.
Auch der stärkste Büffel braucht mal eine Pause vom Familienalltag. Wenn Sie jetzt zu viel Druck verspüren, nehmen Sie sich einfach eine Auszeit.

Beruf, Finanzen: Die Erwartungen sind in den letzten Monaten unter Umständen nicht komplett erfüllt worden. Trotzdem dürften Sie ein gutes Stück vorangekommen sein. Drache und Büffel haben einfach sehr unterschiedliche Ansichten, was eine erfolgreiche Karriere angeht und welchen Einsatz man dafür zu zeigen hat.
Gut für Sie, wenn Sie sich nicht verbogen haben, um Ihrem Umfeld zu gefallen und Ihren Aufstieg zu beschleunigen. Am Ende des Tages bekommen Sie das, was Sie sich wünschen, wenn Sie sich selbst und Ihren Idealen treu bleiben.

Tipp des Monats:
Versuchen Sie, ein wenig von der visionären Kraft des Drachen mit in die neue Regentschaft zu nehmen.

YING
Tiger

Grundtendenz des Monats:
Das Jahr des Holz-Drachen neigt sich dem Ende zu. Mit dem Feuer-Büffel nimmt der visionäre Einfluss des scheidenden Jahresherrschers schon deutlich ab. Nun geht es verstärkt darum, den einmal eingeschlagenen Weg bis zum Ende zu gehen und sich dabei nicht ablenken zu lassen. Für den Tiger kann das bedeuten, dass er sich auf der Ziellinie vielleicht ein bisschen durchbeißen muss.
Wer sich wieder einmal tiefer mit bestimmten Themen beschäftigen will, darf sich auf den Start des Jahres der Schlange im nächsten Monat freuen, denn dann darf der Tiger in allen Bereichen deutlich mehr ins Detail gehen.

Liebe, Familie, Freundschaft: Wenn Sie in diesen Wochen im Umgang mit Partner oder Nachwuchs deutlichen Gegenwind spüren, muss das kein Zeichen von mangelndem Respekt sein. Hören Sie sich die Gegenseite ruhig erst einmal an, bevor Sie gleich die Krallen ausfahren. Sie müssen die Ansicht der anderen Seite nicht teilen, aber Sie sollten sie akzeptieren.
Wer im Jahr des Drachen das Abenteuer gesucht hat, wurde sicher nicht enttäuscht. Allerdings stellt sich spätestens jetzt wahrscheinlich heraus, dass eine derart gestartete Beziehung nicht unbedingt alltagstauglich ist.

Beruf, Finanzen: Vielleicht haben sich im Jahr des Drachen nicht alle beruflichen Erwartungen für den Tiger erfüllt. Das kann unter anderem auch daran liegen, dass Sie zu viel Energie in Dinge gesteckt haben, die mehr die Fantasie beflügelt als den Geldbeutel gefüllt haben. Auf jeden Fall sollten Sie nicht bereuen, wenn Sie in den letzten zwölf Monate auch Dinge ausprobieren konnten, die nicht ganz so vielversprechend waren, aber jede Menge Spaß gemacht haben.
Wer seine Schäfchen in den letzten Monaten gut ins Trockene gebracht hat, hat nun definitiv etwas Entspannung verdient.

Tipp des Monats:
Manchmal ist der Spatz in der Hand besser als die Taube auf dem Dach. Zeigen Sie sich zufrieden mit dem, was Sie erreicht haben!

MAO
Hase

Grundtendenz des Monats:
Wieder neigt sich ein Jahr dem Ende zu, und es ist an der Zeit, eine Bilanz zu ziehen. Für viele Hasen war es in den vergangenen zwölf Monaten sicherlich nicht einfach, das Gleichgewicht zu bewahren. Der Drache mit seiner extrovertierten Art hatte einfach zu unterschiedliche Vorstellungen davon, wie Sie Ihr Leben gestalten sollten. Doch vielleicht konnten Sie auch von ihm lernen, mehr zu wagen und selbstbewusster aufzutreten.
Zum Ende der alten Regentschaft ist es noch einmal wichtig zu verinnerlichen, was in den letzten zwölf Monaten alles geschehen ist. Sicher war es nicht immer ganz einfach zu erreichen, was Sie sich gewünscht haben, aber das kann im kommenden Jahr ganz anders aussehen.

Liebe, Familie, Freundschaft: Es mag sein, dass Sie sich zum Ende der aktuellen Regentschaft im familiären Umfeld nun überfordert fühlen. Verabschieden Sie sich davon, es allen recht machen zu wollen und kümmern Sie sich noch einmal ganz bewusst um sich selbst.
Mit dem besonnenen Büffel im Monat dürfte nun wieder etwas mehr Beständigkeit im Privatleben einkehren. Die Zeiten der Unruhe vor allem in der Partnerschaft sollten nun endgültig vorbei sein. Wenn ab nächsten Monat die Schlange das Zepter übernimmt, sollte es für die meisten Hasen wunderbar harmonisch in Liebesdingen zugehen.

Beruf, Finanzen: Sie müssen jetzt im Januar nicht mehr selbst aktiv in das Geschehen eingreifen. Am Ergebnis können Sie wahrscheinlich ohnehin nichts mehr ändern. Zeigen Sie sich zufrieden mit dem, was Sie erreicht haben und hadern Sie nicht mit verpassten Gelegenheiten - das ist reine Zeitverschwendung!
Wer in den vergangenen Monaten vom Drachen gelernt hat, konnte sicher seinen Horizont erweitern und jede Menge neue Impulse sammeln. Das ist definitiv etwas, auf das Sie 2025 aufbauen können.

Tipp des Monats:
Bleiben Sie gelassen und vertrauen Sie weiter auf Ihre Intuition! Im Jahr der Schlange erwartet Sie deutlich mehr Harmonie.

SHENG
Drache

Grundtendenz des Monats:

Das letzte Jahr wird für die meisten Drachen wie im Nu verflogen sein. Immer wieder hat der Jahresregent versucht, Sie mit neuen Optionen zu begeistern. Vielleicht konnten Sie nicht immer so unmittelbar reagieren, wie Sie es sich erhofft hatten. Aber sicher konnten Sie einige Ihrer Pläne in die Tat umsetzen.

Mit dem Feuer-Büffel an Ihrer Seite geht es nun darum, Angefangenes abzuschließen und einige Aufräumarbeiten zu erledigen. So stellen Sie sicher, dass Sie in die neue Regentschaft mit reichlich freien Ressourcen starten können.

Liebe, Familie, Freundschaft: Der Drache konnte in den vergangenen Monaten im Bereich seiner persönlichen Beziehungen wirklich ein breites Spektrum an Erfahrungen machen. Waren Ihnen die emotionalen Höhen und Tiefen auf Dauer zu anstrengend, dürfen Sie sich darauf freuen, dass es ab sofort deutlich harmonischer zugehen dürfte. Wem es in der Liebe 2024 dagegen nicht aufregend genug sein konnte, der wird sich ab nächsten Monat vielleicht ein wenig langweilen.

Es mag sein, dass der Drache Alltagspflichten am liebsten auf Partner oder Familie abwälzen würde. Das ist aber im Januar keine gute Idee - es wird erwartet, dass Sie Ihren Anteil leisten und sich dabei nicht ständig beschweren.

Beruf, Finanzen: Im kommenden Jahr hat der Drache die Möglichkeit, seine Projekte zu vertiefen und zu perfektionieren. Fangen Sie damit nun ruhig schon an - der Büffel unterstützt Sie jetzt vor allem in den Bereichen, die Durchhaltevermögen und Geduld brauchen.

Rückblickend betrachtet mag das eine oder andere Ziel in den vergangenen Monaten ein wenig gewagt gewesen sein. Der Drache ist dafür bekannt, in größeren Dimensionen zu denken. Überlegen Sie nun genau, ob sich der Aufwand lohnt. Falls nicht, lassen sich die ursprünglichen Pläne nun sicher pragmatisch überarbeiten.

Tipp des Monats:

Lassen Sie nun nicht nach! Auch in den kommenden zwölf Monaten können Sie Ihre Wünsche umsetzen.

SZE
Schlange

Grundtendenz des Monats:

Haben Sie wirklich alles getan, um das Optimale aus dem Jahr des Drachen für sich herauszuholen? Dann dürfen Sie sich im letzten Monat unter seiner Regentschaft entspannt zurücklehnen. Nehmen Sie sich nun die verdiente Auszeit und lassen Sie den Start in das eigene Jahr ab nächstem Monat ruhig angehen.

Falls das Gefühl haben, dass durchaus noch mehr drin ist, können Sie mit Hilfe des durchsetzungsstarken Büffels nun noch einmal alles geben. Setzen Sie sich dabei nicht zu sehr unter Druck, liebe Schlange! Manchmal ist der Spatz in der Hand wirklich besser als die Taube auf dem Dach.

Liebe, Familie, Freundschaft: Vielleicht hat Ihnen der Holz-Drache zeigen können, wie Sie im Bereich der persönlichen Beziehungen mit einem guten Selbstvertrauen auftreten können. Wer von seinem Charme und seiner Ausstrahlung profitiert hat, hat sich sowohl in bestehenden als auch in neuen Partnerschaften deutlich wohler fühlen können.

Achten Sie darauf, dass Sie in den kommenden Monaten offen und aufgeschlossen bleiben, dann darf sich in der Liebe 2025 sicher so einiges entwickeln.

Beständigkeit in den persönlichen Beziehungen war im Jahr des Drachens vielleicht nicht Ihre Priorität. Um so wichtiger ist es jetzt, ruhende Freundschaften neu zu beleben.

Beruf, Finanzen: In Kombination mit dem Büffel können ehrgeizige Schlangen jetzt im Januar noch einmal die Gunst der Stunde nutzen und sich für ihre Karriere ins rechte Licht setzen. Bedenken Sie, dass es im eigenen Jahr ungleich schwerer für Sie werden dürfte, im grellen Rampenlicht zu bestehen.

Der Büffel kann außerdem jetzt noch einmal dabei helfen, auch schwierigere Projekte wieder in geregelte Bahnen zu lenken. Wenn Sie dann noch auf Ihr Gefühl vertrauen, dürfte die Sache in den nächsten Monaten wie von selbst laufen.

Tipp des Monats:

Folgen Sie auch im kommenden Jahr Ihrem Gefühl, wenn es um wichtige Entscheidungen geht.

WU
Pferd

Grundtendenz des Monats:

Sie werden in den vergangenen zwölf Monaten sicher gemerkt haben, dass der Drache ganz hervorragend darin ist, ordentlich Staub aufzuwirbeln und sich damit die ungeteilte Aufmerksamkeit zu sichern. Ob am Ende aber auch ein Ergebnis vorzuweisen ist, steht auf einem anderen Blatt. Es liegt nun an Ihnen, liebes Pferd, auf den letzten Metern noch einmal alles daran zu setzen, die Zielgerade zu erreichen. Mit Hilfe des beständigen Büffel kann das im Januar durchaus gelingen. Strengen Sie sich also noch einmal so richtig an!

Wenn Sie nun das Gefühl haben, dass Sie vor dem Start in das Jahr der Holz-Schlange noch einmal ein bisschen Erholung brauchen, sollten Sie sich diese ruhig gönnen.

Liebe, Familie, Freundschaft: Für diejenigen, die sich in der Liebe mehr Leidenschaft gewünscht haben, hatte das Jahr des Holz-Drachen sicher einiges zu bieten. In den kommenden Monaten besteht die Möglichkeit, entstandene Beziehungen zu vertiefen. Mit der Schlange, die ab dem nächsten Monat das Zepter übernimmt, kann das Pferd die Liebe genießen, ohne dabei große Aufmerksamkeit zu erregen.

Mehr Beständigkeit wünscht sich das Pferd vielleicht schon jetzt, denn der Büffel hat im Gegensatz zum Drachen eher konservative Ansichten, was Liebesdinge angeht.

Beruf, Finanzen: Mit dem Ende der Regentschaft des Drachens scheint sich sein Verhalten etwas ergebnisorientierter zu gestalten. Dies könnte Ihnen die Möglichkeit geben, konkrete Ziele zu definieren und sie möglicherweise noch zu erreichen. Es ist jedoch nichts daran auszusetzen, wenn Sie jetzt noch nicht bis an die Spitze gelangen.

Mit Sturheit erreichen Sie im Januar bei Ihren Kollegen reichlich wenig. Legen Sie sich deshalb nicht unnötig mit anderen an, sondern versuchen Sie lieber, sachlich zu bleiben und mit Argumenten zu überzeugen.

Tipp des Monats:

Sie haben getan, was Sie konnten. Nun heißt es abzuwarten, wie sich die Dinge entwickeln.

WEI
Ziege

Grundtendenz des Monats:

Mit der Fantasie und den innovativen Ideen des Drachen konnte die Ziege vielleicht nicht immer sofort etwas anfangen. Wenn Sie die scheinbar verwegenen Pläne in den vergangenen Monaten nicht direkt verworfen haben, haben Sie beim genaueren Hinschauen unter Umständen gemerkt, das doch einige brauchbare Ansätze dabei waren.

Mit dem Büffel im Monat macht sich nun schon wieder eine etwas konservativere Energie bemerkbar. Es dürfte deshalb jetzt nicht mehr so einfach sein, spontane Gedanken einfach umzusetzen. Das dürfte auch bedeuten, dass Sie vielleicht nun doch nicht ganz das bekommen, was Sie sich gewünscht haben. Trotzdem können Sie zufrieden sein.

Liebe, Familie, Freundschaft: Wen das vergangene Jahr etwas erschöpft hat, der darf sich nun eine Pause gönnen. Das geht allerdings nur, wenn Sie Ihren Anspruch bei der Familie anmelden und sich dann auch konsequent daran halten.

Der Ziege fällt es in der Regel nicht leicht, so extrovertiert wie der scheidende Jahresregent aufzutreten. Vielleicht reicht es für Ihre Beziehung aber vollkommen aus, wenn Sie sich einfach so geben, wie Sie sind. 2023 konnten Sie sicher lernen, sich nicht ständig um des lieben Friedens willen zu verstellen.

Beruf, Finanzen: Auch wenn der Drache auf der finanziellen Ebene zu riskanten Aktionen neigt, dürften die meisten Ziegen daraus in den vergangenen Monaten kaum Schaden davon getragen haben. Vielleicht waren Sie ein bisschen mutiger und konnten mit vorsichtigen Investitionen Ihren Wohlstand mehren. Wenn im nächsten Monat die Schlange übernimmt, können Sie Ihre Finanzen auf eine solide Basis stellen.

Wer auf der Karriereleiter noch nicht den gewünschten Schritt nach oben machen konnte, sollte sich nicht allzu sehr grämen. Im nächsten Jahr gibt es sicher neue Gelegenheiten.

Tipp des Monats:

Veränderungen machen das Leben erst so richtig interessant. Bleiben Sie offen für den Wandel!

SUNG
Affe

Grundtendenz des Monats:
Der Januar bringt mit dem Büffel eine erdigere Energie mit sich, die es dem Affen ermöglicht, sich von den turbulenten Höhenflügen der letzten Monate ein wenig zu erholen. Es ist nun eine gute Zeit, um die Erfahrungen der vergangenen Monate zu verarbeiten. Indem Sie sich zurückziehen, können Sie wertvolle Erkenntnisse gewinnen und sich besser auf die Herausforderungen im kommenden Jahr vorbereiten.
Überlassen Sie zum Ende der Regentschaft des Holz-Drachen die Bühne ruhig auch einmal den Anderen. Sie haben in den letzten Monaten wirklich genug geleistet.

Liebe, Familie, Freundschaft: Es mag zuweilen etwas unruhig zugegangen sein im Privatleben des Affen. Deshalb ist es nun um so wichtiger, die Wogen zu glätten und sich wieder mehr auf die Gemeinsamkeiten zu konzentrieren. So schaffen Sie eine Grundlage für ein harmonisches Zusammenleben in den kommenden Monaten und darüber hinaus.
Sind der eigene Nachwuchs und der Rest der Familie 2024 ein wenig zu kurz gekommen, ist es nun an der Zeit, das auszugleichen. Am besten setzen Sie sich gemeinsam hin und machen gleich einen Plan für die nächsten Monate.

Beruf, Finanzen: Wer sich flexibel gezeigt hat und bereit war, beherzt anzupacken konnte in den vergangenen Monaten sicher rasante Fortschritte machen. Damit die Entwicklung auch im Jahr der Holz-Schlange anhalten kann, ist es wichtig, Seilschaften zu bilden und auf eine kontinuierliche Zusammenarbeit hinzuwirken.
Vielleicht haben Ihre Finanzen ein wenig unter der Risikobereitschaft des Drachen gelitten. Lernen Sie aus Ihren Erfahrungen und machen Sie zukünftig eine besser durchdachte Planung. So können Sie optimal von Ihren Erfolgen profitieren und es bleibt am Ende auch mehr übrig.

Tipp des Monats:
An Anerkennung sollte es 2024 wirklich nicht gemangelt haben. Sorgen Sie im kommenden Jahr dafür, dass sich das Ganze auch monetär für Sie auszahlt.

YU
Hahn

Grundtendenz des Monats:
Der letzte Monat im Jahr des Holz-Drachen bricht nun an und bringt noch einmal einen Schwung produktive Energie für den Hahn mit sich. Mit einem durchsetzungsstarken Büffel an Ihrer Seite können Sie sich nun auch in Bereichen profilieren, in denen Sie in den vergangenen Monaten nicht so recht punkten konnten. Damit sich der Einfluss des Büffels richtig entfalten kann, ist es nötig, die Ärmel hochzukrempeln und sich noch einmal voll ins Getümmel zu stürzen.
Wem das zu viel ist, der kann auch einfach eine Pause machen und auf den Start des neuen Jahres im Februar warten. Mit der Schlange kommt dann nämlich eine Regentin ans Ruder, die einen positiven Einfluss auf alle Bereiche Ihres Lebens haben dürfte.

Liebe, Familie, Freundschaft: Mit der Brechstange lässt sich kein Herz gewinnen, lieber Hahn. Wenn es sich jetzt zu mühsam anfühlt, ist vielleicht nicht der richtige Zeitpunkt oder es ist einfach nicht der richtige Partner. Machen Sie sich keinen unnötigen Druck - im nächsten Jahr sind die Aussichten deutlich besser für Sie.
Sie haben nun vielleicht alle Hände voll zu tun, um mit und für Ihre Lieben den Alltag zu bewältigen. Um so wichtiger sind nun regelmäßige Pausen, damit Sie sich auf der Ziellinie ins neue Jahr nicht noch komplett verausgaben.

Beruf, Finanzen: Mit dem Büffel an seiner Seite kann der Hahn im Januar wirklich viel erledigt bekommen. Nutzen Sie diese Produktivität vor allem dafür, bereits laufende Aktionen in Richtung Zielgerade zu bringen. Vielleicht kann der Drache hierzu nun noch einmal den einen oder anderen kreativen Lösungsansatz beisteuern oder Ihnen dabei helfen, das Team noch einmal so richtig zu begeistern.
Ihre Entscheidungen dürfen nun auch in finanzieller Hinsicht ruhig wieder etwas konservativer ausfallen.

Tipp des Monats:
Mit einer größeren Flexibilität und weniger Perfektionismus können Sie vom kommenden Jahr am besten profitieren.

SHIH
Hund

Grundtendenz des Monats:
Im letzten Monat des Drachen-Jahres dürfte der Einfluss des Herrschers schon deutlich nachlassen. Am Ende des Jahres entpuppen sich viele hochtrabende Pläne bei genauerem Hinsehen doch als unrealistisch und nicht durchführbar. Der Hund mag sich da so manches Mal in seiner pragmatischen Einschätzung bestätigt fühlen. Unterm Strich bleiben aber sicher einige Gelegenheiten, wo mehr Mut zum Risiko und eine gewisse Neugier auf das Ungewöhnliche neue Erkenntnisse gebracht haben.
Ab dem nächsten Monat übernimmt eine feinfühlige Holz-Schlange das Zepter. Auch Sie kann den Hund sicher zuweilen fordern, tut dies aber auf eine deutlich sanftere Weise.
Liebe, Familie, Freundschaft: Wer in den vergangenen Monaten zu wenig Zeit mit der Familie verbracht hat, hat nun noch einmal Gelegenheit, das auszugleichen. Geben Sie sich Mühe, Risse in den Beziehungen dauerhaft zu kitten. Blut ist am Ende immer dicker als Wasser.
Auf der Beziehungsebene mag es 2024 die eine oder andere Auseinandersetzung gegeben haben. Wenn Sie der anderen Seite jedoch Ihre eigene Meinung zugestanden haben, gehen Sie gestärkt aus dem Jahr hervor.
Beruf, Finanzen: Mit Sturheit allein lässt sich jetzt kein Projekt mehr über die Ziellinie boxen. Auch wenn der Drache eher ein Einzelkämpfer ist, braucht der Hund in den letzten Wochen seiner Regentschaft die Unterstützung seines Teams. Der Büffel, der den Monat begleitet, wird dann dafür sorgen, dass Sie gemeinsam mögliche Hindernisse aus dem Weg räumen.
Wem es in den letzten Monaten gelungen ist, über seinen Schatten zu springen, der konnte inspiriert nach vorne schauen. Ist es Ihnen dagegen schwer gefallen, die unorthodoxen Methoden des Drachen zu adaptieren, hat sich das Vorankommen sicher etwas schwieriger gestaltet.
Tipp des Monats:
Wie auch immer das Ergebnis aussah, zeigen Sie sich dankbar und zufrieden für die Erkenntnisse aus dem Jahr des Holz-Drachen!

HAN
Schwein

Grundtendenz des Monats:
Im letzten Monat des Drachenjahres macht sich schon die beständigere Energie des kommenden Herrschers bemerkbar. Zwar lässt sich nun immer noch mit den eigenen Ideen spielen, es finden sich aber immer weniger Gelegenheiten, diese auch noch umzusetzen. Für das Schwein dürfte das nicht weiter tragisch sein, wenn es 2024 ohnehin mehr von der Seitenlinie aus dem bunten Treiben zugeschaut hat.
Es kann allerdings sicher nicht schaden, sich nun abschließend noch einmal vom scheidenden Regenten inspirieren zu lassen. Vielleicht lässt sich so ein wenig von seiner Furchtlosigkeit und seiner Schöpferkraft auf das Schwein übertragen, so dass es im nächsten Jahr beherzter zur Sache gehen kann.
Liebe, Familie, Freundschaft: Wer bislang noch nicht so erfolgreich mit der Suche nach einem neuen Partner war, muss nun vielleicht einsehen, dass es besser wäre, die eigenen Ansprüche ein wenig nach unten zu schrauben. Anstatt gleich nach der perfekten Verbindung Ausschau zu halten, könnte man sich gegenseitig ja auch einfach Zeit geben, langsam zusammen zu wachsen.
Der Drache mag im vergangenen Jahr zuweilen ganz schön Staub aufgewirbelt haben. Hat sich dieser nun gelegt, werden Sie erkennen, dass im Grunde alles beim Alten geblieben ist.
Beruf, Finanzen: Wer auf der Zielgerade noch einmal eine klare Ansage machen will, wird sich über die Unterstützung des zuweilen etwas sturen Büffels im Januar sicher freuen. Lassen Sie nicht locker in Ihrem Bestreben, sich selbst zu verwirklichen. Vielleicht schätzt man im Augenblick noch vor allem Ihre Fähigkeit, fremde Projekte zu unterstützen. Aber das kann sich ja in der nächsten Zeit durchaus ändern. Sorgen Sie jetzt dafür, dass man auch Ihr schöpferisches Potential wahrnimmt und Ihre Ambitionen ernst nimmt.
Tipp des Monats:
Wer sich 2024 nicht zu weit aus dem Fenster gelehnt hat, sollte genug Energie haben, um alle Klippen zu umschiffen und erfolgreich ans Ziel zu kommen.

Januar 2025	Jahreskonstellation – Holz- Drache Monatskonstellation – Feuer Büffel

1. Metall Pferd	Ratte Büffel Tiger Hase Drache Schlange Pferd Ziege Affe Hahn Hund Schwein **Günstig:** Ausruhen, Meditation, seinen Hobbys nachgehen. **Ungünstig:** wichtige Unternehmungen
2. Metall Ziege	Ratte Büffel Tiger Hase Drache Schlange Pferd Ziege Affe Hahn Hund Schwein **Günstig:** Amüsieren, mit Freunden ausgehen, Freizeitaktivitäten **Ungünstig:** geschäftliche Aktivitäten, neue Dinge anfangen.
3. Wasser Affe	Ratte Büffel Tiger Hase Drache Schlange Pferd Ziege Affe Hahn Hund Schwein **Günstig:** für die meisten Aktivitäten, Geschäftsabschlüsse, Partnerschaft **Ungünstig:** negative Bemerkungen über andere Menschen.
4. Wasser Hahn	Ratte Büffel Tiger Hase Drache Schlange Pferd Ziege Affe Hahn Hund Schwein **Günstig:** Handel, Geschäftseröffnungen, Hochzeiten und andere Feste planen. **Ungünstig:** Beerdigungen, Reisen, Arztbesuche.
5. Holz Hund	Ratte Büffel Tiger Hase Drache Schlange Pferd Ziege Affe Hahn Hund Schwein **Günstig:** Handel, Geschäftseröffnungen, Hochzeiten und andere Feste planen. **Ungünstig:** Beerdigungen, Reisen, Arztbesuche.
6. Holz Schwein	Ratte Büffel Tiger Hase Drache Schlange Pferd Ziege Affe Hahn Hund Schwein **Günstig:** Handwerkliche Aktivitäten, Handel, Hochzeiten, Reisen **Ungünstig:** Trauerfeiern und Beerdigungen, schwere körperliche Arbeit
7. Feuer Ratte	Ratte Büffel Tiger Hase Drache Schlange Pferd Ziege Affe Hahn Hund Schwein **Günstig:** Ankündigungen machen, Beerdigungen, Trauerfeiern. **Ungünstig:** Handel, Vergnügungen, Freizeitaktivitäten
8. Feuer Büffel	Ratte Büffel Tiger Hase Drache Schlange Pferd Ziege Affe Hahn Hund Schwein **Günstig:** Kleidung schneidern, Handel, Buchhaltung, Ausflüge, neue Dinge beginnen. **Ungünstig:** Geschäfte eröffnen, Kraftanstrengungen, Reisen, Ersparnisse ausgeben.
9. Erd Tiger	Ratte Büffel Tiger Hase Drache Schlange Pferd Ziege Affe Hahn Hund Schwein **Günstig:** Putzen, waschen, fasten, seelische und körperliche Pflege, Arztbesuche. **Ungünstig:** Ausdauersport, Reisen, Hochzeit.
10. Erd Hase	Ratte Büffel Tiger Hase Drache Schlange Pferd Ziege Affe Hahn Hund Schwein **Günstig:** Umziehen, Reisen, Hochzeiten, Empfänge, wichtige Konferenzen. **Ungünstig:** geistige Arbeiten, Gartenarbeit, häusliche Tätigkeiten.
11. Metall Drache	Ratte Büffel Tiger Hase Drache Schlange Pferd Ziege Affe Hahn Hund Schwein **Günstig:** Versammlungen, gerechte Verteilungen, Hochzeit, Konferenzen, Umzug. **Ungünstig:** Gartenarbeit, Dinge zum Abschluss bringen.
12. Metall Schlange	Ratte Büffel Tiger Hase Drache Schlange Pferd Ziege Affe Hahn Hund Schwein **Günstig:** Gartenarbeit, Feiern, Hochzeit, Dinge zum Abschluss bringen. **Ungünstig:** keine Anschuldigungen gegen Dritte erheben.
13. Wasser Pferd	Ratte Büffel Tiger Hase Drache Schlange Pferd Ziege Affe Hahn Hund Schwein **Günstig:** Gartenarbeit, Hochzeit, Dinge zum Abschluss bringen. **Ungünstig:** Umzug, Reisen, Geschäftseröffnung
14. Wasser Ziege	Ratte Büffel Tiger Hase Drache Schlange Pferd Ziege Affe Hahn Hund Schwein **Günstig:** Ausruhen, Meditation, seinen Hobbys nachgehen. **Ungünstig:** wichtige Unternehmungen
15. Holz Affe	Ratte Büffel Tiger Hase Drache Schlange Pferd Ziege Affe Hahn Hund Schwein **Günstig:** Amüsieren, mit Freunden ausgehen, Freizeitaktivitäten **Ungünstig:** geschäftliche Aktivitäten, neue Dinge anfangen.

Ob ein Tag besonders günstig für Ihr Tierzeichen ist, sehen Sie an folgenden Farben:
Rot = sehr günstig, Grau = günstig, Schwarz = nicht günstig

16. Holz Hahn	Ratte Büffel Tiger Hase Drache Schlange Pferd Ziege Affe Hahn Hund Schwein **Günstig:** für die meisten Aktivitäten, Geschäftsabschlüsse, Partnerschaft **Ungünstig:** negative Bemerkungen über andere Menschen.
17. Feuer Hund	Ratte Büffel Tiger Hase Drache Schlange Pferd Ziege Affe Hahn Hund Schwein **Günstig:** Handel, Geschäftseröffnungen, Hochzeiten und andere Feste planen. **Ungünstig:** Beerdigungen, Reisen, Arztbesuche.
18. Feuer Schwein	Ratte Büffel Tiger Hase Drache Schlange Pferd Ziege Affe Hahn Hund Schwein **Günstig:** Handwerkliche Aktivitäten, Handel, Hochzeiten, Reisen **Ungünstig:** Trauerfeiern und Beerdigungen, schwere körperliche Arbeit
19. Erd Ratte	Ratte Büffel Tiger Hase Drache Schlange Pferd Ziege Affe Hahn Hund Schwein **Günstig:** Ankündigungen machen, Beerdigungen, Trauerfeiern. **Ungünstig:** Handel, Vergnügungen, Freizeitaktivitäten
20. Erd Büffel	Ratte Büffel Tiger Hase Drache Schlange Pferd Ziege Affe Hahn Hund Schwein **Günstig:** Kleidung schneidern, Handel, Buchhaltung, Ausflüge, neue Dinge beginnen. **Ungünstig:** Geschäfte eröffnen, Kraftanstrengungen, Reisen, Ersparnisse ausgeben.
21. Metall Tiger	Ratte Büffel Tiger Hase Drache Schlange Pferd Ziege Affe Hahn Hund Schwein **Günstig:** Putzen, waschen, fasten, seelische und körperliche Pflege, Arztbesuche. **Ungünstig:** Ausdauersport, Reisen, Hochzeit.
22. Metall Hase	Ratte Büffel Tiger Hase Drache Schlange Pferd Ziege Affe Hahn Hund Schwein **Günstig:** Umziehen, Reisen, Hochzeiten, Empfänge, wichtige Konferenzen. **Ungünstig:** geistige Arbeiten, Gartenarbeit, häusliche Tätigkeiten.
23. Wasser Drache	Ratte Büffel Tiger Hase Drache Schlange Pferd Ziege Affe Hahn Hund Schwein **Günstig:** Versammlungen, gerechte Verteilungen, Hochzeit, Konferenzen, Umzug. **Ungünstig:** Gartenarbeit, Dinge zum Abschluss bringen.
24. Wasser Schlange	Ratte Büffel Tiger Hase Drache Schlange Pferd Ziege Affe Hahn Hund Schwein **Günstig:** Gartenarbeit, Feiern, Hochzeit, Dinge zum Abschluss bringen. **Ungünstig:** keine Anschuldigungen gegen Dritte erheben.
25. Holz Pferd	Ratte Büffel Tiger Hase Drache Schlange Pferd Ziege Affe Hahn Hund Schwein **Günstig:** Gartenarbeit, Hochzeit, Dinge zum Abschluss bringen. **Ungünstig:** Umzug, Reisen, Geschäftseröffnung
26. Holz Ziege	Ratte Büffel Tiger Hase Drache Schlange Pferd Ziege Affe Hahn Hund Schwein **Günstig:** Ausruhen, Meditation, seinen Hobbys nachgehen. **Ungünstig:** wichtige Unternehmungen
27. Feuer Affe	Ratte Büffel Tiger Hase Drache Schlange Pferd Ziege Affe Hahn Hund Schwein **Günstig:** Amüsieren, mit Freunden ausgehen, Freizeitaktivitäten **Ungünstig:** geschäftliche Aktivitäten, neue Dinge anfangen.
28. Feuer Hahn	Ratte Büffel Tiger Hase Drache Schlange Pferd Ziege Affe Hahn Hund Schwein **Günstig:** für die meisten Aktivitäten, Geschäftsabschlüsse, Partnerschaft **Ungünstig:** negative Bemerkungen über andere Menschen.
29. Erd Hund	Ratte Büffel Tiger Hase Drache Schlange Pferd Ziege Affe Hahn Hund Schwein **Günstig:** Handel, Geschäftseröffnungen, Hochzeiten und andere Feste planen. **Ungünstig:** Beerdigungen, Reisen, Arztbesuche.
30. Erd Schwein	Ratte Büffel Tiger Hase Drache Schlange Pferd Ziege Affe Hahn Hund Schwein **Günstig:** Handwerkliche Aktivitäten, Handel, Hochzeiten, Reisen **Ungünstig:** Trauerfeiern und Beerdigungen, schwere körperliche Arbeit.
31. Metall Ratte	Ratte Büffel Tiger Hase Drache Schlange Pferd Ziege Affe Hahn Hund Schwein **Günstig:** Ankündigungen machen, Beerdigungen, Trauerfeiern. **Ungünstig:** Handel, Vergnügungen, Freizeitaktivitäten.

TZE
Ratte

Grundtendenz des Monats:
Gleich zu Beginn der neuen Regentschaft geht es für die Ratte darum, sich möglichst vernünftige Ziele für die nächsten zwölf Monate zu setzen. Der durchsetzungsstarke Erd-Tiger, der den Februar begleitet, kann ihr dabei sicher sehr gut behilflich sein. Wenn es gleich in diesem Monat gelingt, aus Ihren Möglichkeiten etwas Konkretes auszuwählen, können Sie sich einiges an Zeit und Energie sparen. Konzentrieren Sie sich auf das Machbare und lassen Sie alle anderen Dinge erst einmal außen vor.
Sollten Sie nun Schwierigkeiten haben, Ihre Gedanken zu ordnen, eignen Sie sich am besten mehr Struktur an oder suchen sich Hilfe in diesem Bereich.

Liebe, Familie, Freundschaft: Der Drache mag mit seinem schillernden Auftreten vielleicht im vergangenen Jahr manchmal von privaten Unstimmigkeiten abgelenkt haben. Jetzt wäre ein guter Zeitpunkt, das Gespräch mit Partner oder Familie zu suchen und das Kind beim Namen zu nennen. Mit Hilfe der neuen Regentin können Sie den Ursachen sicher gut auf den Grund gehen und der Erd-Tiger hilft Ihnen in diesen Wochen dabei, sich klar und verbindlich auszudrücken.
Haben Sie die Dinge 2024 im Alltag ein wenig schleifen gelassen, wäre es nun wirklich an der Zeit, gemeinsam mit allen Beteiligten die Zügel wieder etwas straffer zu halten.

Beruf, Finanzen: Es mag Ihnen vielleicht zu Beginn des Jahres so vorkommen, als gäbe es mehr Hindernisse zu überwinden, als in den vergangenen zwölf Monaten. Das liegt sicher auch daran, dass Sie die Dinge mit der neuen Herrscherin genauer betrachten als noch im Jahr zuvor.
So fallen Ihnen Stolpersteine ins Auge, die Sie vor einiger Zeit noch glatt übersehen hätten. Anstatt genervt mit den Augen zu rollen, sollten Sie sich lieber freuen, dass Sie so die Gelegenheit bekommen, Fehler schon im Vorfeld zu korrigieren.

Tipp des Monats:
Bleiben Sie konzentriert bei der Sache, auch wenn Ihnen das erst einmal nicht so spannend vorkommt. Das Ziel wird so schneller erreicht.

KIU
Büffel

Grundtendenz des Monats:
Wenn Sie im vergangenen Jahr damit begonnen haben, eigene Ideen zu entwickeln, können Sie spätestens jetzt mit der erfolgreichen Umsetzung starten. Zu Beginn des Jahres der Schlange begleitet Sie ein sehr zielorientierter Tiger. Mit Ihrem starken Willen sollte es nicht allzu schwer sein, gemeinsam auf dem richtigen Weg zu bleiben. Es mögen sich nun zwar einige Hindernisse auftun, aber diese sollte der Büffel relativ leicht und schnell überwinden können.
Gleich zu Beginn der neuen Regentschaft wäre es gut, pragmatisch auf die bisherige Entwicklung zu schauen. Dabei dürfen Sie ruhig ein wenig selbstkritisch sein und anerkennen, wo es noch Raum für Verbesserungen gibt.

Liebe, Familie, Freundschaft: Auf der privaten Ebene sollte mit der neuen Herrscherin wieder etwas mehr Ordnung herrschen. Im Gegensatz zu ihrem Vorgänger ist die Schlange für spontane Aktionen nicht so sehr zu haben. Das sollte dem Büffel mehr behagen, denn auch er fühlt sich wohler, wenn sein Privatleben besser planbar ist.
Sie müssen in diesen Wochen nicht immer und überall Recht behalten. Wägen Sie sorgfältig ab, in welchen Bereichen das wirklich sein muss und wo Sie auch einmal nachgeben können. Partner und Familie freuen sich sehr darüber, wenn Sie die Dinge auch einmal etwas lockerer sehen können.

Beruf, Finanzen: Opposition mag der Büffel in diesen Wochen gar nicht gerne und lässt das Kollegen, Kunden oder auch den Chef durchaus spüren. Versuchen Sie bitte, Ihre Meinung ein wenig diplomatischer zu vertreten. Wenn Sie zu einem späteren Zeitpunkt Mitstreiter brauchen, wäre es doch blöd, wenn Sie diese schon im Vorfeld vergrault hätten, oder?
Wenn Sie schon länger über einen beruflichen Wechsel nachgedacht haben, wäre nun sicher kein schlechter Zeitpunkt, die Fühler etwas mehr auszustrecken.

Tipp des Monats:
Warten Sie nicht darauf, dass man auf Sie zukommt! In diesem Monat sollten Sie lieber selbst aktiv werden.

YING
Tiger

Grundtendenz des Monats:
Gleich zu Beginn der neuen Regentschaft ist es für den Tiger wichtig, klare Ziele zu formulieren. Mit den zum Teil etwas vagen Visionen des Drachen aus dem vergangenen Jahr kann die neue Herrscherin recht wenig anfangen.
Mit einem Artgenossen an seiner Seite würde der Tiger nun am liebsten einfach weiter voll auf Expansionskurs gehen. Sie sollten allerdings beachten, dass es nun mehr auf eine gute Vorbereitung ankommt. Wenn Sie also Ihr Terrain auch im neuen Jahr erweitern wollen, machen Sie am besten zuerst einmal Ihre Hausaufgaben und sammeln Sie genügend Informationen.
Liebe, Familie, Freundschaft: Wer sich nun zu sehr auf seine eigenen Projekte konzentriert, könnte gleich zu Beginn des Jahres der Schlange zu Hause einigen Ärger bekommen. Um das zu vermeiden, stellen Sie am besten erst einmal sicher, das die Terminpläne abgestimmt und alle Aufgaben gerecht verteilt sind. Weder Ihr Partner noch der Rest der Familie sollten sich nun durch Ihre Aktivitäten benachteiligt fühlen.
Der Februar ist durchaus ein guter Monat für neue Eroberungen. Der Tiger kann nun selbstsicher auftreten und offen auf einen potentiellen Partner zugehen. Lassen Sie bitte die Muskeln nicht zu sehr spielen - das wirkt jetzt unter Umständen eher einschüchternd als anziehend.
Beruf, Finanzen: Zu Beginn der Regentschaft der Holz-Schlange mögen Sie vielleicht den Eindruck haben, dass nicht alles ganz rund läuft und sich einige Hindernisse vor Ihnen aufbauen. Diese sollten Sie aber mit der entsprechenden Entschlossenheit gut aus dem Weg räumen können. Verlassen Sie sich dabei ruhig mehr auf Ihr Wissen. Wenn das nicht reicht, suchen Sie sich einfach einen entsprechenden Experten.
Auch wenn die neue Herrscherin nicht unbedingt ein Teamplayer ist, kann es wichtig sein, 2025 beizeiten auf der beruflichen Ebene Allianzen zu schmieden.
Tipp des Monats:
Es geht jetzt nicht ums gewinnen, sondern darum, wie Sie alle in ein Boot holen.

MAO
Hase

Grundtendenz des Monats:
Zum Start in das neue Jahr stehen alle Zeichen auf Wachstum für den Hasen. Ob Sie das mehr auf der persönlichen inneren Ebene oder nach außen über Beruf und soziale Kontakte ausleben wollen, bleibt Ihnen selbst überlassen.
Mit einem Tiger an seiner Seite kann der Hase mutig voranschreiten und sollte sich über die Meinung der Anderen nicht zu viele Gedanken machen. Mit einer klaren Ausrichtung auf Ihr Ziel sind Sie nun kaum zu bremsen. Suchen Sie nun also bitte keine weiteren Ausflüchte, sondern gehen Sie Ihren eigenen Wünschen nach.
Liebe, Familie, Freundschaft: Es mag bei Ihren Lieben nicht unbedingt auf Begeisterung stoßen, wenn Sie sich nun vorrangig um Ihre eigenen Belange kümmern. Wenn Partner, Eltern und Nachwuchs bislang von Ihnen gewohnt sind, dass Sie sich um alles kümmern, möchte man nun ungern auf diesen Service verzichten. Lassen Sie sich nicht umstimmen - jetzt sind erst einmal Sie selbst an der Reihe.
Wer auf der Suche nach einem neuen Partner ist, hat im Jahr der Schlange ohnehin gute Karten. Im Februar fällt es darüber hinaus vielleicht sogar noch leichter, mit Hilfe des selbstbewussten Tigers von den eigenen Vorzügen zu überzeugen.
Beruf, Finanzen: Gibt es noch das eine oder andere unfertige Projekt aus dem vergangenen Jahr, an das Sie sich bislang nicht heran gewagt haben? Dann bekommen Sie jetzt die perfekte Gelegenheit, das Thema erneut aufzugreifen und zu einem erfolgreichen Ende zu bringen.
Aber auch spontane Pläne können nun mit Elan angegangen werden. Hören Sie bei der Entscheidung auf Ihre innere Stimme und holen Sie mit der analytischen Schlange an Ihrer Seite die nötigen Informationen ein.
Auch wenn Ihre Mitstreiter nun vielleicht nicht Ihrer Meinung sind, macht es Sinn, sie mit diplomatischem Geschick ins Boot zu holen. Gemeinsam lässt sich einfach mehr erreichen.
Tipp des Monats:
Sie haben nun wirklich viele Möglichkeiten. Nehmen Sie sich die Zeit, das Richtige auszuwählen!

SHENG
Drache

Grundtendenz des Monats:
Auch wenn sich die neue Regentin für ihre Untertanen ein bisschen mehr Ruhe wünscht, kann es im Februar noch einmal das eine oder andere kreative Feuerwerk für den Drachen geben. Das schöpferische Holz-Element ist ohnehin fast im ganzen Jahr sehr gut ausgeprägt, so dass es Ihnen auch 2025 nicht an Inspiration fehlen sollte. Mit einem autoritären Erd-Tiger an der Seite kann der Drache nun auch Situationen unter Kontrolle bringen, die bislang eher chaotisch verlaufen sind. Sie tun gut daran, diese Energien jetzt zu nutzen, auch wenn es Ihnen etwas lästig ist. Ein bisschen mehr Ordnung kann Ihnen nämlich generell im Jahr der Schlange nicht schaden.

Liebe, Familie, Freundschaft: Wer im vergangenen Jahr mehr das Abenteuer abseits von familiären Bindungen gesucht hat, tut sich nun vielleicht schwer damit, häuslicher zu werden. Im aktuellen Monat ist das unter Umständen noch gar nicht nötig, denn der Tiger liebt das Abenteuer ebenso sehr wie der Drache. Mittelfristig tun Sie sich aber keinen Gefallen damit, wenn Sie Haus und Familie dauerhaft vernachlässigen.
Unkenrufen aus den eigenen Reihen können Sie nun geflissentlich ignorieren. Wenn Partner, Familie oder Freunde anderer Meinung sind, liegt das wahrscheinlich einfach daran, dass Sie Ihre Pläne nicht im Ganzen erfassen können.

Beruf, Finanzen: Kleinere Hindernisse sollten Sie jetzt nicht davon abhalten, die eingeschlagene Richtung beizubehalten. Die Schlange wird schon dafür sorgen, dass Sie alle nötigen Werkzeuge an die Hand bekommen, die Sie zum Erfolg brauchen. Der Tiger hilft darüber hinaus mit der nötigen Durchsetzungsstärke.
Diplomatie spielt in diesem und im nächsten Monat eine große Rolle. Egal was kommt - bleiben Sie jetzt bitte immer freundlich und verbindlich. So können Sie sicherstellen, dass auch ehemalige Gegner am Ende bereit sind, mit Ihnen an einem Strang zu ziehen.

Tipp des Monats:
Verlieren Sie Ihr Ziel nun nicht aus den Augen! Mit dem richtigen Fokus kann jetzt viel gelingen.

SZE
Schlange

Grundtendenz des Monats:
Gleich zu Beginn der neuen Regentschaft kann die Schlange so richtig durchstarten. Mit einem führungsstarken Tiger an Ihrer Seite dürfte es Ihnen leicht fallen, den gewünschten Weg auch wirklich einzuschlagen. Lassen Sie sich nicht verunsichern! Je klarer Sie nun Ihre Ziele formulieren, desto wahrscheinlicher können Sie sie in den kommenden Monaten erreichen.
Vielleicht fühlen Sie sich wohler, wenn Sie eine wirklich fundierte Planung für das Jahr der Holz-Schlange hinlegen? Dann nehmen Sie sich jetzt die Zeit und arbeiten Sie Ihre einzelnen Schritte aus. Geben Sie sich selbst dann aber bitte das Versprechen, den Plan ohne Verzögerung umzusetzen.

Liebe, Familie, Freundschaft: Mit dem Tiger an der Seite ist es immer etwas einfacher, bei einer neuen Bekanntschaft das Eis zu brechen. Ein bisschen Mut ist schon erforderlich, wenn Sie sich nach einer neuen Liebe sehnen. Machen Sie ruhig den ersten Schritt!
In bestehenden Partnerschaften sollten Sie 2025 wirklich kein unnötiges Risiko eingehen, wenn Sie sich im Grunde wohl fühlen. Kleinere Probleme lassen sich nun sicher aus der Welt schaffen, wenn man miteinander redet, anstatt sich beleidigt zurückzuziehen, wenn es einmal nicht ganz so rund läuft.

Beruf, Finanzen: Sicher ist es immer gut, sich Kritik erst einmal anzuhören. Sie können allerdings selbst am besten beurteilen, ob diese gerechtfertigt ist. Falls ja nehmen Sie das als Ansporn, es das nächste Mal besser zu machen. Falls nein, vergessen Sie das Ganze einfach schnell wieder und halten sich an Ihren ursprünglichen Plan.
Hürden, die sich über einen längeren Zeitraum aufgebaut haben, können jetzt mit Entschlossenheit eingerissen werden. Ein nein müssen Sie nun nicht ohne Weiteres akzeptieren - wenn Sie glauben, dass es machbar ist, ziehen Sie das Ganze jetzt durch!

Tipp des Monats:
Legen Sie einen selbstbewussten Start ins neue Jahr hin! Wer an sich glaubt, kann alles erreichen.

WU Pferd

Grundtendenz des Monats:
So manches Pferd fände es nun gar nicht so schlecht, wenn es einfach so rasant weitergehen könnte wie im vergangenen Jahr. Schließlich hat man im Jahr des Drachen einiges erleben und gute Erfolge feiern können. Mit der Holz-Schlange am Ruder geht es nun aber nicht darum, möglichst schnell möglichst viel zu erreichen. Vielmehr werden Sie nun dazu aufgefordert, mehr in die Tiefe zu gehen.

Ein ehrgeiziger Tiger feuert im Februar Ihre Ambitionen an, was dazu führen kann, dass Sie sich nun ein wenig getrieben fühlen. Verschießen Sie nicht Ihr gesamtes Pulver auf einmal, sondern lassen Sie die Dinge lieber ein bisschen gemächlicher angehen. Sie müssen jetzt wirklich nicht um jeden Preis gewinnen.

Liebe, Familie, Freundschaft: Ein zu autoritäres Auftreten kann Ihre Lieben nun leicht verschrecken. Sicher ist es richtig, dass jemand die Führung übernehmen muss - aber das müssen nicht zwangsläufig immer Sie sein, liebes Pferd. Lassen Sie Partner und Familie bitte auch ab und zu mit ans Ruder!

Wer 2025 sein Herz verschenken möchte, der kann sich nun gerne ein bisschen genauer umschauen. Es ist hilfreich, wenn man gemeinsame Interessen hat, deshalb könnte es jetzt eine gute Idee sein, an Orten zu suchen, die Ihnen persönlich viel bedeuten.

Beruf, Finanzen: Im Jahr der besonnenen Schlange wollen alle Vorhaben gut geplant sein. Investieren Sie am besten gleich jetzt in eine gute Vorbereitung, dann haben Sie in den kommenden Monaten deutlich bessere Chancen.

Es mag sich nun so anfühlen, als wenn sich ein Berg von Hindernissen vor Ihnen auftürmt. Bei genauerer Betrachtung werden Sie aber feststellen, dass diese keine allzu große Herausforderung für Sie sein sollten. Achten Sie auf ein gutes Zeitmanagement und legen Sie beherzt los!

Tipp des Monats:
Nur wenn die Richtung wirklich klar ist, können Sie anfangen. Ansonsten ist erst einmal Zurückhaltung angesagt.

WEI Ziege

Grundtendenz des Monats:
Wer im vergangenen Jahr Veränderungen gewagt hat, kann diese nun unter dem Zepter der Schlange nach und nach auf ein gutes Fundament stellen. Die neue Herrscherin mag vielleicht nicht die Schnellste sein, dafür ist sie sehr genau, so dass sich alles in Ruhe ohne böse Überraschungen in die richtige Richtung entwickeln darf. Damit das passieren kann, ist es allerdings schon nötig, dass die Ziege genau weiß, wohin sie will. 2025 ist definitiv nicht die Zeit für schwammige Ideen oder nicht klar definierte Ziele.

Mit Hilfe des Tigers, der den Februar begleitet, können Sie nun Ihr Terrain erweitern. Dafür müssen Sie unter Umständen zuweilen Ihre Ellenbogen benutzen und dürfen sich nicht einschüchtern lassen.

Liebe, Familie, Freundschaft: Einsame Ziegen dürfen sich gleich zu Beginn des neuen Jahres aktiv auf die Suche machen. Es mag jetzt zwar nicht mehr ganz so einfach sein, sich von seiner vorteilhaftesten Seite zu präsentieren. Dafür sind aber die Begegnungen weniger oberflächlich.

Schauen Sie nun ruhig etwas genauer hin, wenn Sie mit Ihren Lieben zusammen sitzen. Im Jahr der Schlange lässt sich in der Regel einfacher erkennen, wo die Probleme auf der anderen Seite liegen. Die Lösung darf ganz einfach sein - achten Sie darauf, die Sache nicht zu verkomplizieren.

Beruf, Finanzen: Sie haben sich und Ihre Arbeit im vergangenen Jahr sichtbarer machen können? Dann sollten Sie den eingeschlagenen Weg nun mutig weitergehen. Es mag das eine oder andere Hindernis auf Ihrem Weg geben, aber diesen Herausforderungen sollten Sie im Februar wirklich gewachsen sein.

Die Ziege weiß, dass Sie nicht um jeden Preis gewinnen muss. Das bedeutet aber nicht, dass Sie gleich kampflos aufgeben, wenn man Sie nun herausfordert. Wenn es Ihnen wirklich wichtig ist, sollten Sie jetzt Paroli bieten.

Tipp des Monats:
Eine klare Ausrichtung ist in diesem Monat unabdingbar, damit Sie sich nicht zu sehr an Nebenschauplätzen aufhalten.

SUNG
Affe

Grundtendenz des Monats:
Gleich zu Beginn der neuen Regentschaft sollte der Affe die Richtung festlegen, in die er sich in den nächsten zwölf Monaten bewegen will. Keine Sorge - natürlich können Sie später noch kleinere Kurskorrekturen vornehmen oder ergänzende Ziele definieren, wenn es Ihnen zu langweilig wird. Allerdings verschwenden Sie deutlich weniger Zeit, wenn Sie sich jetzt auf wenige, wichtige Dinge konzentrieren. Im Gegensatz zum Drachen aus dem letzten Jahr ist die Schlange keine große Freundin von Multitasking.

Mit dem Erd-Tiger an Ihrer Seite stellt sich vielleicht gleich im Februar die Frage, wie viel Kontrolle Sie brauchen, um Ihre Pläne 2025 umzusetzen.

Liebe, Familie, Freundschaft: Dem Affen liegt es in der Regel nicht so gut, autoritär aufzutreten, um seinen Willen durchzusetzen. Das kann auf der privaten Ebene schon mal dazu führen, dass seine Worte beim Partner oder auch dem eigenen Nachwuchs nicht das gewünschte Gewicht haben. Lernen Sie nun vom Tiger, lieber Affe! Der setzt seine Ansichten in der Regel völlig problemlos durch.

Mit der neuen Regentin können für den Affen in der Liebe ganz neue Zeiten anbrechen. Die Gefühle können jetzt tiefer gehen und beide Seiten dürften sich besser verstanden fühlen.

Beruf, Finanzen: Falls es die eine oder andere Aktion im Jahr des Drachen gab, die nicht wie gewünscht gelaufen ist, wäre nun ein guter Zeitpunkt für eine Bestandsaufnahme. Vielleicht können Sie mit der Schlange noch nachträgliche Verbesserungen erreichen. Falls das nicht möglich ist, wissen Sie zumindest, was Sie beim nächsten Mal anders machen müssen.

Allianzen zu schmieden ist nun eine wirklich gute Idee. Wenn Sie verbindlich sind in Ihren Zusagen können Sie sicher auch Skeptiker mit ins Boot holen. Gemeinsam lassen sich aktuelle Hindernisse deutlich kraftsparender aus dem Weg räumen.

Tipp des Monats:
Konzentrieren Sie sich gleich zu Beginn des Jahres auf die wirklich wichtigen Dinge! Es wäre schade, wenn Sie Ihre Zeit auf Nebenschauplätzen verplempern.

YU
Hahn

Grundtendenz des Monats:
Gleich zum Start in das Jahr der Holz-Schlange darf der Hahn seine Stärken voll ausspielen. Jetzt geht es nämlich erst einmal darum, klare Ziele zu formulieren. Gemeinsam mit der neuen Regentin können Sie dann in Ruhe die richtigen Strategien ausarbeiten, um diese zu erreichen.

Ein entschlossener Erd-Tiger begleitet Sie nun im Februar und sorgt dafür, dass auch sehr steile Berge erklommen werden können. Es gibt nun wirklich keinen Grund zu zaudern, wenn sich Hindernisse vor Ihnen aufzutürmen scheinen. Sobald Sie genau wissen, wo Sie hin wollen, können Sie mutig voranschreiten und diese ohne Probleme aus dem Weg räumen.

Liebe, Familie, Freundschaft: Es ist Ihnen zu wünschen, dass Sie 2024 Familie und Partner genug Aufmerksamkeit geschenkt haben. Sollte das nicht der Fall gewesen sein, könnte man Sie das nun spüren lassen. Geloben Sie Besserung und beweisen Sie gleich in diesem Monat, dass Sie keine leeren Versprechungen machen.

Hat es im Jahr des Drachen nicht so gut mit der Partnersuche geklappt, kann das auch daran gelegen haben, dass Sie sich zu sehr auf Äußerlichkeiten konzentriert haben. Mit der Schlange an Ihrer Seite sollte es besser gelingen, hinter die Fassade zu schauen und so wahre Gefühle zu entdecken.

Beruf, Finanzen: Auch in diesem Jahr ist es nötig, dass Sie das Heft selbst in die Hand nehmen, wenn Sie Ihre Wünsche durchsetzen wollen. Gleich zu Beginn der Regentschaft dürfen Sie Ihre Führungsqualitäten unter Beweis stellen. Ein diplomatischer Ansatz ist dabei vielleicht nicht Ihre erste Wahl, könnte Ihnen aber Unterstützung auch von Stellen garantieren, die ursprünglich nicht ganz so begeistert von Ihren Plänen waren.

Vielleicht hatten Sie im vergangenen Jahr auf der beruflichen Ebenen mit einigen Schwierigkeiten zu kämpfen. Diese Zeiten sollten nun definitiv vorbei sein.

Tipp des Monats:
Geben Sie die Richtung vor, in der Sie sich weiterentwickeln wollen und setzen Sie am besten auch gleich die Marschroute fest.

SHIH
Hund

Grundtendenz des Monats:
Es mag sein, dass so mancher Hund nach den letzten 12 Monaten unter der Herrschaft des Drachen nun erst einmal einige Aufräumarbeiten zu bewältigen hat. Dabei werden Sie vielleicht feststellen, dass einige Ansätze aus dem letzten Jahr nun doch noch zu Ihrem Besten genutzt werden können. Generell sollten die meisten Hunde zum Start ins Jahr der Holz-Schlange aufatmen können. Sie werden sicher mit deutlich weniger Schwierigkeiten konfrontiert werden und besser in der Lage sein, Herausforderungen zu meistern.
Mit dem Tiger bekommen Sie nun einen Freund zur Seite, mit dem sich die Ziele für die kommenden Monate klar festlegen lassen.
Liebe, Familie, Freundschaft: Nun ist ein guter Zeitpunkt, um die Freundschaften aufzufrischen, die im turbulenten Jahr des Drachen etwas gelitten haben. Nehmen Sie beherzt Kontakt auf und sprechen Sie offen über das, was Sie in den letzten zwölf Monaten voneinander ferngehalten hat.
Mit dem Tiger an seiner Seite fühlt sich der Hund gleich mutiger. Das kommt Ihnen besonders dann zugute, wenn Sie nun wieder verstärkt auf Partnersuche gehen möchten. Wagen Sie jetzt den ersten Schritt!
Bestehende Beziehungen können sich unter der neuen Regentschaft jetzt im Februar in ruhigere Gewässer bewegen.
Beruf, Finanzen: Lassen Sie sich nun bitte nicht aufhalten, lieber Hund! Die Zeichen stehen gut, dass Sie gleich zu Beginn der neuen Regentschaft wichtige Schritte einleiten können. Dazu braucht es keine Ellenbogen, sondern einfach nur ein bisschen diplomatisches Geschick. Schließlich können Sie nicht wissen, ob Sie nicht später doch noch die Unterstützung derjenigen brauchen, die sich jetzt zu Beginn der Reise eher ablehnend verhalten.
Zeigen Sie Ihrer Umgebung in diesem Monat, dass Sie mit Ihren Aufgaben wachsen können und keineswegs stur auf eine Richtung festlegt sind.
Tipp des Monats:
Es mag erst einmal anstrengend sein, den Berg zu erklimmen. Bleiben Sie dran - der Aufwand wird sich definitiv lohnen!

HAN
Schwein

Grundtendenz des Monats:
Wenn es Ihnen zum Start in das Jahr der Holz-Schlange ein wenig an Leichtigkeit fehlt, sollten Sie diesem Umstand nicht zu viel Aufmerksamkeit schenken. Vielleicht liegt es einfach daran, dass die Opposition mit der neuen Regentin Ihnen in den kommenden zwölf Monaten durchaus etwas Respekt einflößt. Machen Sie sich gleich jetzt im Februar bewusst, dass es immer etwas Reibung braucht, damit ein Feuer entstehen kann. Das Potential für Ihre Weiterentwicklung ist 2025 wirklich groß.
Der Erd-Tiger steht Ihnen in diesen Wochen immer dann zur Seite, wenn Sie sich durchsetzen müssen. Trauen Sie sich ruhig ein wenig mehr zu, liebes Schwein!
Liebe, Familie, Freundschaft: Eine klare Ausrichtung macht es in den kommenden Monaten deutlich einfacher für das Schwein, den Alltag mit seinen Lieben zu gestalten. Stellen Sie am besten gleich zum Jahresstart sicher, dass alle gemeinsam an einem Strang ziehen und verteilen Sie die anfallenden Aufgaben gerecht.
Nachdem im letzten Jahr durchaus mehr die Äußerlichkeiten im Vordergrund standen, geht es nun in der Liebe wieder mehr um die inneren Werte. Das dürfte dem Schwein vor allem entgegen kommen, wenn es nun erneut auf Partnersuche geht. Mit Hilfe der neuen Herrscherin können sich in diesem Jahr tiefe Gefühle entwickeln.
Beruf, Finanzen: Der Anstieg mag sich zu Beginn des Jahres ziemlich steil anfühlen für das Schwein. Mit eisernem Willen und einer Portion Mut können Sie den Gipfel aber trotzdem erklimmen. Wichtig ist dabei, dass Sie das Ziel nie aus den Augen lassen und nichts auf die Stimmen geben, die Ihnen das Ganze nicht zutrauen.
Aus ehemaligen Gegnern lassen sich nun mit Hilfe Ihrer verbindlichen und freundlichen Art wertvolle Mitstreiter machen. Es ist wichtig, dass Sie sich nicht abwimmeln lassen, sondern immer im Austausch bleiben.
Tipp des Monats:
Der Start ins neue Jahr mag anstrengend sein - doch das ist wirklich nur vorübergehend!

Februar 2025	Jahreskonstellation – Holz Schlange Monatskonstellation – Erd Tiger

1. Metall Büffel	Ratte Büffel Tiger Hase Drache Schlange Pferd Ziege Affe Hahn Hund Schwein **Günstig:** Kleidung schneiden, Handel, Buchhaltung, Ausflüge, neue Dinge beginnen **Ungünstig:** Geschäfte eröffnen, Kraftanstrengungen, Reisen, Ersparnisse ausgeben
2. Wasser Tiger	Ratte Büffel Tiger Hase Drache Schlange Pferd Ziege Affe Hahn Hund Schwein **Günstig:** Putzen, waschen, fasten, seelische und körperliche Pflege, Arztbesuche **Ungünstig:** Ausdauersport, Reisen, Hochzeit.
3. Wasser Hase	Ratte Büffel Tiger Hase Drache Schlange Pferd Ziege Affe Hahn Hund Schwein **Günstig:** Putzen, waschen, fasten, seelische und körperliche Pflege, Arztbesuche **Ungünstig:** Ausdauersport, Reisen, Hochzeit.
4. Holz Drache	Ratte Büffel Tiger Hase Drache Schlange Pferd Ziege Affe Hahn Hund Schwein **Günstig:** Umziehen, Reisen, Hochzeiten, Empfänge, wichtige Konferenzen. **Ungünstig:** geistige Arbeiten, Gartenarbeit, häusliche Tätigkeiten.
5. Holz Schlange	Ratte Büffel Tiger Hase Drache Schlange Pferd Ziege Affe Hahn Hund Schwein **Günstig:** Versammlungen, gerechte Verteilungen, Hochzeit, Konferenzen, Umzug **Ungünstig:** Gartenarbeit, Dinge zum Abschluss bringen.
6. Feuer Pferd	Ratte Büffel Tiger Hase Drache Schlange Pferd Ziege Affe Hahn Hund Schwein **Günstig:** Gartenarbeit, Feiern, Hochzeit, Dinge zum Abschluss bringen. **Ungünstig:** keine Anschuldigungen gegen Dritte erheben.
7. Feuer Ziege	Ratte Büffel Tiger Hase Drache Schlange Pferd Ziege Affe Hahn Hund Schwein **Günstig:** Gartenarbeit, Feiern, Hochzeit, Dinge zum Abschluss bringen. **Ungünstig:** keine Anschuldigungen gegen Dritte erheben.
8. Erd Affe	Ratte Büffel Tiger Hase Drache Schlange Pferd Ziege Affe Hahn Hund Schwein **Günstig:** Ausruhen, Meditation, seinen Hobbys nachgehen. **Ungünstig:** wichtige Unternehmungen
9. Erd Hahn	Ratte Büffel Tiger Hase Drache Schlange Pferd Ziege Affe Hahn Hund Schwein **Günstig:** Amüsieren, mit Freunden ausgehen, Freizeitaktivitäten **Ungünstig:** geschäftliche Aktivitäten, neue Dinge anfangen.
10. Metall Hund	Ratte Büffel Tiger Hase Drache Schlange Pferd Ziege Affe Hahn Hund Schwein **Günstig:** für die meisten Aktivitäten, Geschäftsabschlüsse, Partnerschaft. **Ungünstig:** negative Bemerkungen über andere Menschen.
11. Metall Schwein	Ratte Büffel Tiger Hase Drache Schlange Pferd Ziege Affe Hahn Hund Schwein **Günstig:** Handel, Geschäftseröffnungen, Hochzeiten und andere Feste planen. **Ungünstig:** Beerdigungen, Reisen, Arztbesuche.
12. Wasser Ratte	Ratte Büffel Tiger Hase Drache Schlange Pferd Ziege Affe Hahn Hund Schwein **Günstig:** Handwerkliche Aktivitäten, Handel, Hochzeiten, Reisen. **Ungünstig:** Trauerfeiern und Beerdigungen, schwere körperliche Arbeit.
13. Wasser Büffel	Ratte Büffel Tiger Hase Drache Schlange Pferd Ziege Affe Hahn Hund Schwein **Günstig:** Ankündigungen machen, Beerdigungen, Trauerfeiern. **Ungünstig:** Handel, Vergnügungen, Freizeitaktivitäten.
14. Holz Tiger	Ratte Büffel Tiger Hase Drache Schlange Pferd Ziege Affe Hahn Hund Schwein **Günstig:** Kleidung schneidern, Handel, Buchhaltung, Ausflüge, neue Dinge beginnen. **Ungünstig:** Geschäfte eröffnen, Kraftanstrengungen, Reisen, Ersparnisse ausgeben.
15. Holz Hase	Ratte Büffel Tiger Hase Drache Schlange Pferd Ziege Affe Hahn Hund Schwein **Günstig:** Putzen, waschen, fasten, seelische und körperliche Pflege, Arztbesuche **Ungünstig:** Ausdauersport, Reisen, Hochzeit.

Ob ein Tag besonders günstig für Ihr Tierzeichen ist, sehen Sie an folgenden Farben:
Rot = sehr günstig, Grau = günstig, Schwarz = nicht günstig

16. Feuer Drache	Ratte Büffel Tiger Hase Drache Schlange Pferd Ziege Affe Hahn Hund Schwein **Günstig:** Umziehen, Reisen, Hochzeiten, Empfänge, wichtige Konferenzen. **Ungünstig:** geistige Arbeiten, Gartenarbeit, häusliche Tätigkeiten.
17. Feuer Schlange	Ratte Büffel Tiger Hase Drache Schlange Pferd Ziege Affe Hahn Hund Schwein **Günstig:** Versammlungen, gerechte Verteilungen, Hochzeit, Konferenzen, Umzug **Ungünstig:** Gartenarbeit, Dinge zum Abschluss bringen.
18. Erd Pferd	Ratte Büffel r_Tiger Hase Drache Schlange Pferd Ziege Affe Hahn Hund Schwein **Günstig:** Gartenarbeit, Feiern, Hochzeit, Dinge zum Abschluss bringen. **Ungünstig:** keine Anschuldigungen gegen Dritte erheben.
19. Erd Ziege	Ratte Büffel Tiger Hase Drache Schlange Pferd Ziege Affe Hahn Hund Schwein **Günstig:** Gartenarbeit, Hochzeit, Dinge zum Abschluss bringen. **Ungünstig:** Umzug, Reisen, Geschäftseröffnung
20. Metall Affe	Ratte Büffel Tiger Hase Drache Schlange Pferd Ziege Affe Hahn Hund Schwein **Günstig:** Ausruhen, Meditation, seinen Hobbys nachgehen. **Ungünstig:** wichtige Unternehmungen.
21. Metall Hahn	Ratte Büffel Tiger Hase Drache Schlange Pferd Ziege Affe Hahn Hund Schwein **Günstig:** Amüsieren, mit Freunden ausgehen, Freizeitaktivitäten **Ungünstig:** geschäftliche Aktivitäten, neue Dinge anfangen.
22. Wasser Hund	Ratte Büffel Tiger Hase Drache Schlange Pferd Ziege Affe Hahn Hund Schwein **Günstig:** für die meisten Aktivitäten, Geschäftsabschlüsse, Partnerschaft **Ungünstig:** negative Bemerkungen über andere Menschen.
23. Wasser Schwein	Ratte Büffel Tiger Hase Drache Schlange Pferd Ziege Affe Hahn Hund Schwein **Günstig:** Handel, Geschäftseröffnungen, Hochzeiten und andere Feste planen. **Ungünstig:** Beerdigungen, Reisen, Arztbesuche.
24. Holz Ratte	Ratte Büffel Tiger Hase Drache Schlange Pferd Ziege Affe Hahn Hund Schwein **Günstig:** Handwerkliche Aktivitäten, Handel, Hochzeiten, Reisen **Ungünstig:** Trauerfeiern und Beerdigungen, schwere körperliche Arbeit
25. Holz Büffel	Ratte Büffel Tiger Hase Drache Schlange Pferd Ziege Affe Hahn Hund Schwein **Günstig:** Ankündigungen machen, Beerdigungen, Trauerfeiern. **Ungünstig:** Handel, Vergnügungen, Freizeitaktivitäten
26. Feuer Tiger	Ratte Büffel Tiger Hase Drache Schlange Pferd Ziege Affe Hahn Hund Schwein **Günstig:** Kleidung schneidern, Handel, Buchhaltung, Ausflüge, neue Dinge beginnen **Ungünstig:** Geschäfte eröffnen, Kraftanstrengungen, Reisen, Ersparnisse ausgeben
27. Feuer Hase	Ratte Büffel Tiger Hase Drache Schlange Pferd Ziege Affe Hahn Hund Schwein **Günstig:** Putzen, waschen, fasten, seelische und körperliche Pflege, Arztbesuche **Ungünstig:** Ausdauersport, Reisen, Hochzeit.
28. Erd Drache	Ratte Büffel Tiger Hase Drache Schlange Pferd Ziege Affe Hahn Hund Schwein **Günstig:** Umziehen, Reisen, Hochzeiten, Empfänge, wichtige Konferenzen. **Ungünstig:** geistige Arbeiten, Gartenarbeit, häusliche Tätigkeiten.

TZE
Ratte

Grundtendenz des Monats:
Im Gegensatz zum vergangenen Jahr bieten sich der Ratte 2025 die Gelegenheiten nicht wie von selbst an, sondern wollen aktiv gesucht werden. Das bedeutet, dass es nun nicht mehr reicht, sich im stillen Kämmerlein zu überlegen, was Sie alles theoretisch erreichen könnten. Am besten halten Sie jetzt aktiv nach Dingen Ausschau, die Ihnen Freude machen und gleichzeitig auch noch gut liegen. Vertrauen Sie auf Ihr Bauchgefühl - das ist im März besonders gut ausgeprägt.

Das kreative Potential der Ratte darf sich auch im Jahr der Schlange weiter entwickeln. In diesen Wochen wird dieser Aspekt vom sanften Erd-Hasen besonders gut unterstützt.

Liebe, Familie, Freundschaft: Mit dem Hasen im Monat ist in diesen Wochen vor allem auf der persönlichen Ebene mehr Diplomatie gefragt. Fallen Sie also bitte nicht gleich mit der Tür ins Haus, wenn Sie Neuigkeiten haben, sondern überlegen Sie sich gut, wie Sie das Ganze verpacken. Vor allem, wenn sich die Nachrichten auf den Alltag mit dem Partner oder dem Rest der Familie auswirken, ist Fingerspitzengefühl angesagt.

Hase und Schlange sind eine sehr harmonische Kombination, wenn es um das Thema Liebe geht. In diesem Monat kann das vor allem einsamen Herzen helfen, mit ein wenig mehr Entschlossenheit den richtigen Menschen zu treffen.

Beruf, Finanzen: Wer im letzten Jahr mit Hilfe des Drachen ein bisschen mehr Mut gefasst hat, kann diesen nun nutzen und sich neuen Situationen unerschrocken stellen. Es schadet dabei übrigens nicht, wenn Sie sich tatkräftige Mitstreiter suchen, bevor Sie sich aus Ihrer Komfortzone herausbewegen. So stoßen Sie nicht nur neue Projekte an, sondern bringen Sie auch zu Ende.

Mit der Schlange geht in den kommenden Monaten weniger darum, großartige Ergebnisse zu erzielen. Sie bekommen vor allem dann Unterstützung, wenn Sie sich für einen bestimmten Weg entscheiden sollen.

Tipp des Monats:
Nehmen Sie Ihr Schicksal aktiv in die Hand! Dann gibt es schnell die ersten Ergebnisse zu sehen.

KIU
Büffel

Grundtendenz des Monats:
Mit der eher zurückhaltenden Art der Holz-Schlange kommt der Büffel deutlich besser klar als mit dem extrovertierten Drachen aus dem letzten Jahr. In Kombination mit einem yinigen Erd-Hasen darf er sich nun im März in allen Bereichen den leiseren Tönen widmen. Das bedeutet auch, dass seine Fähigkeit zum Zuhören nun sehr gefragt ist. Auf diese Weise öffnen sich in diesem Monat unter Umständen Türen, die schon lange für Sie verschlossen waren.

Möglichkeiten bieten sich in diesen Wochen sicher viele - allerdings muss der Büffel im Gegensatz zu 2024 nun aktiv danach Ausschau halten. Gerade jetzt im März ist es günstig, einen neuen Weg einzuschlagen.

Liebe, Familie, Freundschaft: Einsame Büffel dürfen nun durchaus vorsichtig etwas mehr Abenteuer suchen. So lange Sie sich dabei auf sicherem Terrain fühlen, ist es vollkommen legitim, sich auszuprobieren. Das mag sich erst einmal ungewohnt anfühlen, kann aber zu spannenden Begegnungen führen. Und wer weiß, wohin diese Sie bringen können...

Es ist wirklich lobenswert, dass Sie für Ihre Lieben so viel Verantwortung übernehmen, lieber Büffel. Vor allem der eigene Nachwuchs muss aber auch lernen, dass ihm nicht alles automatisch vor die Füße fällt. Machen Sie es ihm also bitte nicht zu einfach!

Beruf, Finanzen: Vielleicht sind aus dem vergangenen Jahr des Drachens noch einige berufliche Optionen offen. Sollte das der Fall sein, wäre nun ein guter Zeitpunkt, genauer hinzuschauen. Fällt es Ihnen schwer, eine Entscheidung zu treffen, holen Sie sich weitere Meinungen ein. Sie sollten das Ganze nicht auf die lange Bank schieben, sonst schließt sich das günstige Fenster für Sie.

Es ist nun ein günstiger Zeitpunkt, um Gehaltsverhandlungen zu führen. Halten Sie sich an Hase und Schlange und bleiben Sie auf jeden Fall diplomatisch!

Tipp des Monats:
In der Ruhe liegt die Kraft! Nehmen Sie sich die Zeit, Ihre wirklichen Ziele zu erkennen!

YING Tiger

Grundtendenz des Monats:
Gemeinsam mit dem Erd-Hasen geht es im März vor allem darum, wie der Tiger sein Terrain erweitern kann. Dabei haben Sie nun wirklich alle Möglichkeiten, so lange Sie selbst aktiv werden. Besonders begünstigt sind im Jahr der Schlange alle Bereiche, in denen es darum geht, Wissen zu vertiefen und zu verfeinern.
Wie fühlt sich Ihre aktuelle Situation im Augenblick an? Auch im aktuellen Jahr ist Veränderung möglich, wenn Sie nicht wirklich zufrieden sind. Sie geschieht allerdings eher von innen heraus und braucht deshalb mehr Zeit, als unter der Herrschaft des impulsiven Drachen. Machen Sie sich jetzt Gedanken, wie Sie die kommenden Monate für Ihre persönliche Entwicklung nutzen können!
Liebe, Familie, Freundschaft: Schlange und Hase sind eine wunderbare Kombination, wenn es um die Liebe geht. So sieht der Tiger jetzt harmonischen Zeiten entgegen. Verbringen Sie so viel Zeit wie möglich mit Ihrer besseren Hälfte und genießen Sie jeden Augenblick.
Auch für einsame Tiger können nun bessere Zeiten anbrechen. Wenn Sie sich von Ihrer gefühlvollen Seite zeigen, können Sie im März so manches Herz gewinnen.
Soziale Kontakte wollen jetzt wirklich gepflegt werden. Hängen Sie also jetzt bitte nicht nur zu Hause ab, sondern gehen Sie raus!
Beruf, Finanzen: Ein starkes Holz-Element mag im März so manchen kreativen Funken sprießen lassen. Ob sich daraus etwas machen lässt, müssen die kommenden Monate zeigen. Auf jeden Fall sollte der Tiger seine Ideen irgendwo festhalten. Dann kann er in den kommenden Monaten immer aus den Vollen schöpfen.
Das eine oder andere Abenteuer darf sich der Tiger in diesen Wochen ruhig erlauben. Achten Sie dabei aber bitte darauf, dass Ihre ungewöhnlichen Ideen weder Ihren Geldbeutel zu sehr strapazieren noch Ihre Mitstreiter benachteiligen.
Tipp des Monats:
Sie sind ganz alleine dafür verantwortlich, was Sie jetzt erreichen. Zeigen Sie also bitte den entsprechenden Einsatz!

MAO Hase

Grundtendenz des Monats:
Im März tritt ein weiterer Hase auf den Plan und sorgt dafür, dass sich Ihr Leben etwas entschleunigen kann. Jetzt geht es vor allem um Harmonie auf der emotionalen Ebene. Spüren Sie deshalb gut in sich hinein und überprüfen Sie so jeden Ihrer Schritte. Wenn es sich nicht gut anfühlt, lassen Sie einfach die Finger davon.
In diesem Monat darf Ihnen bewusst werden, wie viele unterschiedliche Möglichkeiten sich Ihnen im Jahr der Holz-Schlange bieten. Ist es nicht ein gutes Gefühl zu wissen, dass man nicht um jeden Preis an einer Stelle ausharren muss, sondern ohne Probleme etwas verändern könnte wenn man das wollte?
Liebe, Familie, Freundschaft: Ein wirklich starkes Yin-Holz kann in diesen Wochen dazu führen, dass Sie sich zuweilen auf der Gefühlsebene ein wenig überfordert fühlen. Bevor Sie sich in einem solchen Fall zurückziehen, sollten Sie Ihre Gründe offen legen. Sie möchten die andere Seite ja sicher nicht verletzen, oder?
Ihr Nachwuchs braucht im März wahrscheinlich mehr Aufmerksamkeit als in den Wochen und Monaten zuvor. Vielleicht müssen Sie schulische Leistungen mehr unterstützen, Liebeskummer trösten oder einfach nur eine sichere Schulter zum Anlehnen bieten. Sicher können Sie das leisten, ohne dafür Ihre eigenen Pläne zu sehr verändern zu müssen.
Beruf, Finanzen: Vielleicht haben Sie im März den Kopf einfach zu voll mit Ihrem Privatleben und können sich deshalb nicht ganz so gut auf Ihre Arbeit konzentrieren. Ist das der Fall, versuchen Sie nun wenigstens das Nötigste zu erledigen und verschieben Sie wichtige Entscheidungen auf die nächsten Monate. Sie brauchen dafür einen wirklich klaren Kopf!
Wer sich nicht so sehr ablenken lässt und sich auf ungewohntes Terrain begibt, kann wertvolle Bekanntschaften machen.
Tipp des Monats:
Sie sind in erster Linie für Ihr eigenes Leben verantwortlich. Wenn es Ihnen gut geht, profitieren davon auch alle anderen.

SHENG
Drache

Grundtendenz des Monats:
Im Gegensatz zum vergangenen Jahr fallen Ihnen die guten Gelegenheiten nun nicht mehr einfach so in Ihren Schoß, lieber Drache. Mit der Schlange am Ruder wird erwartet, dass Sie tiefer in die Materie eintauchen und sich aktiv um die Dinge bemühen, die Sie interessieren. Sie allein sind Ihres Glückes Schmied! Verlassen Sie sich also bitte nicht darauf, dass es jemand anderes schon für Sie richten wird.
Mit einem sanften Hasen an Ihrer Seite können Sie im März an Ihrem emotionalen Gleichgewicht arbeiten. Das kann Ihnen nicht nur auf der privaten Ebene helfen, sondern Sie auch bei geschäftlichen und sozialen Projekten gut unterstützen.

Liebe, Familie, Freundschaft: Vielleicht ist der eine oder andere Drache noch nicht wirklich dazu bereit, seine Abenteuer aufzugeben. Warum sich auf einen Ort festlegen, wenn man an so vielen verschiedenen Plätzen sein könnte? Irgendwann möchte allerdings sicher auch der aktivste Drache nach Hause kommen. Die Frage ist dann nur, wer die Geduld hat, dort auf Sie zu warten.
Neue Freunde lassen sich in diesem Monat wirklich gut finden. Vor allem, wenn man so eine extrovertierte Persönlichkeit hat wie der Drache. Nutzen Sie die kommenden Monate, um diesen Kontakte zu vertiefen.

Beruf, Finanzen: Wenn Sie sich einfach nur ein bisschen mehr Zeit nehmen, können Sie mit Leichtigkeit ein gutes Gespür dafür entwickeln, was jetzt zu tun ist und die richtigen Schritte einleiten. Mit hektischen Aktionen erreichen Sie dagegen im Jahr der besonnenen Schlange kaum etwas. Übereilte Entscheidungen gehen jetzt mit großer Wahrscheinlichkeit nach hinten los.
Sie haben zu viel auf Ihrem Schreibtisch? Dann wäre es sicher eine gute Idee, wenn Sie sich nun ein bisschen besser organisieren und Prioritäten setzen. Es ist ja sicher nicht nötig, dass Sie alles sofort erledigen, oder?

Tipp des Monats:
Nutzen Sie Ihre Intuition jetzt nicht nur für die eigenen Zwecke, sondern auch zum Wohle der Allgemeinheit.

SZE
Schlange

Grundtendenz des Monats:
Wenn im März der sanfte Hase den Weg der Schlange kreuzt, sollten alle Zeichen auf Harmonie stehen. Gemeinsam können Sie nun nicht nur Ihre sozialen Kontakte pflegen, sondern auch bei neuen Gelegenheiten auf dem gesellschaftlichen Parkett wichtige Bekanntschaften machen. Zeigen Sie sich dabei von Ihrer diplomatischen Seite und setzen Sie Ihren Charme ein! So können Sie ohne großen Aufwand Unterstützung von allen Seiten bekommen.
Wie auch der Tiger im vergangenen Monat setzt sich der Hase für Ihre Weiterentwicklung ein. Sie dürfen sich also ruhig ein bisschen mehr aus Ihrem Schneckenhaus herauswagen und schauen, was Ihnen in diesem Bereich jetzt geboten wird.

Liebe, Familie, Freundschaft: Schlange und Hase sind einfach eine wunderbare Kombination, wenn es um das persönliche Glück und die Liebe geht. Kein Wunder, dass so manche Schlange nun auf Wolke sieben schwebt! Sie können Ihr Glück natürlich für sich behalten. Aber vielleicht wäre es doch schön, es nun wenigstens mit den Menschen zu teilen, die Ihnen sonst noch wichtig sind.
Es mag nun sein, dass Sie deutlicher wahrnehmen, wenn sich nicht alle Ihre Lieben wohl in Ihrer Haut fühlen. Ist das der Fall sollten Sie das bitte nicht ignorieren, sondern versuchen, den entsprechenden emotionalen Beistand zu leisten.

Beruf, Finanzen: Natürlich ist es richtig, die Gelegenheiten, die sich Ihnen nun bieten, genau unter die Lupe zu nehmen. Dabei sollten Sie allerdings nicht vergessen, dass das Zeitfenster, in dem Sie zugreifen können, nicht ewig geöffnet ist. Vertrauen Sie im Zweifelsfall einfach ein bisschen mehr auf Ihr Bauchgefühl - das ist in diesen Wochen besonders gut ausgeprägt.
Machen Sie sich nun bewusst, dass Sie nicht an einem Ort festgenagelt sind. Wenn Sie es wirklich wollen, können Sie in diesem Jahr ohne Probleme einen Wechsel anstreben.

Tipp des Monats:
Warten Sie nicht, dass das Glück zu Ihnen kommt! Werden Sie lieber selbst aktiv!

WU
Pferd

Grundtendenz des Monats:
Mit dem Erd-Hasen kommt nun ein Tierzeichen in Ihre Konstellation, das vollkommen anders an alle Dinge des Lebens herangeht als Sie selbst. Anstatt dynamisch nach vorne zu preschen, ist eher innehalten angesagt. Mit Hilfe der Schlange können Sie nun nämlich Ihre Intuition schulen. Ein gutes Gespür können Sie in den späteren Monaten mehr als einmal gebrauchen.
Sie machen sich selbst ein wenig Stress, weil Sie immer noch nicht wissen, wie Sie sich in den nächsten Monaten ausrichten wollen? Freuen Sie sich, dass Sie die Wahl haben! Nicht jeder hat mehrere Optionen, aus denen er sich eine aussuchen kann.

Liebe, Familie, Freundschaft: Wenn Schlange und Hase sich treffen darf Harmonie auf der partnerschaftlichen Ebene herrschen. Darüber kann sich nun auch das Pferd freuen. Nehmen Sie sich mehr Zeit für Ihre bessere Hälfte und lassen Sie den Alltag ruhig einmal ein paar Stunden hinter sich. Dabei müssen Sie gar nicht unbedingt zu gemeinsamen Aktivitäten aufbrechen. Versuchen Sie lieber, in den eigenen vier Wänden ungestört gemeinsam zu entspannen.
Wenn der Nachwuchs nun besonders oft um Hilfe schreit, sollten Sie sich wirklich der Situation annehmen. Manchmal reicht schon ein einmaliges entschlossenes Handeln.

Beruf, Finanzen: Nach außen mag es nun so scheinen, als wäre nicht besonders viel Bewegung im Spiel. Die Entwicklung findet im März eher im Inneren statt. Das ist mindestens genauso wichtig für Sie, denn dadurch sind Sie den Herausforderungen der nächsten Monate deutlich besser gewachsen.
Der März lässt sich übrigens gut für das Pferd nutzen, um neue Kontakte zu knüpfen. Daraus können sich in den nächsten Monaten vielversprechende Dinge entwickeln. Mischen Sie sich also jetzt ruhig mehr unters Volk und suchen Sie sich Verbündete.

Tipp des Monats:
Übernehmen Sie nun die Verantwortung für Ihr Handeln! Sie allein sind Ihres Glückes Schmied.

WEI
Ziege

Grundtendenz des Monats:
Mit dem Erscheinen des Erd-Hasen wird im März vor allem die Intuition der Ziege gestärkt. Sie dürfen sich nun wirklich auf Ihr Bauchgefühl verlassen, wenn sich vor Ihnen neue Möglichkeiten auftun. Wenn es sich von Anfang an richtig anfühlt, sollten Sie die Sache am besten gleich angehen. Schleichen sich jedoch innerlich Zweifel ein, nehmen Sie sich einfach mehr Zeit, um das Ganze noch einmal auf Herz und Nieren zu prüfen.
Die meisten Ziegen haben ein großes Herz, dass sie in diesen Wochen an vielen Stellen zeigen können. Sie könnten sich zum Beispiel ehrenamtlich engagieren, wenn Ihre Zeit das zulässt.

Liebe, Familie, Freundschaft: Im Monat des familienfreundlichen Hasen hat die Ziege in der Regel alle Hände voll zu tun, um den verschiedenen Bedürfnissen ihrer Lieben nachzukommen. Dabei kann es sein, dass Partner und der eigene Nachwuchs nun wirklich mehr Unterstützung brauchen. Es kann aber auch sein, dass man im Grunde auch ohne Sie prima mit der Situation klar kommen würde. In letzterem Fall dürfen Sie jetzt gerne auch einmal nein sagen und sich Ihren eigenen Projekten widmen.
Schlange und Hase sind eine wunderbare Kombination, wenn es um die Liebe geht. Davon kann sicher auch die Ziege in bestehenden und neuen Partnerschaften profitieren.

Beruf, Finanzen: Machen Sie bitte nicht andere dafür verantwortlich, wenn sich Ihre beruflichen Erfolge nicht sofort einstellen. Zum einen entwickeln sich die Dinge im Jahr der Schlange generell etwas langsamer. Zum anderen sind am Ende Sie allein dafür verantwortlich, ob und wie sich die Sache entwickeln kann.
Sie fühlen sich nicht wohl in Ihrer aktuellen Situation? Dann wäre es vielleicht an der Zeit, nach Alternativen Ausschau zu halten. Es ist immer besser, mehrere Optionen zu haben.

Tipp des Monats:
Hindernisse sind dafür da, überwunden zu werden und daran zu wachsen. Machen Sie jetzt das Beste daraus!

SUNG
Affe

Grundtendenz des Monats:
Mit der starken Holz-Energie können in diesem Monat beim Affen die kreativen Funken sprühen. Damit das Ganze eine Richtung bekommt, ist es wichtig, dass Sie nun auf Ihre innere Stimme hören und wirklich nur die Dinge starten, die sich richtig gut anfühlen. Gute Gelegenheiten gibt es immer viele. Mit Unterstützung Ihrer Intuition können Sie sich jetzt für die richtigen entscheiden.

Wer sich eine gewisse Abenteuerlust aus dem vergangenen Jahr hinüber gerettet hat, der darf nun ruhig noch einmal ein bisschen mutiger in seinen Entscheidungen sein. Sie sollten allerdings nicht vergessen, den eingeschlagenen Weg wirklich auf Herz und Nieren zu überprüfen.

Liebe, Familie, Freundschaft: Hase und Schlange vereinen sich im März und bringen Harmonie in die persönlichen Beziehungen des Affen. Das kann sich nicht nur auf den Umgang in der Familie und mit dem Partner beziehen, sondern könnte auch neue Freundschaften ermöglichen.

Ein bisschen mehr Romantik kann nun sicher nicht schaden. Warum setzen Sie Ihre Kreativität nicht dafür ein, Ihren Partner nun mit einem schönen Liebesbeweis zu überraschen? Dafür wird sich nun doch sicher Zeit finden lassen, oder?

Beruf, Finanzen: Weder die Umstände noch Ihre Kollegen sind dafür verantwortlich, wenn sich die Dinge nicht so entwickeln, wie Sie sich das in den Kopf gesetzt haben. Sie allein sind der Architekt Ihres Erfolges und haben es in der Hand. Mit Ihrem wachen Geist wird Ihnen sicher einfallen, wie Sie am besten das angestrebte Ziel erreichen können.

Natürlich ist es schön, wenn man die Wahl hat. Nichtsdestotrotz kommt irgendwann der Zeitpunkt, an dem man sich für eine Sache entscheiden muss. Mit der Holz-Schlange ist es schwierig, an mehreren Projekten gleichzeitig zu arbeiten, weil Sie zu tief ins Thema einsteigen müssen.

Tipp des Monats:
Prüfen Sie sorgfältig, wie viel Sie in diesen Wochen schaffen können! Sie möchten sich sicher nicht gleich zum Jahresstart übernehmen.

YU
Hahn

Grundtendenz des Monats:
In diesen Wochen kommt mit dem Erd-Hasen eine deutlich sanftere Energie als im Vormonat ins Spiel. Für den Hahn kann das bedeuten, dass er sich nun zuweilen vielleicht etwas kompromissbereiter zeigen muss, als es ihm lieb ist. Bedenken Sie, dass Sie deutlich einfacher Verbündete finden, wenn Sie nicht immer hundertprozentig auf Ihre Meinung bestehen.

Manchmal gibt es einfach kein Haar in der Suppe, auch wenn Sie noch so lange danach suchen. Freuen Sie sich jetzt einfach ganz unvoreingenommen, wenn sich eine Sache genauso entwickelt, wie Sie sich das gewünscht haben.

Liebe, Familie, Freundschaft: Auch wenn der Hase in direkter Opposition zum Hahn im Tierkreis steht, wird sich das auf der partnerschaftlichen Ebene in diesen Wochen wohl kaum auswirken. Hier überwiegt nun sicher die harmonische Energie, die die Kombination aus Schlange und Hase für alle Liebenden bereit hält.

Von sich selbst und Ihren Lieben Perfektion zu verlangen, ist für beide Seiten extrem anstrengend. Mit einer guten Planung lässt sich der Alltag sicher mit kleinen Abstrichen besser managen, ohne dass sich beide Seiten permanent gestresst fühlen, weil die gestellten Anforderungen einfach zu hoch sind.

Beruf, Finanzen: Im Gegensatz zum vergangenen Jahr zeigen sich viele Gelegenheiten jetzt nicht von selbst, sondern wollen aktiv gesucht werden. Dafür ist eine gute Recherche unabdingbar, bei der Sie die aktuelle Regentin wunderbar unterstützen kann. Gepaart mit Ihrem guten Gespür für lukrative Projekte kann durchaus Großes entstehen.

Der eigene Fortschritt sollte in diesen Wochen auf keinen Fall auf Kosten anderer gehen. Versuchen Sie, möglichst alle mit ins Boot zu holen und so böses Blut zu vermeiden. Wenn das Pensum zunimmt, können Sie froh sein, zusätzliche Mitstreiter zu haben.

Tipp des Monats:
Auch im Jahr der Schlange dürfen Sie sich was trauen - allerdings nur, wenn Sie gut vorbereitet sind!

SHIH
Hund

Grundtendenz des Monats:
Im März wird die Intuition auf allen Ebenen gestärkt. Das liegt dem pragmatischen Hund auf den ersten Blick nicht besonders. Seinem Bauchgefühl traut er nämlich meist nicht so recht über den Weg – dafür ist er einfach viel zu realistisch eingestellt. Die Kombination aus Hase und Schlange verstärkt aber in diesen Wochen generell den Draht nach oben und sorgt zudem auch für genug Informationen, mit denen Sie Ihr Gespür nun untermauern können.
Das bedeutet konkret, dass Sie jetzt bitte nicht zu lange abwarten, sondern sich aktiv auf die Suche nach guten Gelegenheiten machen sollten.

Liebe, Familie, Freundschaft: Für die Liebe ist der März in der Regel immer eine gute Zeit. In diesem Jahr sorgt die Kombination aus Schlange und Hase dafür, dass überall dort Harmonie herrschen kann, wo man offen aufeinander zugeht und bereit ist, sich gegenseitig in allen Belangen zu unterstützen.
Auch im Bereich neue Bekanntschaften oder Freundschaften hat der aktuelle Monat für den Hund einiges zu bieten. Warten Sie jetzt bitte nicht darauf, dass das Glück von alleine an Ihre Türe klopft, sondern werden Sie von Ihrer Seite aus aktiv. So können Sie Ihrem Schicksal ein bisschen auf die Sprünge helfen.

Beruf, Finanzen: Vielleicht haben Sie noch die vielen Optionen aus dem vergangenen Jahr im Kopf und können sich deshalb nicht richtig auf die aktuellen Aufgaben konzentrieren. Wenn Sie wirklich das Gefühl haben, 2024 eine Gelegenheit liegen gelassen zu haben, wäre nun ein guter Zeitpunkt, das Ganze mit Hilfe der Schlange noch einmal analytisch von allen Seiten zu betrachten. Vielleicht wollen bereits getroffene Entscheidungen danach revidiert werden. Vielleicht stellen Sie aber auch fest, dass alles gut ist, wie es ist.
Es braucht in diesen Wochen sicher nicht nur gute Ideen, sondern vor allem auch eine vernünftige Struktur, um voran zu kommen.

Tipp des Monats:
Machen Sie sich bewusst, dass Sie immer die Wahl haben! Sie allein haben es in der Hand, ein glückliches Leben zu führen.

HAN
Schwein

Grundtendenz des Monats:
Der März könnte einer der besten Monate für das Schwein in diesem Jahr werden. Denn mit einem freundlichen Hasen kann es jetzt hervorragend gelingen, bestehende Gegensätze zwischen Schwein und Schlange auszugleichen. So können Sie jetzt vom Besten aus beiden Welten profitieren.
Niemand kann Sie verpflichten, in einer Situation zu bleiben, die Ihnen auf Dauer nicht gut tut. Machen Sie sich jetzt klar, dass es immer Alternativen gibt, auch wenn diese vielleicht auf den ersten Blick nicht ganz so offensichtlich erscheinen. Mit Hilfe der analytischen Schlange und des intuitiven Hasen können Sie den richtigen Weg finden.

Liebe, Familie, Freundschaft: Vor allem auf der persönlichen Ebene macht sich die positive Kombination aus Schlange und Hase bemerkbar. Kleinere Streitigkeiten der letzten Wochen sind vergessen und es darf in allen Bereichen Harmonie herrschen, die das Schwein ohne Vorbehalt genießen darf.
In diesen Wochen stehen schöne Stunden mit Ihrem Partner an. Scheren Sie sich bitte nicht darum, was Ihre Umgebung davon hält. Machen Sie es sich im Zweifelsfall einfach zu zweit dort gemütlich, wo Sie ungestört von dem Getöse des Alltags sein können.

Beruf, Finanzen: Vielleicht gibt es noch die eine oder andere Option aus dem vergangenen Jahr, die Sie bis jetzt noch nicht ergreifen konnten. Schauen Sie in diesen Wochen ruhig noch einmal etwas genauer hin! Unter Umständen besteht immer noch eine gute Chance für Sie, das Ganze erfolgreich anzugehen. Verlassen Sie sich bei der Entscheidung nicht nur auf Ihr Bauchgefühl, sondern checken Sie auch die Fakten.
Mit dem nötigen Fingerspitzengefühl können Sie nun wichtige Allianzen schließen und sich für neue Aufgaben empfehlen. Dabei sollten Sie sich nicht zu zurückhaltend zeigen, sondern klar ausdrücken, was Sie sich vorstellen.

Tipp des Monats:
Der März ist ein guter Monat, um Kontakte zu knüpfen. Zeigen Sie sich von Ihrer besten Seite!

März 2025	Jahreskonstellation – Holz Drache Monatskonstellation – Erd Hase

1. Erd Schlange	Ratte Büffel Tiger Hase Drache Schlange Pferd Ziege Affe Hahn Hund Schwein **Günstig:** Versammlungen, gerechte Verteilungen, Hochzeit, Konferenzen, Umzug **Ungünstig:** Gartenarbeit, Dinge zum Abschluss bringen.
2. Metall Pferd	Ratte Büffel Tiger Hase Drache Schlange Pferd Ziege Affe Hahn Hund Schwein **Günstig:** Gartenarbeit, Feiern, Hochzeit, Dinge zum Abschluss bringen. **Ungünstig:** keine Anschuldigungen gegen Dritte erheben.
3. Metall Ziege	Ratte Büffel Tiger Hase Drache Schlange Pferd Ziege Affe Hahn Hund Schwein **Günstig:** Gartenarbeit, Feiern, Hochzeit, Dinge zum Abschluss bringen. **Ungünstig:** keine Anschuldigungen gegen Dritte erheben.
4. Wasser Affe	Ratte Büffel Tiger Hase Drache Schlange Pferd Ziege Affe Hahn Hund Schwein **Günstig:** Ausruhen, Meditation, seinen Hobbys nachgehen. **Ungünstig:** wichtige Unternehmungen.
5. Wasser Hahn	Ratte Büffel Tiger Hase Drache Schlange Pferd Ziege Affe Hahn Hund Schwein **Günstig:** Ausruhen, Meditation, seinen Hobbys nachgehen. **Ungünstig:** wichtige Unternehmungen.
6. Holz Hund	Ratte Büffel Tiger Hase Drache Schlange Pferd Ziege Affe Hahn Hund Schwein **Günstig:** Amüsieren, mit Freunden ausgehen, Freizeitaktivitäten **Ungünstig:** geschäftliche Aktivitäten, neue Dinge anfangen.
7. Holz Schwein	Ratte Büffel Tiger Hase Drache Schlange Pferd Ziege Affe Hahn Hund Schwein **Günstig:** für die meisten Aktivitäten, Geschäftsabschlüsse, Partnerschaft **Ungünstig:** negative Bemerkungen über andere Menschen.
8. Feuer Ratte	Ratte Büffel Tiger Hase Drache Schlange Pferd Ziege Affe Hahn Hund Schwein **Günstig:** Handel, Geschäftseröffnungen, Hochzeiten und andere Feste planen. **Ungünstig:** Beerdigungen, Reisen, Arztbesuche.
9. Feuer Büffel	Ratte Büffel Tiger Hase Drache Schlange Pferd Ziege Affe Hahn Hund Schwein **Günstig:** Handwerkliche Aktivitäten, Handel, Hochzeiten, Reisen **Ungünstig:** Trauerfeiern und Beerdigungen, schwere körperliche Arbeit
10. Erd Tiger	Ratte Büffel Tiger Hase Drache Schlange Pferd Ziege Affe Hahn Hund Schwein **Günstig:** Ankündigungen machen, Beerdigungen, Trauerfeiern. **Ungünstig:** Handel, Vergnügungen, Freizeitaktivitäten
11. Erd Hase	Ratte Büffel Tiger Hase Drache Schlange Pferd Ziege Affe Hahn Hund Schwein **Günstig:** Kleidung schneiden, Handel, Buchhaltung, Ausflüge, neue Dinge beginnen **Ungünstig:** Geschäfte eröffnen, Kraftanstrengungen, Reisen, Ersparnisse ausgeben
12. Metall Drache	Ratte Büffel Tiger Hase Drache Schlange Pferd Ziege Affe Hahn Hund Schwein **Günstig:** Putzen, waschen, fasten, seelische und körperliche Pflege, Arztbesuche **Ungünstig:** Ausdauersport, Reisen, Hochzeit.
13. Metall Schlange	Ratte Büffel Tiger Hase Drache Schlange Pferd Ziege Affe Hahn Hund Schwein **Günstig:** Umziehen, Reisen, Hochzeiten, Empfänge, wichtige Konferenzen. **Ungünstig:** geistige Arbeiten, Gartenarbeit, häusliche Tätigkeiten.
14. Wasser Pferd	Ratte Büffel Tiger Hase Drache Schlange Pferd Ziege Affe Hahn Hund Schwein **Günstig:** Versammlungen, gerechte Verteilungen, Hochzeit, Konferenzen, Umzug. **Ungünstig:** Gartenarbeit, Dinge zum Abschluss bringen.
15. Wasser Ziege	Ratte Büffel Tiger Hase Drache Schlange Pferd Ziege Affe Hahn Hund Schwein **Günstig:** Gartenarbeit, Feiern, Hochzeit, Dinge zum Abschluss bringen. **Ungünstig:** keine Anschuldigungen gegen Dritte erheben.

Ob ein Tag besonders günstig für Ihr Tierzeichen ist, sehen Sie an folgenden Farben:
Rot = sehr günstig, Grau = günstig, Schwarz = nicht günstig

16. Holz Affe	Ratte Büffel Tiger Hase Drache Schlange Pferd Ziege Affe Hahn Hund Schwein **Günstig:** Gartenarbeit, Hochzeit, Dinge zum Abschluss bringen. **Ungünstig:** Umzug, Reisen, Geschäftseröffnung.
17. Holz Hahn	Ratte Büffel Tiger Hase Drache Schlange Pferd Ziege Affe Hahn Hund Schwein **Günstig:** Ausruhen, Meditation, seinen Hobbys nachgehen. **Ungünstig:** wichtige Unternehmungen.
18. Feuer Hund	Ratte Büffel Tiger Hase Drache Schlange Pferd Ziege Affe Hahn Hund Schwein **Günstig:** Amüsieren, mit Freunden ausgehen, Freizeitaktivitäten **Ungünstig:** geschäftliche Aktivitäten, neue Dinge anfangen.
19. Feuer Schwein	Ratte Büffel Tiger Hase Drache Schlange Pferd Ziege Affe Hahn Hund Schwein **Günstig:** für die meisten Aktivitäten, Geschäftsabschlüsse, Partnerschaft **Ungünstig:** negative Bemerkungen über andere Menschen.
20. Erd Ratte	Ratte Büffel Tiger Hase Drache Schlange Pferd Ziege Affe Hahn Hund Schwein **Günstig:** Handel, Geschäftseröffnungen, Hochzeiten und andere Feste planen. **Ungünstig:** Beerdigungen, Reisen, Arztbesuche.
21. Erd Büffel	Ratte Büffel Tiger Hase Drache Schlange Pferd Ziege Affe Hahn Hund Schwein **Günstig:** Handwerkliche Aktivitäten, Handel, Hochzeiten, Reisen **Ungünstig:** Trauerfeiern und Beerdigungen, schwere körperliche Arbeit
22. Metall Tiger	Ratte Büffel Tiger Hase Drache Schlange Pferd Ziege Affe Hahn Hund Schwein **Günstig:** Ankündigungen machen, Beerdigungen, Trauerfeiern. **Ungünstig:** Handel, Vergnügungen, Freizeitaktivitäten
23. Metall Hase	Ratte Büffel Tiger Hase Drache Schlange Pferd Ziege Affe Hahn Hund Schwein **Günstig:** Kleidung schneidern, Handel, Buchhaltung, Ausflüge, neue Dinge beginnen **Ungünstig:** Geschäfte eröffnen, Kraftanstrengungen, Reisen, Ersparnisse ausgeben
24. Wasser Drache	Ratte Büffel Tiger Hase Drache Schlange Pferd Ziege Affe Hahn Hund Schwein **Günstig:** Putzen, waschen, fasten, seelische und körperliche Pflege, Arztbesuche **Ungünstig:** Ausdauersport, Reisen, Hochzeit.
25. Wasser Schlange	Ratte Büffel Tiger Hase Drache Schlange Pferd Ziege Affe Hahn Hund Schwein **Günstig:** Umziehen, Reisen, Hochzeiten, Empfänge, wichtige Konferenzen. **Ungünstig:** geistige Arbeiten, Gartenarbeit, häusliche Tätigkeiten
26. Holz Pferd	Ratte Büffel Tiger Hase Drache Schlange Pferd Ziege Affe Hahn Hund Schwein **Günstig:** Versammlungen, gerechte Verteilungen, Hochzeit, Konferenzen, Umzug **Ungünstig:** Gartenarbeit, Dinge zum Abschluss bringen.
27. Holz Ziege	Ratte Büffel Tiger Hase Drache Schlange Pferd Ziege Affe Hahn Hund Schwein **Günstig:** Gartenarbeit, Feiern, Hochzeit, Dinge zum Abschluss bringen. **Ungünstig:** keine Anschuldigungen gegen Dritte erheben.
28. Feuer Affe	Ratte Büffel Tiger Hase Drache Schlange Pferd Ziege Affe Hahn Hund Schwein **Günstig:** Gartenarbeit, Hochzeit, Dinge zum Abschluss bringen. **Ungünstig:** Umzug, Reisen, Geschäftseröffnung
29. Feuer Hahn	Ratte Büffel Tiger Hase Drache Schlange Pferd Ziege Affe Hahn Hund Schwein **Günstig:** Ausruhen, Meditation, seinen Hobbys nachgehen. **Ungünstig:** wichtige Unternehmungen.
30. Erd Hund	Ratte Büffel Tiger Hase Drache Schlange Pferd Ziege Affe Hahn Hund Schwein **Günstig:** Amüsieren, mit Freunden ausgehen, Freizeitaktivitäten **Ungünstig:** geschäftliche Aktivitäten, neue Dinge anfangen.
31. Erd Schwein	Ratte Büffel Tiger Hase Drache Schlange Pferd Ziege Affe Hahn Hund Schwein **Günstig:** für die meisten Aktivitäten, Geschäftsabschlüsse, Partnerschaft **Ungünstig:** negative Bemerkungen über andere Menschen.

TZE Ratte

Grundtendenz des Monats:
Im April ist für die Ratte Geduld gefragt. Auch wenn in diesem Monat ein Drache der Jahresherrscherin zur Seite steht, heißt das nicht automatisch, dass Sie sich nun wieder wie im vergangenen Jahr auf schnelle Erfolge freuen dürfen, liebe Ratte. Der Erd-Drache im April ist nämlich ein eher vorsichtiger Vertreter seiner Art. So heißt es nun in vielen Dingen vielleicht erst einmal abwarten und Tee trinken.
In der Chinesischen Astrologie stehen Drache und Schlange gemeinsam für das Haus der Spiritualität. Das dürfte nun ein guter Zeitpunkt sein, in diesen Bereich tiefer einzutauchen und sich auf entsprechende Themen einzulassen.

Liebe, Familie, Freundschaft:
Wer auf der Suche nach einem Partner ist, kann mit Hilfe des Drachen seine Vorzüge in diesem Monat sicher gut präsentieren. Die Schlange mit ihrem Feuer-Element bringt dazu noch eine gute Portion Leidenschaft ins Spiel. Worauf warten Sie noch? Machen Sie den ersten Schritt!
Sicher wünschen Sie sich zuweilen, dass man bei Ihnen zu Hause etwas flotter vom Platz kommt. Mit der Schlange im Jahr geht es aber weniger darum, wie schnell etwas erledigt wird, sondern eher darum, wie gründlich man dabei ist. Wenn das für Sie nicht passt, sollten Sie vielleicht mehr delegieren.

Beruf, Finanzen: Niemand verlangt von Ihnen, dass Sie alles selber machen müssen. Suchen Sie sich auch auf der beruflichen Ebene ruhig die entsprechende fachliche Unterstützung. Wenn Sie sich dann die Zeit nehmen, gut hinzuschauen, erfassen Sie die zu erledigenden Aufgaben viel besser und lernen richtig etwas dazu.
Vielleicht gibt es noch das eine oder andere Projekt aus dem vergangenen Jahr, dass halbfertig herumliegt. Wollen Sie sich damit wirklich noch befassen? Falls nicht, lassen Sie die Sache los und kümmern Sie sich lieber um lohnenswertere Dinge!

Tipp des Monats:
Der Erfolg liegt nun darin, den richtigen Moment zu erkennen und zu ergreifen. Sie müssen nicht auf jeden Zug aufspringen.

KIU Büffel

Grundtendenz des Monats:
So mancher Büffel mag sich nun zuweilen an das vergangene Jahr erinnert fühlen. Das liegt daran, dass im Monat April noch einmal die Energie des Drachen zurückkehrt. Gepaart mit der aktuellen Jahresregentin dürfte es in diesen Wochen für den Büffel immer wieder um das Thema Spiritualität gehen. Dabei können Sie sich nun nicht nur generell Gedanken darüber machen, wie Sie mit Ihrer eigenen Spiritualität umgehen, sondern sich in diesem Bereich auch mehr ausprobieren.
Im Gegensatz zum Drachen aus dem vergangenen Jahr bekommen Sie es nun mit einem etwas ruhigeren Vertreter zu tun. So werden Sie nicht gedrängt, auf jeden neuen Zug aufzuspringen, sondern bekommen genug Zeit, sich das Ganze in Ruhe zu überlegen.

Liebe, Familie, Freundschaft: Wer seiner Partnerschaft schon länger etwas mehr Glanz verleihen wollte, sollte das in diesen Wochen bewusst einleiten. Dabei geht es nicht nur darum, nach außen hin ein schönes Bild abzugeben. Vielmehr kommt es jetzt darauf an, wie viel Wert Sie Ihren Gefühlen einräumen und wie viel Zeit Sie für Ihren Lieblingsmenschen übrig haben.
Ein gutes Gespräch unter Freunden bringt nun vielleicht die Klarheit, die Sie schon länger gesucht haben. Damit können sie vielleicht endlich eine wichtige Entscheidung treffen und den nächsten Schritt wagen.

Beruf, Finanzen: Ihre eigenen Pläne sind es wert, umgesetzt zu werden. Mit Drachen und Schlange an Ihrer Seite können Sie im April sicher die richtigen Schritte einleiten. Ihre Zurückhaltung müssen Sie dafür wahrscheinlich etwas aufgeben und sich mehr in den Vordergrund rücken. Wenn Sie das Ganze gut vorbereitet haben, sollten Sie sich auf der neuen Position sicher wohlfühlen.
Sie müssen sich nicht auf oberflächliches Geplänkel einlassen. Um zu überzeugen, ist es viel wichtiger, über das Wissen in der Tiefe zu verfügen.

Tipp des Monats:
Beobachten Sie die Situation genau, bevor Sie in Aktion treten! Das erspart Ihnen spätere Überraschungen.

YING Tiger

Grundtendenz des Monats:
Im April kommt noch einmal ein wenig von der Energie des letzten Jahres zurück. Zur Holz-Schlange gesellt sich nun ein Metall-Drache und damit ein recht geduldiger Vertreter seiner Art. Für den Tiger bedeutet das, dass er nun auf der einen Seite seine Visionen besser nach außen tragen kann und auf der anderen Seite aber trotzdem genug Zeit bekommt, mehr in die Tiefe zu gehen. So sollte es Ihnen gelingen, jetzt die richtigen Schritte einzuleiten.

Vielleicht ist es nun an der Zeit, sich intensiver mit dem Thema loslassen zu beschäftigen. Überlegen Sie sich genau, was Sie im Augenblick hemmt und wie es gelingen kann, diesen Ballast abzuwerfen.

Liebe, Familie, Freundschaft: Auch wenn der Drache Ihnen im April etwas anderes vorgaukelt, kommt es bei Ihren Lieben im Jahr der Schlange nicht auf große Gesten an. Vielmehr wird nun ganz besonders geschätzt, wenn Sie sich mehr Zeit für Partner und Familie nehmen.

Ihre Geduld wird in diesen Wochen vielleicht ein bisschen auf die Probe gestellt. Vor allem im Umgang mit dem eigenen Nachwuchs kann es deshalb durchaus auch zu Spannungen kommen. Fällen Sie jetzt kein vorschnelles Urteil, sondern versuchen Sie, erst einmal zuzuhören.

Beruf, Finanzen: Auch am Arbeitsplatz ist Geduld nun eine wichtige Tugend. Im Jahr der Schlange entwickeln sich die Dinge für die meisten Tiger nicht so schnell, wie sie es vielleicht gewohnt sind. Das sollte Sie aber nicht sorgen, denn das gute Ergebnis ist zu keiner Zeit gefährdet. Es lässt halt einfach nur ein bisschen länger auf sich warten.

Sollten Sie sich schon seit längerem überlegen, etwas Neues zu beginnen, wäre nun sicher ein guter Zeitpunkt dafür. Voraussetzung ist allerdings, dass Sie die Sache wirklich gut durchdacht haben. Der Drache kann Ihnen im April sicher dabei helfen, einen guten Start hinzulegen.

Tipp des Monats:
Lehnen Sie sich nun finanziell bitte nicht ganz so weit aus dem Fenster!

MAO Hase

Grundtendenz des Monats:
Das Thema Spiritualität wird in diesem Monat sicher auch für den Hasen mehr in den Vordergrund rücken. Der Drache, der den Monat begleitet, steht wie auch die aktuelle Jahresregentin unter anderem für die persönliche spirituelle Entwicklung. Machen Sie sich auf die Suche nach Gleichgesinnten, mit denen Sie Ihr Bewusstsein in diesem Bereich erweitern können.

Im April ist zum ersten Mal im Jahr der Schlange ein guter Metall-Anteil präsent. Das kann immer dann nützlich sein, wenn es darum geht, mehr Ordnung in Ihre Gedanken zu bringen oder sich von unnützen Dingen zu trennen.

Liebe, Familie, Freundschaft: Ein gutes Gespräch kann manchmal Wunder wirken, wenn die Situation zu Hause ein bisschen festgefahren scheint. Bringen Sie nun alle Parteien an einen Tisch und bestehen Sie darauf, dass alle einander zuhören. So entsteht ein besseres Verständnis für die unterschiedlichen Bedürfnisse und es fällt leichter, im Zweifelsfall mehr Rücksicht zu nehmen.

Wer ein neues Herz gewinnen möchte, tut nun gut daran, sich nicht planlos auf das Objekt der Begierde zu stürzen. Der richtige Zeitpunkt will gut gewählt sein, damit Sie wirklich einen bleibenden Eindruck machen können.

Beruf, Finanzen: Es mag sein, dass Sie sich in diesen Wochen zuweilen leicht überschätzen und sich mehr auf Ihre Agenda packen, als es Ihnen gut tut. Sie müssen im Jahr der Schlange wirklich niemandem etwas beweisen, lieber Hase! Schon gar nicht, wenn das dazu führt, dass Sie sich an Aufgaben abarbeiten, die eigentlich nicht viel mit Ihrem eigentlichen Weg zu tun haben und mehr den anderen als Ihnen selbst nutzen.

Manchmal liegt der Teufel wirklich im Detail. Deshalb ist es jetzt um so wichtiger, dass Sie jetzt kleinere Schritte machen. Das bringt vielleicht nicht so viel Aufmerksamkeit, erspart Ihnen aber zu einem späteren Zeitpunkt lästiges Nacharbeiten.

Tipp des Monats:
Es ist nicht nötig, in der ersten Reihe zu stehen, um auf sich aufmerksam zu machen!

SHENG
Drache

Grundtendenz des Monats:
Der April wird traditionell von einem weiteren Drachen begleitet. Dieser bringt diesmal Metall und Erde mit sich und ist dadurch lange nicht so spontan wie seine Kollegen. Das kann für Sie nun bedeuten, dass Sie sich in einigen Bereichen ein wenig bremsen sollten. Auch die Schlange hält ja ihre Untertanen dazu an, nichts zu überstürzen. Daran können Sie sich nun gerne ein Beispiel nehmen.

Wenn es aktiv nicht so viel zu tun gibt, kann der Drache auf der gedanklichen Ebene seiner Fantasie freien Lauf lassen und vielleicht auch seinen guten Draht nach oben weiter ausbauen. Sicher lassen sich mit der Schlange nicht alle Luftschlösser bauen - aber wer weiß, was nach ihrer Herrschaft alles möglich ist.

Liebe, Familie, Freundschaft: Bei öffentlichen Auftritten gibt der Drache nun ein gewohnt souveränes Bild ab. Wer es geniesst, im Rampenlicht zu stehen, kommt in diesen Wochen sicher nicht zu kurz und kann so vielleicht die Aufmerksamkeit eines potentiellen Partners erlangen. Was daraus werden kann, wird sich zeigen.

Es ist nun vielleicht gar nicht nötig, Ihrer besseren Hälfte die Welt zu Füssen zu legen. Kleine liebevolle Gesten können eine noch bessere Wirkung haben und Ihre Bindung deutlich mehr verstärken.

Beruf, Finanzen: Wer sich nun die Zeit nimmt, auf den richtigen Moment zu warten, kann davon langfristig großen Nutzen ziehen. Das sollte ein ausreichend gutes Argument für Sie sein, nun nicht unnötig nach vorne zu preschen. Geduld mag nicht unbedingt zu den Stärken des Drachen gehören, ist nun aber der beste Weg zum Erfolg.

Vermeiden Sie im April unnötige Ausgaben! Ihre Risikobereitschaft in Ehren, lieber Drache, aber nun ist wirklich nicht der richtige Augenblick, Ihre finanziellen Reserven aufs Spiel zu setzen. Es wäre doch schade, wenn Ihnen später im Jahr die Mittel knapp werden.

Tipp des Monats:
Entspannen Sie sich! Rom ist auch nicht an einem Tag gebaut worden.

SZE
Schlange

Grundtendenz des Monats:
Mit dem Metall-Drachen kommt im April für so manche Schlange vielleicht die Erinnerung an das vergangene Jahr zurück. Plötzlich ist es wieder einfacher möglich, sich sichtbarer zu machen. Es ist allerdings die Frage, ob das der Schlange wirklich behagt, denn im Grunde wirkt sie lieber im Verborgenen.

Ihren guten Draht nach oben kann die Schlange 2025 wirklich stärken. In diesen Wochen ist es darüber hinaus vielleicht sogar möglich, Gleichgesinnte zu finden und das Thema gemeinsam zu erforschen. Ihre spirituelle Seite kann sich so ganz selbstverständlich entwickeln.

Liebe, Familie, Freundschaft: Sie entscheiden, ob Sie mehr von sich preisgeben möchten! Es ist gut, aus dem Schatten zu treten, wenn Sie auf der Suche nach einer neuen Liebe sind. Wenn Sie sich dabei aber nicht wohlfühlen, ist es jetzt besser, das Thema anders anzupacken.

Der Drache, der den April begleitet, ist ein ungewöhnlich geduldiges Exemplar seiner Art. Das sollte Ihnen entgegenkommen, denn auch die Schlange hat in der Regel keine Eile und freut sich, wenn ihre Beziehung sich langsam entwickeln darf. Lassen Sie sich also jetzt nicht von Ihrer besseren Hälfte zum nächsten Schritt drängen. Sie sind bereit, wenn Sie sich bereit fühlen.

Beruf, Finanzen: Nun zeigt sich, dass der besonnenere Ansatz der Schlange doch der richtige ist. In diesem und im nächsten Monat haben nämlich diejenigen das Nachsehen, die ohne zu überlegen nach vorne stürmen. Im Jahr der Schlange wollen alle Aktivitäten gut geplant und vorbereitet werden, sonst wird es eher nichts mit dem Erfolg.

Auf der anderen Seite sollten Sie sich jedoch jetzt nicht hinhalten lassen! Wenn man Ihnen bestimmte Dinge zugesagt hat, ist es wichtig, dass Sie diese auch einfordern. Sicher können Sie Verständnis zeigen, aber Ihre Geduld sollte ihre Grenzen haben.

Tipp des Monats:
Sie können jetzt entspannt auf die richtige Gelegenheit warten. Sie wird Ihnen im April nicht davon laufen.

WU Pferd

Grundtendenz des Monats:
Im April kehrt der Drache in Ihre Konstellation zurück. Da er diesmal allerdings von der Holz-Schlange im Jahr begleitet wird, geht es nun weniger darum, im Außen eine möglichst gute Figur zu machen oder visionäre Projekte zu präsentieren. Vielmehr geht es auch in diesen Wochen mehr um die innere Reise des Pferdes und darum, wie es seinen Draht nach oben und seine spirituelle Ader weiterentwickeln kann.
Im Jahr der Schlange kann das Pferd lernen, das richtige Timing zu beherrschen, denn die aktuelle Jahresherrscherin ist eine Meisterin darin, zur richtigen Zeit am richtigen Ort zu sein. Damit Sie das ebenfalls erreichen können, braucht es nun Geduld und eine gute Übersicht.
Liebe, Familie, Freundschaft: Natürlich möchte man in frischen Beziehungen ein möglichst gutes Bild abgeben. Das heißt allerdings nicht, dass Sie es nun mit der Selbstdarstellung übertreiben sollten. Früher oder später kommt es garantiert heraus, wenn Sie nicht ganz ehrlich waren und das kann dann schnell einen etwas schalen Geschmack auf der anderen Seite hinterlassen.
Oftmals sind es die kleinen Gesten, die bleibenden Eindruck hinterlassen. Versuchen Sie jetzt, Familie und Partner mit kleinen, liebevollen Aktionen zu zeigen, wie wichtig sie Ihnen sind.
Beruf, Finanzen: Sie können sich einiges an Zeit und Aufwand sparen, wenn Sie der anderen Seite nun wirklich gut zuhören. Wenn dann immer noch nicht alles klar ist, reichen in der Regel ein oder zwei gezielte Fragen, damit Sie sich ohne Verzögerung ans Werk machen können. So kommen Sie in in den meisten Fällen ohne Umwege ans Ziel.
Auch wenn es Ihnen nun am Arbeitsplatz ein wenig an Geduld mangelt, können Sie sich ein Beispiel an der besonnenen Jahresherrscherin nehmen. Sie sondiert erst einmal in Ruhe und mit der gebotenen Vorsicht das Terrain, bevor sie sich in Bewegung setzt.
Tipp des Monats:
Wer sich mehr Zeit nimmt, kann jetzt auf jeden Fall deutlich mehr dazu lernen.

WEI Ziege

Grundtendenz des Monats:
Schlange und Drache vereinen sich im April zum Haus der Spiritualität. Für die Ziege bedeutet das, dass sie sich nun häufiger mit Themen aus diesem Bereich konfrontiert sieht und sich damit verstärkt auseinandersetzen sollte. Sicher gibt es in diesem und im nächsten Monat die Möglichkeit, hier Ihr Wissen zu vertiefen.
Im Gegensatz zum dynamischen Holz-Drachen aus dem vergangenen Jahr haben Sie es nun im April mit einem eher gemächlichen Exemplar zu tun. Der Metall-Drache verlegt sich lieber erst einmal aufs Abwarten, wodurch in diesem Monat einige Ihrer Projekte ins Stocken geraten könnten. Spätestens im Juni sollten Sie jedoch wieder besser vom Platz kommen.
Liebe, Familie, Freundschaft: Lassen Sie sich nicht von Äußerlichkeiten blenden, wenn Sie auf der Partnersuche sind. Wenn Sie mit einem Menschen dauerhaft Ihren Alltag teilen wollen, sind ganz andere Qualitäten von Bedeutung. Gerade die sanfte Ziege braucht einen Partner, auf den Sie sich verlassen kann und der sie vorbehaltlos unterstützt.
Es wäre nun ein wirklich schöne Geste, wenn Sie Ihrer besseren Hälfte nicht nur hinter verschlossenen Türen Ihre Wertschätzung zeigen. Finden Sie nicht, das die ganze Welt erfahren darf, wenn Sie zufrieden und glücklich miteinander sind?
Beruf, Finanzen: Es ist eine Sache, mit Unterstützung der Schlange in diesen Wochen gute Gelegenheiten zu erkennen. Ob und wie man sie nun aber auch ergreifen kann, steht auf einem ganz anderen Blatt. Es dürfte der Ziege durchaus entgegen kommen, wenn man sie nun nicht zur Eile antreibt. So können sie in Ruhe den für Sie richtigen Augenblick auswählen.
Ein besonnenes und methodisches Vorgehen ist nun besonders angebracht, wenn Sie Veränderungen planen. Der Teufel steckt zuweilen im Detail und da ist es wichtig, sich auf alle möglichen Herausforderungen vorzubereiten.
Tipp des Monats:
Was tut Ihnen gut? Sorgen Sie nun ruhig mehr für sich selbst!

> Klar und hell / Getreideregen < April

SUNG
Affe

Grundtendenz des Monats:
Im vergangenen Jahr des Drachen fühlte sich so mancher Affe zuweilen vom Erfolg verwöhnt. Da ist es nicht verwunderlich, dass er sich im Monat des Metall-Drachen wünscht, dass dieses Gefühl jetzt bitte zurückkehrt. Mit der neuen Herrscherin gibt es allerdings keinen Lohn ohne die entsprechende Arbeit. Das bedeutet, dass Sie erst einmal eine gute Basis schaffen müssen. Ist das Fundament gut gelegt, darf es später dann durchaus für Sie so weitergehen wie im vergangenen Jahr.
Mit Schlange und Drache an Ihrer Seite können Sie in diesem Monat einen besonders guten Draht nach oben entwickeln. Vertrauen Sie jetzt ruhig mehr auf Ihr Gefühl.

Liebe, Familie, Freundschaft: Zuhören ist in diesem Monat extrem wichtig! Sie mögen vielleicht denken, dass Sie genau wissen, was in Ihrem Partner oder Ihren Kindern vorgeht. Wenn Sie die andere Seite jetzt jedoch mehr zu Wort kommen lassen, werden Sie vielleicht feststellen, dass Sie sich in einigen Bereichen geirrt haben.
Vielleicht ist nun der richtige Moment gekommen, um noch einmal intensiver nach einer neuen Liebe Ausschau zu halten. Mit dem Drachen und der Schlange an Ihrer Seite können Sie Ihre inneren Qualitäten nun wunderbar zum Vorschein bringen und so langfristig ein neues Glück finden.

Beruf, Finanzen: Ein bisschen mehr Geduld kann dem Affen im Jahr der Schlange generell nicht schaden. Gerade in diesem Monat können Sie diese gut gebrauchen, denn vor allem auf der beruflichen Ebene entwickeln sich die Dinge unter Umständen etwas schleppend. Gewöhnen Sie sich lieber daran, denn auch im kommenden Monat heißt es weiterhin abwarten und Tee trinken.
Affe und Drache haben in Kombination zuweilen die Tendenz, ein wenig zu sorglos mit Ihren finanziellen Ressourcen umzugehen. Halten Sie nun bitte Ihr Geld zusammen!

Tipp des Monats:
Sie müssen nicht unbedingt vorne in der ersten Reihe stehen, um eine gute Gelegenheit zu erkennen.

YU
Hahn

Grundtendenz des Monats:
Die Energie des vergangenen Jahres ist zurück - wenn auch nur im kleinen Rahmen. Im April gesellt sich ein Drache zur Schlange. So mancher Hahn mag nun denken, dass sich die Dinge nun wieder spontaner und schneller entwickeln können. Da sollten Sie sich aber lieber nicht drauf verlassen, denn der Metall-Drache ist ein eher untypisches Exemplar seiner Art, das zu Besonnenheit und mehr Geduld aufruft.
Das heißt, dass in diesen Wochen deutlich mehr damit gewonnen ist, wenn Sie nichts überstürzen und sich eher abwartend verhalten. Der Erfolg kann sich trotzdem einstellen. Er kommt halt wahrscheinlich nur etwas später als erwartet.

Liebe, Familie, Freundschaft: Auf der persönlichen Ebene können Sie nun mit Drache und Schlange an Ihrer Seite vortrefflich glänzen. So sollte es jetzt nicht allzu schwer sein, bei einem potentiellen Partner, neuen Freunden oder den zukünftigen Schwiegereltern einen guten ersten Eindruck zu hinterlassen. Tragen Sie aber bitte nicht zu dick auf, sonst kommen Sie später vielleicht in Erklärungsnot.
Wenn die Familie oder der Partner nicht den gleichen Sinn für Ordnung haben wie Sie macht sich das jetzt unter Umständen noch stärker bemerkbar als sonst. Anstatt allen hinterher zu räumen und sich zu ärgern, wäre es sicher besser, wenn Sie das Thema jetzt zur Sprache bringen und den Rest der Familie in die Pflicht nehmen.

Beruf, Finanzen: Natürlich kann der Hahn auch im Jahr der Schlange seine Visionen entwickeln. Das sollte im Großen und Ganzen sogar besser funktionieren als noch im Jahr zuvor, denn nun können Sie viel besser einschätzen, ob das Ganze wirklich Potential haben könnte.
In diesem Monat sollten Sie sich vielleicht nicht zu weit aus dem Fenster lehnen mit Ihren Ideen, sondern erst einmal mit Hilfe der Schlange die Machbarkeit überprüfen.

Tipp des Monats:
Es muss nicht immer gleich der ganz große Wurf sein. Im Jahr der Schlange müssen Sie sich bitte von diesem Gedanken lösen.

SHIH
Hund

Grundtendenz des Monats:
Mit dem Drachen kehrt im April noch einmal ein wenig die Energie des vergangenen Jahres zurück. Das kann der Hund nutzen und sich nun deutlich leichter aus seiner Komfortzone heraus bewegen. Vor allem, wenn sich neue Gelegenheiten am Horizont zeigen, können Sie diese nun ohne allzu großen Aufwand ergreifen. Wer sich allerdings damit an seine Grenzen aus dem letzten Jahr erinnert fühlt, der darf diese Runde gerne aussetzen.
Die aktuelle Herrscherin macht in der Regel nicht viele Worte um ihre Gefühle. In diesem Monat kann Sie aber in Kombination mit dem Drachen durchaus darauf bestehen, dass der Hund seine Emotionen zum Ausdruck bringt.

Liebe, Familie, Freundschaft: Ihre bessere Hälfte freut sich nun ganz besonders über ein bisschen zusätzliche Aufmerksamkeit. Damit ist nicht gemeint, dass Sie das ganz große Besteck herausholen müssen. Mit kleinen persönlichen Gesten können Sie Ihren Gefühlen besser Ausdruck verleihen. Achten Sie darauf, dass das Ganze für Sie beide eine besondere Bedeutung hat.
Tritt der Drache auf den Plan, geht es immer auch darum, nach außen mehr zu glänzen. Das kann Sie für einen potentiellen Partner attraktiver machen - aber nur, wenn Sie sich dafür nicht zu sehr verstellen müssen.

Beruf, Finanzen: Auf die Schnelle kann man im Jahr der Holz-Schlange keine Projekte aus der Erde stampfen und das ist auch gut so. Schließlich wollen Sie am Ende des Tages doch sicherstellen, dass das Ganze auch längerfristig Hand und Fuss hat. Lassen Sie sich also jetzt nicht dazu überreden, vorschnelle Ergebnisse zu präsentieren, sondern bleiben Sie lieber auf der sicheren Seite und fordern Sie mehr Geduld ein.
Finanzielle Transaktionen sollten nun mit besonderer Vorsicht getätigt werden. Achten Sie darauf, dass Sie Ihren Geldbeutel im April nicht überstrapazieren.

Tipp des Monats:
Erst planen, dann handeln. Zeigen Sie sich geduldig!

HAN
Schwein

Grundtendenz des Monats:
Auch wenn im April ein Drache die Schlange begleitet, dürfte es für das Schwein eher ruhig zugehen. Der Metall-Drache verhält sich nämlich in der Regel eher abwartend und ist nicht so aktiv wie seine Artgenossen. Trotzdem können sich in diesen Wochen ein paar gute Gelegenheiten für Sie ergeben, wenn Sie die Augen aufhalten. Es macht allerdings wenig Sinn, sich jetzt direkt darauf zu stürzen. Halten Sie den Gedanken gut fest, so dass Sie später im Jahr dazu zurückkehren und die Umsetzung anstossen können.
Auf der körperlichen und emotionalen Ebene vereinen sich in diesem Monat alle fünf Elemente für das Schwein. Nutzen Sie die Zeit und tun Sie nun mehr für sich selbst.

Liebe, Familie, Freundschaft: Auch bei der Partnersuche mag nun noch mehr Geduld angesagt sein. Vielleicht braucht es einfach mehr Zeit und mehr Gelegenheiten, damit sich der richtige Mensch zeigen kann. Vielleicht sind Sie sich aber auch einfach noch nicht darüber im Klaren, nach was Sie eigentlich suchen...
Nehmen Sie sich nun die Zeit, Ihren Lieben wirklich zuzuhören. Gerade bei den jüngeren Familienmitgliedern geht es nun nicht darum, Rat zu geben, sondern einfach nur für den Anderen da zu sein. Sie müssen nicht immer für alles eine Lösung haben.

Beruf, Finanzen: Es ist nicht alles Gold, was glänzt! Auch wenn das Schwein das nun zu gerne glauben will, sollte es auf dem Boden der Tatsachen bleiben. Wer seine Chancen realistisch einschätzt und dazu passende Ziele definiert, wird am Ende des Tages auch nicht so leicht enttäuscht werden.
Im Jahr der Schlange mag alles etwas langsamer voran gehen, aber dafür kann der Erfolg nun deutlich nachhaltiger gestaltet werden als im vergangenen Jahr. Machen Sie sich das immer dann klar, wenn es gerade wieder einmal etwas zäher läuft oder sich die Unkenrufe in Ihrer Umgebung häufen.

Tipp des Monats:
Träumen ist ausdrücklich erlaubt! Allerdings sollten Sie nicht vergessen, zwischenzeitlich immer mal wieder einen Realitätscheck zu machen!

April 2025	Jahreskonstellation – Holz Schlange Monatskonstellation – Metall Drache

1. Metall Ratte	Ratte Büffel Tiger Hase Drache Schlange Pferd Ziege Affe Hahn Hund Schwein **Günstig:** Handel, Geschäftseröffnungen, Hochzeiten und andere Feste planen. **Ungünstig:** Beerdigungen, Reisen, Arztbesuche.
2. Metall Büffel	Ratte Büffel Tiger Hase Drache Schlange Pferd Ziege Affe Hahn Hund Schwein **Günstig:** Handwerkliche Aktivitäten, Handel, Hochzeiten, Reisen **Ungünstig:** Trauerfeiern und Beerdigungen, schwere körperliche Arbeit
3. Wasser Tiger	Ratte Büffel Tiger Hase Drache Schlange Pferd Ziege Affe Hahn Hund Schwein **Günstig:** Ankündigungen machen, Beerdigungen, Trauerfeiern. **Ungünstig:** Handel, Vergnügungen, Freizeitaktivitäten
4. Wasser Hase	Ratte Büffel Tiger Hase Drache Schlange Pferd Ziege Affe Hahn Hund Schwein **Günstig:** Ankündigungen machen, Beerdigungen, Trauerfeiern. **Ungünstig:** Handel, Vergnügungen, Freizeitaktivitäten
5. Holz Drache	Ratte Büffel Tiger Hase Drache Schlange Pferd Ziege Affe Hahn Hund Schwein **Günstig:** Kleidung schneidern, Handel, Buchhaltung, Ausflüge, neue Dinge beginnen **Ungünstig:** Geschäfte eröffnen, Kraftanstrengungen, Reisen, Ersparnisse ausgeben
6. Holz Schlange	Ratte Büffel Tiger Hase Drache Schlange Pferd Ziege Affe Hahn Hund Schwein **Günstig:** Putzen, waschen, fasten, seelische und körperliche Pflege, Arztbesuche **Ungünstig:** Ausdauersport, Reisen, Hochzeit.
7. Feuer Pferd	Ratte Büffel Tiger Hase Drache Schlange Pferd Ziege Affe Hahn Hund Schwein **Günstig:** Umziehen, Reisen, Hochzeiten, Empfänge, wichtige Konferenzen. **Ungünstig:** geistige Arbeiten, Gartenarbeit, häusliche Tätigkeiten.
8. Feuer Ziege	Ratte Büffel Tiger Hase Drache Schlange Pferd Ziege Affe Hahn Hund Schwein **Günstig:** Versammlungen, gerechte Verteilungen, Hochzeit, Konferenzen, Umzug **Ungünstig:** Gartenarbeit, Dinge zum Abschluss bringen.
9. Erd Affe	Ratte Büffel Tiger Hase Drache Schlange Pferd Ziege Affe Hahn Hund Schwein **Günstig:** Gartenarbeit, Feiern, Hochzeit, Dinge zum Abschluss bringen. **Ungünstig:** keine Anschuldigungen gegen Dritte erheben.
10. Erd Hahn	Ratte Büffel Tiger Hase Drache Schlange Pferd Ziege Affe Hahn Hund Schwein **Günstig:** Gartenarbeit, Hochzeit, Dinge zum Abschluss bringen. **Ungünstig:** Umzug, Reisen, Geschäftseröffnung
11. Metall Hund	Ratte Büffel Tiger Hase Drache Schlange Pferd Ziege Affe Hahn Hund Schwein **Günstig:** Ausruhen, Meditation, seinen Hobbys nachgehen. **Ungünstig:** wichtige Unternehmungen
12. Metall Schwein	Ratte Büffel Tiger Hase Drache Schlange Pferd Ziege Affe Hahn Hund Schwein **Günstig:** Amüsieren, mit Freunden ausgehen, Freizeitaktivitäten **Ungünstig:** geschäftliche Aktivitäten, neue Dinge anfangen.
13. Wasser Ratte	Ratte Büffel Tiger Hase Drache Schlange Pferd Ziege Affe Hahn Hund Schwein **Günstig:** für die meisten Aktivitäten, Geschäftsabschlüsse, Partnerschaft. **Ungünstig:** negative Bemerkungen über andere Menschen.
14. Wasser Büffel	Ratte Büffel Tiger Hase Drache Schlange Pferd Ziege Affe Hahn Hund Schwein **Günstig:** Handel, Geschäftseröffnungen, Hochzeiten und andere Feste planen. **Ungünstig:** Beerdigungen, Reisen, Arztbesuche.
15. Holz Tiger	Ratte Büffel Tiger Hase Drache Schlange Pferd Ziege Affe Hahn Hund Schwein **Günstig:** Handwerkliche Aktivitäten, Handel, Hochzeiten, Reisen. **Ungünstig:** Trauerfeiern und Beerdigungen, schwere körperliche Arbeit.

Ob ein Tag besonders günstig für Ihr Tierzeichen ist, sehen Sie an folgenden Farben:
Rot = sehr günstig, Grau = günstig, Schwarz = nicht günstig

Jahreskonstellation – Holz Schlange Monatskonstellation – Metall Drache	April 2025

16. Holz Hase	Ratte Büffel Tiger Hase Drache Schlange Pferd Ziege Affe Hahn Hund Schwein **Günstig:** Ankündigungen machen, Beerdigungen, Trauerfeiern. **Ungünstig:** Handel, Vergnügungen, Freizeitaktivitäten.
17. Feuer Drache	Ratte Büffel Tiger Hase Drache Schlange Pferd Ziege Affe Hahn Hund Schwein **Günstig:** Kleidung schneidern, Handel, Buchhaltung, Ausflüge, neue Dinge beginnen. **Ungünstig:** Geschäfte eröffnen, Kraftanstrengungen, Reisen, Ersparnisse ausgeben.
18. Feuer Schlange	Ratte Büffel Tiger Hase Drache Schlange Pferd Ziege Affe Hahn Hund Schwein **Günstig:** Putzen, waschen, fasten, seelische und körperliche Pflege, Arztbesuche **Ungünstig:** Ausdauersport, Reisen, Hochzeit.
19. Erd Pferd	Ratte Büffel Tiger Hase Drache Schlange Pferd Ziege Affe Hahn Hund Schwein **Günstig:** Umziehen, Reisen, Hochzeiten, Empfänge, wichtige Konferenzen. **Ungünstig:** geistige Arbeiten, Gartenarbeit, häusliche Tätigkeiten.
20. Erd Ziege	Ratte Büffel Tiger Hase Drache Schlange Pferd Ziege Affe Hahn Hund Schwein **Günstig:** Versammlungen, gerechte Verteilungen, Hochzeit, Konferenzen, Umzug **Ungünstig:** Gartenarbeit, Dinge zum Abschluss bringen.
21. Metall Affe	Ratte Büffel Tiger Hase Drache Schlange Pferd Ziege Affe Hahn Hund Schwein **Günstig:** Gartenarbeit, Feiern, Hochzeit, Dinge zum Abschluss bringen. **Ungünstig:** keine Anschuldigungen gegen Dritte erheben.
22. Metall Hahn	Ratte Büffel Tiger Hase Drache Schlange Pferd Ziege Affe Hahn Hund Schwein **Günstig:** Gartenarbeit, Hochzeit, Dinge zum Abschluss bringen. **Ungünstig:** Umzug, Reisen, Geschäftseröffnung
23. Wasser Hund	Ratte Büffel Tiger Hase Drache Schlange Pferd Ziege Affe Hahn Hund Schwein **Günstig:** Ausruhen, Meditation, seinen Hobbys nachgehen. **Ungünstig:** wichtige Unternehmungen.
24. Wasser Schwein	Ratte Büffel Tiger Hase Drache Schlange Pferd Ziege Affe Hahn Hund Schwein **Günstig:** Amüsieren, mit Freunden ausgehen, Freizeitaktivitäten **Ungünstig:** geschäftliche Aktivitäten, neue Dinge anfangen.
25. Holz Ratte	Ratte Büffel Tiger Hase Drache Schlange Pferd Ziege Affe Hahn Hund Schwein **Günstig:** für die meisten Aktivitäten, Geschäftsabschlüsse, Partnerschaft **Ungünstig:** negative Bemerkungen über andere Menschen.
26. Holz Büffel	Ratte Büffel Tiger Hase Drache Schlange Pferd Ziege Affe Hahn Hund Schwein **Günstig:** Handel, Geschäftseröffnungen, Hochzeiten und andere Feste planen. **Ungünstig:** Beerdigungen, Reisen, Arztbesuche.
27. Feuer Tiger	Ratte Büffel Tiger Hase Drache Schlange Pferd Ziege Affe Hahn Hund Schwein **Günstig:** Handwerkliche Aktivitäten, Handel, Hochzeiten, Reisen **Ungünstig:** Trauerfeiern und Beerdigungen, schwere körperliche Arbeit
28. Feuer Hase	Ratte Büffel Tiger Hase Drache Schlange Pferd Ziege Affe Hahn Hund Schwein **Günstig:** Ankündigungen machen, Beerdigungen, Trauerfeiern. **Ungünstig:** Handel, Vergnügungen, Freizeitaktivitäten
29. Erd Drache	Ratte Büffel Tiger Hase Drache Schlange Pferd Ziege Affe Hahn Hund Schwein **Günstig:** Kleidung schneidern, Handel, Buchhaltung, Ausflüge, neue Dinge beginnen **Ungünstig:** Geschäfte eröffnen, Kraftanstrengungen, Reisen, Ersparnisse ausgeben
30. Erd Schlange	Ratte Büffel Tiger Hase Drache Schlange Pferd Ziege Affe Hahn Hund Schwein **Günstig:** Putzen, waschen, fasten, seelische und körperliche Pflege, Arztbesuche **Ungünstig:** Ausdauersport, Reisen, Hochzeit.

TZE Ratte

Grundtendenz des Monats:
Schon im letzten Monat ist es Ihnen vielleicht nicht immer leicht gefallen, geduldig zu bleiben. Mit einer zweiten Schlange im Mai mögen sich die Dinge für die Ratte nun erst einmal noch zäher anfühlen. Anstatt mit dem Schicksal zu hadern, wäre nun ein wirklich guter Zeitpunkt für eine kleine Auszeit.

Dies ist ein guter Monat für die Ratte, ihr Wissen zu vertiefen. Vielleicht möchten Sie ein Seminar besuchen, Online-Kurse belegen oder sich einfach mehr Zeit zum Lesen nehmen. Auf jeden Fall können Sie sich jetzt mit relativ wenig Aufwand Dinge aneignen, die Sie zu einem späteren Zeitpunkt gut gebrauchen können.

Liebe, Familie, Freundschaft: Das Erd-Element ist im Mai nicht besonders stark vertreten, was dazu führen kann, dass es auf der privaten Ebene unter Umständen etwas an Stabilität mangelt. Das lässt sich gut beheben, indem die Ratte mehr darauf achtet, in ihrem persönlichen Rhythmus zu bleiben und mehr Routine in die alltäglichen Aufgaben zu bringen.

Für Eifersüchteleien sollten Sie sich wirklich zu schade sein, liebe Ratte. Wenn die beiden Schlangen in diesen Wochen also versuchen, in Ihrer Beziehung Zweifel zu säen, dürfen Sie das getrost ignorieren. Wer sich nicht sicher ist, bringt das Thema einfach offen zur Sprache.

Beruf, Finanzen: Wer in den vergangenen Wochen seine Hausaufgaben gemacht hat, darf sich nun zurücklehnen und auf das Ergebnis warten. Das kommt übrigens nicht schneller, wenn Sie ständig nachfragen. Geduld ist eine Tugend, die Ihnen jetzt besonders gut zu Gesicht steht.

In Geldangelegenheiten ist die aktuelle Herrscherin in der Regel eine gute Ratgeberin. Mit gleich zwei Schlangen an Ihrer Seite können Sie jetzt in diesem Monat finanzielle Hürden überwinden und eine solide Planung für den Rest des Jahres hinlegen.

Tipp des Monats:
Legen Sie ruhig gelassen die Hände in den Schoß! Die Dinge nehmen auch ohne Ihr Zutun Ihren Lauf!

KIU Büffel

Grundtendenz des Monats:
Im Mai unterstützen gleich zwei Schlangen den Büffel in allen Belangen. Das kann auf der einen Seite bedeuten, dass Sie nun noch tiefer in bekannte Materie eintauchen dürfen. Auf der anderen Seite kann es nun auch an der Zeit sein, bekannte Gefilde zu verlassen und neue Dinge zu erkunden. Wie auch immer der Büffel sich entscheiden mag - Unterstützung dürfte ihm auf jeden Fall gewiss sein.

Das Wasser-Element ist ein wenig unterrepräsentiert in der aktuellen Konstellation und braucht jetzt vielleicht ein bisschen Stärkung. Mit einer achtsamen Kommunikation lässt sich das leichte Defizit recht gut ausgleichen.

Liebe, Familie, Freundschaft: Die Schlange hat zuweilen die Tendenz, ein gewisses Misstrauen in ihren persönlichen Beziehungen zu entwickeln. Davon sollte der Büffel sich jetzt besser nicht anstecken lassen, sondern seinen Lieben weiterhin sein Vertrauen schenken. Sollten sich Zweifel einschleichen, sprechen Sie das Thema einfach sofort an, um es schnell aus der Welt zu schaffen.

Wer auf der Suche nach einem neuen Partner ist, sollte nun am besten doppelt aufmerksam sein. Auch in bestehenden Beziehungen kann es nicht schaden, auf Details zu achten und dem Partner so zu zeigen, wie wichtig er für Sie ist.

Beruf, Finanzen: Es mag sich auf den ersten Blick nicht all zu viel zu bewegen, aber das sollte dem geduldigen Büffel nichts ausmachen. Schließlich haben Sie das Gesamtbild vor Augen und wissen genau, wo die Reise hingehen soll. Wer gut geplant hat, kann sich darauf verlassen, dass das Ziel früher oder später erreicht wird.

Am Arbeitsplatz erweisen sich viele Büffel als echte Problemlöser und werden deshalb umso mehr geschätzt. Damit das so bleiben kann, sollten Sie regelmäßig bestehendes Wissen auffrischen. In der heutigen Zeit ändern sich die Dinge oft schneller, als man denkt.

Tipp des Monats:
Machen Sie sich nicht zu viele Gedanken darüber, was alles schief gehen könnte. Am Ende steht in diesem Jahr immer der Erfolg!

YING Tiger

Grundtendenz des Monats:
Wenn der Tiger nun das Gefühl hat, das allgemein irgendwie ein wenig die Luft raus ist, liegt das wahrscheinlich daran, dass nun eine zweite Schlange die Jahresregentin begleitet. In der Chinesischen Astrologie wird diese auch als „Schlange im Winterschlaf" bezeichnet, was erklärt, warum sich im Mai nicht wirklich viel bewegen kann. Nutzen Sie die Zeit am besten für eine wohlverdiente Pause, lieber Tiger, und laden Sie in Ruhe Ihre Batterien auf.

Vielleicht können Sie in dieser ruhigen Zeit ja auch endlich einmal die Ereignisse des turbulenten Drachenjahres Revue passieren lassen und in Ruhe analysieren.

Liebe, Familie, Freundschaft: Demokratische Entscheidungen tun jeder Beziehung gut. Auch wenn der Tiger lieber selbst das Heft in der Hand hat, kann es zur partnerschaftlichen Harmonie beitragen, wenn Sie anstehende Projekte gemeinsam besprechen und schauen, wie sie für alle Beteiligten am besten angegangen werden sollten.

Dies ist übrigens generell eine gute Zeit, um mehr zu lernen. Vielleicht können Sie zusammen mit dem Partner, den Kindern oder auch guten Freunden nun ein neues Hobby starten oder bestehende Kenntnisse gemeinsam ausweiten. Sollte das in Ihrem sozialen Umfeld nicht auf Begeisterung stoßen, gehen Sie die Sache eben alleine an.

Beruf, Finanzen: Lassen Sie sich bitte in diesem und im nächsten Monat nicht auf unnötige Auseinandersetzungen ein. Vor allem auf der bürokratischen Ebene ist jetzt ein gemäßigtes Auftreten gefragt, damit Sie nicht in Schwierigkeiten geraten. Die Zurückhaltung mag Ihnen schwer fallen, vor allem, wenn es Ihrer Meinung nach gerade nicht gerecht zugeht. Trotzdem ist es wichtig, dass Sie jetzt nicht unbedacht handeln.

Eine Bestandsaufnahme kann nie schaden. Wenn Sie genau wissen, wo Sie vor allem auf der finanziellen Ebene stehen, lassen sich die nächsten Monate viel entspannter angehen.

Tipp des Monats:
Auch in ruhigeren Zeiten ist es wichtig, konzentriert bei der Sache zu bleiben!

MAO Hase

Grundtendenz des Monats:
Es ist Zeit, sich zurückzulehnen und eine wohlverdiente Pause zu machen. Mit einer weiteren Schlange kehrt im Mai in allen Bereichen mehr Ruhe ein. Sie haben gerade das Gefühl, dass Sie sich keine Auszeit leisten können? Dann sollten Sie einmal genau hinschauen, woher das kommt. Geht es hier um die eigenen Bedürfnisse oder die Erwartungen, die man von außen an Sie stellt?

Mit zwei Schlangen an Ihrer Seite können Sie den Monat auch durchaus für Fortbildungen oder Kurse zu einem neuen Thema nutzen. Jetzt können Sie deutlich leichter in die Materie einsteigen. Wer weiß, was sich später daraus entwickeln darf.

Liebe, Familie, Freundschaft: Auch in den harmonischsten Beziehungen kann sich zuweilen ein wenig Eifersucht einschleichen. Lassen Sie sich jetzt nicht von anderen Menschen Zweifel an Ihrer Partnerschaft einreden. Sie wissen selbst am besten, wie es um Ihre Liebe steht.

Ein bisschen mehr Disziplin könnte im Alltag sicher nicht schaden, oder? Sie können das zusätzliche Yin-Metall in diesem Monat nutzen, um mehr Zug und Ordnung in die eigenen vier Wände zu bringen. Dabei ist es wichtig, dass wirklich alle ihren Beitrag leisten und die Arbeit am Ende nicht nur an Ihnen hängen bleibt.

Beruf, Finanzen: Das Gras wächst nicht schneller, wenn Sie ständig daran zupfen, lieber Hase. Wenn Sie in den letzten Monaten Ihre Hausaufgaben gemacht haben, gibt es nun wirklich nichts, mit dem Sie den Ausgang der Sache noch irgendwie beeinflussen könnten. Machen Sie sich also bitte keinen unnötigen Stress!

Ein gutes Gefühl allein reicht wirklich nicht aus, um ohne Wenn und Aber in eine neue Sache einzusteigen. Mit Hilfe der beiden Schlangen lassen sich nun die Chancen realistisch einschätzen. Nutzen Sie die relativ ruhige Zeit und machen Sie sich erst einmal richtig schlau, bevor Sie Ihre Komfortzone verlassen.

Tipp des Monats:
Jetzt können sich die Dinge auch ohne Ihr Zutun bewegen. Warten Sie einfach ab.

SHENG Drache

Grundtendenz des Monats:
Eine zweite Schlange begleitet Sie in diesem Monat und schärft den Blick des Drachen in allen Lebenslagen. So fallen Ihnen nun vielleicht Dinge auf, die Sie noch im vergangenen Jahr komplett übersehen haben. Das mag nicht immer ganz angenehm sein - vor allem, wenn Sie sich nun Ihrer eigenen Fehler und Defizite bewusst werden. Letztendlich hilft die Selbsterkenntnis Ihnen aber dabei, derartige Aktionen in der Zukunft zu vermeiden.
Auch der schillernde Drache hat immer noch eine Menge zu lernen. Der Mai ist ein wirklich guter Monat, sein Wissen auszuweiten und sich in wichtigen Bereichen schlau zu machen.

Liebe, Familie, Freundschaft: Wenn im Alltag nun nicht ganz so viel los ist, wäre das eine gute Gelegenheit für den Drachen, mehr in seine innere Welt einzutauchen. Dafür brauchen Sie auf jeden Fall mehr Zeit für sich selbst, was Sie im Vorfeld besser mit Ihren Lieben absprechen, damit es hinterher keinen Ärger gibt.
In der Liebe können immer dann besonders schöne Momente erlebt werden, wenn sich der Drache zurücknimmt und seinen Partner glänzen lässt. So lernen Sie unter Umständen ganz neue Seiten aneinander kennen und die Gefühle füreinander dürfen sich vertiefen.

Beruf, Finanzen: Es läuft nicht schneller, nur weil Sie ständig nachfragen, lieber Drache. Falls Sie in den vergangenen Monaten gut geplant haben, bleibt Ihnen jetzt nur noch, in Ruhe abzuwarten, wie sich die Dinge entwickeln. Ändern können Sie nun ohnehin nichts mehr.
Wenn Sie nicht tiptop informiert sind, halten Sie sich nun besser mit Ihrer Meinung zurück. Sie geben kein professionelles Bild ab, wenn Sie sich äußern, ohne über alle Fakten zu verfügen. Machen Sie deshalb jetzt erst einmal Ihre Hausaufgaben und eignen Sie sich das nötige Fachwissen an. Mit Halbwissen können Sie die Sache nicht weiterbringen und ihr sogar eher schaden.

Tipp des Monats:
Das ist jetzt wirklich der letzte Monat, in dem Sie sich bremsen müssen. Halten Sie durch!

SZE Schlange

Grundtendenz des Monats:
Mit einer weiteren Schlange im Monat können Sie nun so richtig tief in Ihr eigenes Jahr eintauchen. Machen Sie sich noch einmal bewusst, dass 2025 das Jahr sein kann, in dem Sie sich in allen Bereichen wunderbar weiterentwickeln können. Damit das aber auch wirklich passieren kann, sollten Sie nicht einfach nur abwarten, sondern aus Ihrem Versteck herauskommen und aktiv in das Geschehen eingreifen.
Das mag Ihnen in diesem Monat vielleicht noch etwas schwerer fallen als in den vergangenen Wochen, denn die allgemeine Energie fühlt sich im Augenblick ein bisschen träge an. Trotzdem ist es wichtig, dass Sie auch im Mai die Gelegenheiten ergreifen, die sich Ihnen bieten.

Liebe, Familie, Freundschaft: Wenn Sie das Gefühl haben, dass Ihr Gegenüber nicht so richtig auf Ihre Signale reagiert, muss das nicht unbedingt an Ihnen liegen. Geben Sie einander einfach ein bisschen mehr Zeit - in der Liebe sollte man nichts überstürzen.
Mit einer Schlange in der Monats- und Jahresenergie ist der Wunsch nach Aktivitäten jetzt wahrscheinlich nicht besonders ausgeprägt. Das macht überhaupt nichts, denn so bekommen Sie mehr Zeit, sich um Ihre innere Entwicklung zu kümmern oder können sich Dingen widmen, mit denen Partner und Familie vielleicht nicht so viel anfangen können.

Beruf, Finanzen: Sie haben in den letzten Monaten sicher recht viel Zeit damit verbracht, vieles vorzubereiten. Wenn alle diese Arbeiten getan sind, können Sie sich nun ein bisschen mehr entspannen und den Dingen einfach ihren Lauf lassen. Geben Sie der Sache Zeit zu reifen! Auf das Ergebnis haben Sie ab einem gewissen Fortschritt wahrscheinlich keinen Einfluss mehr. Da macht es mehr Sinn, wenn Sie Ihre Energie jetzt auf andere Aufgaben verwenden.
Der Mai ist übrigens ein guter Monat für Fortbildungen. Wie wäre es, jetzt etwas Neues zu lernen?

Tipp des Monats:
Wenn gewisse Etappen geschafft sind, dürfen Sie nun ruhig ein bisschen innehalten.

WU
Pferd

Grundtendenz des Monats:
Eine weitere Schlange begleitet das Pferd im Mai, was bedeutet, dass noch einen weiteren Monat lang Geduld angesagt ist. Das heißt aber keinesfalls, dass Sie zu Untätigkeit verdammt werden, liebes Pferd! Wenn es auf dem eingeschlagenen Pfad gerade nicht weiter geht, gibt Ihnen das vielmehr die Gelegenheit, die Alternativen einmal genauer anzuschauen. Vielleicht finden Sie so eine neue Inspiration, der es sich zu folgen lohnt. Hören Sie einmal mehr auf Ihre innere Stimme, wenn Sie nun vor komplexe Entscheidungen gestellt werden. Verlassen Sie sich aber nicht komplett auf Ihr Gefühl, sondern gehen Sie auf jeden Fall noch einmal alle Fakten genau durch.

Liebe, Familie, Freundschaft: Geben Sie im Mai Ihrem Partner bitte keinen Anlass zur Eifersucht. Mit der doppelten Schlange sind die meisten Menschen jetzt besonders empfindlich und zeigen sich schneller misstrauisch. Da kann es dann schnell passieren, dass aus einer Mücke ein Elefant gemacht wird und der Haussegen schief hängt.
Wer offen und ehrlich miteinander umgeht, hat eine gute Chance, mehr Leben in die Beziehung zu bringen. Auch für eine neu entfachte Leidenschaft stehen die Zeichen in diesen Wochen recht gut.

Beruf, Finanzen: Das Pferd mag nun vielleicht das Gefühl haben, dass es im Jahr der Holz-Schlange bislang noch nicht viel geleistet hat. Machen Sie sich jetzt bitte keinen Druck! Es ist ganz normal, dass die Dinge 2025 langsamer anlaufen als es noch im Jahr zuvor der Fall war. Für oberflächliche Erfolge ist die aktuelle Herrscherin eben kaum zu haben. Ihr ist es wichtiger, dass Ihre Arbeit vor jeder möglichen Anforderung bestehen kann. Das braucht einfach mehr Zeit.
Sie haben ein solides Fundament gelegt für die nächsten Monate? Dann können Sie sich jetzt zurücklehnen und den Dingen einfach Ihren Lauf lassen.

Tipp des Monats:
Ein bisschen mehr Zurückhaltung steht Ihnen wirklich gut.

WEI
Ziege

Grundtendenz des Monats:
Spätestens jetzt ist es an der Zeit, tiefer in die Themen einzusteigen, die Ihnen wichtig sind. Mit einer zweiten Schlange wird im Mai nicht nur der Blick für die Details geschärft, sondern auch das Interesse daran, den Dingen mehr auf den Grund zu gehen. Wenn Sie sich nun ausreichend Zeit nehmen, können Sie sicher wichtige Erkenntnisse gewinnen, die Ihnen auf Ihrem weiteren Weg hilfreich sein können.
Das Wasser-Element ist in diesem Monat nicht sehr präsent, was bedeutet, dass es nun vielleicht zuweilen im Bereich der Kommunikation ein wenig stocken kann. Da ist es nun um so wichtiger, alle Kanäle immer offen zu halten.

Liebe, Familie, Freundschaft: Wer Zweifel an den Gefühlen seines Partners hat, sollte sich zunächst einmal fragen, woher das kommt. Wurde das Misstrauen durch Bemerkungen von Außenstehenden erweckt oder kommt das Ganze aus Ihrem Inneren? Die Schlange neigt leider zuweilen dazu, recht ungefiltert Gerüchte zu verbreiten. Sie sollten deshalb nun wirklich keine vorschnellen Schlüsse ziehen.
Vielleicht mag die Ziege nun mehr Ihre verführerischen Qualitäten ausleben? Überraschen Sie Ihren Partner, in dem Sie sich von einer Seite zeigen, die man so vielleicht noch nicht so oft an Ihnen gesehen hat.

Beruf, Finanzen: Wer in den letzten Monaten die richtigen Weichen gestellt hat, kann jetzt wirklich nichts weiter tun, als abzuwarten. Das Gras wächst nicht schneller, wenn man ihm dabei zusieht. Widmen Sie sich einfach anderen Aufgaben, um die Wartezeit besser zu überbrücken.
Wer schon des längeren seine Optionen im Kopf hin und her schiebt, braucht nun vielleicht einmal eine Pause. Sicher ist es richtig, jeden Schritt genau zu analysieren. Aber irgendwann ist auch mal gut damit! Wenn Sie sich immer noch nicht entscheiden können, lassen Sie die Sache eben einfach etwas ruhen.

Tipp des Monats:
Es mag sich im Außen jetzt nicht viel bewegen. Nutzen Sie die Zeit für Ihre innere Entwicklung!

SUNG
Affe

Grundtendenz des Monats:
Gleich zwei Schlangen begleiten den Affen im Mai. Deshalb dürfte es in diesem Monat vor allem darum gehen, wie Sie nun Ihr Wissen vertiefen können. Nutzen Sie die eher ruhigere Zeit dafür, endlich den interessanten Kurs oder Workshop zu belegen, mit dem Sie schon seit längerem liebäugeln.
Gleichzeitig stellt sich verstärkt die Frage, welche der vielen möglichen Optionen Sie wirklich ergreifen wollen. Es ist wichtig, dass Sie möglichst zügig eine Entscheidung treffen, denn Sie können unmöglich alles auf einmal machen. Vor allem dann nicht, wenn Sie Wert darauf legen, die Sache wirklich rundum in den Griff zu bekommen.
Liebe, Familie, Freundschaft: Die Schlange verfügt durchaus über eine gewisse verführerische Kraft. Das mag der Affe nun vielleicht nutzen, um dem Objekt seiner Zuneigung endlich näher zu kommen. Zu direkt sollten Sie dabei aber bitte nicht werden, denn das könnte die andere Seite verschrecken. Subtile Zeichen werden dagegen nun sicher wahrgenommen.
Die meisten Affen können gut mit Worten überzeugen. Im Mai wollen diese jedoch ganz besonders gut gewählt sein. Schließlich möchten Sie ja Ihren Lieben nicht auf die Füße treten, oder? Überlegen Sie also gut, was Sie sagen und wie Sie sich dabei ausdrücken.
Beruf, Finanzen: Mit hektischer Aktivität ist nun niemandem geholfen. Manche Dinge muss man einfach erst einmal lassen, wie sie sind, auch wenn das dem Affen nicht leicht fällt. Im Jahr der Schlange mögen Ihre Projekte sich langsamer entwickeln, aber gut Ding will 2025 Weile haben. Machen Sie sich nun also bitte nicht verrückt, wenn Sie etwas hinter Ihrem ursprünglichen Zeitplan hinterher hinken.
In diesem Monat sollte der Affe vor allem bei finanziellen Belangen auf die aktuelle Herrscherin hören und bloß nichts überstürzen.
Tipp des Monats:
Auch wenn es Ihnen nicht besonders liegt, Ihre Hände in den Schoß zu legen, sollten Sie jetzt besser langsam machen.

YU
Hahn

Grundtendenz des Monats:
Mit gleich zwei Schlangen an seiner Seite kann der Hahn nun auch tiefer verborgenen Dingen auf den Grund gehen, wenn er das möchte. Auf diese Weise können Sie jetzt vielleicht eine Menge über sich selbst lernen und dieses Wissen dann spätestens im Sommer zu Ihren Gunsten einsetzen.
Sie brauchen noch einige Informationen, um zukünftige Projekten den Start zu bringen? Dann sollten Sie sich jetzt ans Werk machen, lieber Hahn. In diesen Wochen dürften Ihre Recherchen von Erfolg gekrönt sein. Die Schlange ist im Mai besonders gut darin, die richtigen Quellen aufzutun und die richtigen Kontakte zu knüpfen.
Liebe, Familie, Freundschaft: Wenn Sie das Gefühl haben, dass in den eigenen vier Wänden nicht alles so gut läuft, wie es auf den ersten Blick aussieht, sollten Sie der Sache nun wirklich auf den Grund gehen. Am besten setzen Sie sich gemeinsam an einen Tisch und hören einander gut zu. Es können dabei durchaus auch schmerzhafte Wahrheiten zum Vorschein kommen, aber wenn Sie es wollen, kann das der erste Schritt zur Heilung sein.
Zeigt sich nun ein potentieller Partner am Horizont sollten Sie den ersten Kontakt auf keinen Fall aufschieben. Ergreifen Sie die Gelegenheit gleich am Schopfe und werden Sie aktiv!
Beruf, Finanzen: Wenn Sie in den vergangenen Monaten gut geplant haben, sollten die meisten Dinge nun fast wie von selbst laufen. Sie brauchen also wirklich nicht nervös werden. Lehnen Sie sich einfach zurück und warten Sie ab, was passieren wird. Den Ausgang der Sache können Sie auch mit den besten Intentionen wahrscheinlich kaum noch beeinflussen.
Ihr Verhandlungsgeschick darf nun Früchte tragen. Vor allem, wenn Sie Taktgefühl und Diplomatie walten lassen, sollte es gelingen, alle Beteiligten auf Ihre Seite zu bringen, um gemeinsam Großes zu erreichen.
Tipp des Monats:
Wissen ist Macht! Sorgen Sie jetzt dafür, dass Sie bestens informiert sind!

SHIH
Hund

Grundtendenz des Monats:
Mit der Unterstützung von einer Metall-Schlange im Monat können Sie sich jetzt noch besser auf Ihre eigenen Pläne konzentrieren. Dabei geht es in diesen Wochen gar nicht so sehr darum, aktiv an der Umsetzung zu arbeiten. Vielmehr ergibt sich nun die Möglichkeit, noch einmal ganz genau die einzelnen Parameter zu überprüfen und wenn nötig kleinere Richtungskorrekturen einzuplanen.
Ist eine Sache gut geplant, gibt es jetzt keinen Grund, daran zu rütteln. Lehnen Sie sich also entspannt zurück und freuen Sie sich auf das Ergebnis, das sich über kurz oder lang ganz von selbst einstellen wird.

Liebe, Familie, Freundschaft: Ihre Verlässlichkeit ist wirklich legendär, lieber Hund! Aber leider können Sie nicht davon ausgehen, dass das bei Ihren Lieben automatisch genauso ist. Wenn Sie also das Gefühl haben sollten, dass Sie sich nicht richtig auf den Partner oder den Rest der Familie verlassen können, könnte das vielleicht auch daran liegen, dass Sie einfach ein bisschen zu viel erwarten. Trotzdem dürfen Sie die Probleme jetzt gerne ansprechen und schauen, ob man sich nicht irgendwo in der Mitte treffen kann.
Mit der doppelten Schlange kann im Mai in allen persönlichen Beziehungen mehr Leidenschaft ins Spiel kommen. Lassen Sie sich nun nicht zu sehr von Ihren Gefühlen leiten.

Beruf, Finanzen: Abwarten und Tee trinken könnte Ihr Motto in diesem Monat heißen. Nutzen Sie die Zeit, um erst einmal in aller Ruhe das Terrain zu sichern, bevor Sie sich weiter aus der Deckung heraus wagen. Die Energie der Schlange kann Ihnen jetzt dabei helfen, bei genauerer Betrachtung hilfreiche Zusammenhänge zu erkennen.
Speichern Sie Ihre Erkenntnisse gut ab, ohne das Ganze an die große Glocke zu hängen! Wenn Sie im nächsten Monat wieder aktiver unterwegs sind, kann Sie das enorm dabei unterstützen, Ihre Ziele zu erreichen.

Tipp des Monats:
Nun ist eine gute Balance zwischen Herz und Kopf gefragt.

HAN
Schwein

Grundtendenz des Monats:
Auch wenn Ihnen das vielleicht nicht immer behagt, liebes Schwein - im Mai müssen Sie in allen Bereichen Ihres Lebens genauer hinschauen. Eine doppelte Schlange hilft Ihnen jetzt dabei, mehr Details ans Licht zu bringen. Betrachten Sie das Ganze und ziehen Sie dann mit Bedacht Ihre Schlüsse. Dabei geht es jetzt gar nicht unbedingt darum, gleich aktiv zu werden. Vielmehr sollten Sie sich einfach mehr Zeit nehmen, um die Dinge bewusster wahrzunehmen.
Am Ende des Tages können Sie so zum einen sicherstellen, dass Sie nicht unnötig in eine Falle tappen. Zum anderen lassen sich anstehende Entscheidungen mit dem gewonnenen Erkenntnissen viel besser treffen.

Liebe, Familie, Freundschaft: Läuft zu Hause alles rund, gibt es keinen Grund, das zu ändern, auch wenn man Ihnen das nun vielleicht von außen einflüstern will. Machen Sie bitte keine zusätzlichen Baustellen auf, wenn das nicht wirklich nötig ist. Wenn Sie sich wohl fühlen, reicht das im Augenblick vollkommen aus.
Das Schwein ist für sein grenzenloses Vertrauen bekannt, während die Schlange zuweilen dazu neigt, sich misstrauisch zu zeigen. Lassen Sie sich in diesen Wochen nicht von Zweiflern die Stimmung verderben, sondern folgen Sie weiter Ihrem Gefühl.

Beruf, Finanzen: Wer in den vergangenen Wochen eine gute Vorbereitung hingelegt hat, kann sich nun ruhig entspannt zurücklehnen. Mehr können Sie im Augenblick wahrscheinlich ohnehin nicht tun. Machen Sie Ihrer Umgebung klar, dass Sie Ihren Teil der Aufgaben erledigt haben und sich nun getrost anderen Dingen zuwenden können.
Freie Kapazitäten kann das Schwein nun nutzen, um Wissensdefizite aufzuarbeiten oder in neue Themen einzusteigen. Es ist ein guter Zeitpunkt, um sich fortzubilden und intensiver in eine neue oder altbekannte Materie einzusteigen.

Tipp des Monats:
In der Ruhe liegt die Kraft. Lassen Sie sich nun bitte nicht durch neu gewonnene Erkenntnisse aus dem Konzept bringen!

Mai 2025	Jahreskonstellation – Holz Schlange Monatskonstellation – Metall Schlange

1. Metall Pferd	Ratte Büffel Tiger Hase Drache Schlange Pferd Ziege Affe Hahn Hund Schwein **Günstig:** Umziehen, Reisen, Hochzeiten, Empfänge, wichtige Konferenzen. **Ungünstig:** geistige Arbeiten, Gartenarbeit, häusliche Tätigkeiten.
2. Metall Ziege	Ratte Büffel Tiger Hase Drache Schlange Pferd Ziege Affe Hahn Hund Schwein **Günstig:** Versammlungen, gerechte Verteilungen, Hochzeit, Konferenzen, Umzug **Ungünstig:** Gartenarbeit, Dinge zum Abschluss bringen.
3. Wasser Affe	Ratte Büffel Tiger Hase Drache Schlange Pferd Ziege Affe Hahn Hund Schwein **Günstig:** Gartenarbeit, Feiern, Hochzeit, Dinge zum Abschluss bringen. **Ungünstig:** keine Anschuldigungen gegen Dritte erheben.
4. Wasser Hahn	Ratte Büffel Tiger Hase Drache Schlange Pferd Ziege Affe Hahn Hund Schwein **Günstig:** Gartenarbeit, Hochzeit, Dinge zum Abschluss bringen. **Ungünstig:** Umzug, Reisen, Geschäftseröffnung
5. Holz Hund	Ratte Büffel Tiger Hase Drache Schlange Pferd Ziege Affe Hahn Hund Schwein **Günstig:** Gartenarbeit, Hochzeit, Dinge zum Abschluss bringen. **Ungünstig:** Umzug, Reisen, Geschäftseröffnung
6. Holz Schwein	Ratte Büffel Tiger Hase Drache Schlange Pferd Ziege Affe Hahn Hund Schwein **Günstig:** Ausruhen, Meditation, seinen Hobbys nachgehen. **Ungünstig:** wichtige Unternehmungen.
7. Feuer Ratte	Ratte Büffel Tiger Hase Drache Schlange Pferd Ziege Affe Hahn Hund Schwein **Günstig:** Amüsieren, mit Freunden ausgehen, Freizeitaktivitäten **Ungünstig:** geschäftliche Aktivitäten, neue Dinge anfangen.
8. Feuer Büffel	Ratte Büffel Tiger Hase Drache Schlange Pferd Ziege Affe Hahn Hund Schwein **Günstig:** für die meisten Aktivitäten, Geschäftsabschlüsse, Partnerschaft **Ungünstig:** negative Bemerkungen über andere Menschen.
9. Erd Tiger	Ratte Büffel Tiger Hase Drache Schlange Pferd Ziege Affe Hahn Hund Schwein **Günstig:** Handel, Geschäftseröffnungen, Hochzeiten und andere Feste planen. **Ungünstig:** Beerdigungen, Reisen, Arztbesuche.
10. Erd Hase	Ratte Büffel Tiger Hase Drache Schlange Pferd Ziege Affe Hahn Hund Schwein **Günstig:** Handwerkliche Aktivitäten, Handel, Hochzeiten, Reisen **Ungünstig:** Trauerfeiern und Beerdigungen, schwere körperliche Arbeit
11. Metall Drache	Ratte Büffel Tiger Hase Drache Schlange Pferd Ziege Affe Hahn Hund Schwein **Günstig:** Ankündigungen machen, Beerdigungen, Trauerfeiern. **Ungünstig:** Handel, Vergnügungen, Freizeitaktivitäten
12. Metall Schlange	Ratte Büffel Tiger Hase Drache Schlange Pferd Ziege Affe Hahn Hund Schwein **Günstig:** Kleidung schneiden, Handel, Buchhaltung, Ausflüge, neue Dinge beginnen **Ungünstig:** Geschäfte eröffnen, Kraftanstrengungen, Reisen, Ersparnisse ausgeben
13. Wasser Pferd	Ratte Büffel Tiger Hase Drache Schlange Pferd Ziege Affe Hahn Hund Schwein **Günstig:** Putzen, waschen, fasten, seelische und körperliche Pflege, Arztbesuche **Ungünstig:** Ausdauersport, Reisen, Hochzeit.
14. Wasser Ziege	Ratte Büffel Tiger Hase Drache Schlange Pferd Ziege Affe Hahn Hund Schwein **Günstig:** Umziehen, Reisen, Hochzeiten, Empfänge, wichtige Konferenzen. **Ungünstig:** geistige Arbeiten, Gartenarbeit, häusliche Tätigkeiten.
15. Holz Affe	Ratte Büffel Tiger Hase Drache Schlange Pferd Ziege Affe Hahn Hund Schwein **Günstig:** Versammlungen, gerechte Verteilungen, Hochzeit, Konferenzen, Umzug. **Ungünstig:** Gartenarbeit, Dinge zum Abschluss bringen.

Ob ein Tag besonders günstig für Ihr Tierzeichen ist, sehen Sie an folgenden Farben:
Rot = sehr günstig, Grau = günstig, Schwarz = nicht günstig

Jahreskonstellation – Holz Schlange
Monatskonstellation – Metall Schlange

Mai 2025

16. Holz Hahn	Ratte Büffel Tiger Hase Drache Schlange Pferd Ziege Affe Hahn Hund Schwein **Günstig:** Gartenarbeit, Feiern, Hochzeit, Dinge zum Abschluss bringen. **Ungünstig:** keine Anschuldigungen gegen Dritte erheben.
17. Feuer Hund	Ratte Büffel Tiger Hase Drache Schlange Pferd Ziege Affe Hahn Hund Schwein **Günstig:** Gartenarbeit, Hochzeit, Dinge zum Abschluss bringen. **Ungünstig:** Umzug, Reisen, Geschäftseröffnung.
18. Feuer Schwein	Ratte Büffel Tiger Hase Drache Schlange Pferd Ziege Affe Hahn Hund Schwein **Günstig:** Ausruhen, Meditation, seinen Hobbys nachgehen. **Ungünstig:** wichtige Unternehmungen.
19. Erd Ratte	Ratte Büffel Tiger Hase Drache Schlange Pferd Ziege Affe Hahn Hund Schwein **Günstig:** Amüsieren, mit Freunden ausgehen, Freizeitaktivitäten. **Ungünstig:** geschäftliche Aktivitäten, neue Dinge anfangen.
20. Erd Büffel	Ratte Büffel Tiger Hase Drache Schlange Pferd Ziege Affe Hahn Hund Schwein **Günstig:** für die meisten Aktivitäten, Geschäftsabschlüsse, Partnerschaft **Ungünstig:** negative Bemerkungen über andere Menschen.
21. Metall Tiger	Ratte Büffel Tiger Hase Drache Schlange Pferd Ziege Affe Hahn Hund Schwein **Günstig:** Handel, Geschäftseröffnungen, Hochzeiten und andere Feste planen. **Ungünstig:** Beerdigungen, Reisen, Arztbesuche.
22. Metall Hase	Ratte Büffel Tiger Hase Drache Schlange Pferd Ziege Affe Hahn Hund Schwein **Günstig:** Handwerkliche Aktivitäten, Handel, Hochzeiten, Reisen **Ungünstig:** Trauerfeiern und Beerdigungen, schwere körperliche Arbeit
23. Wasser Drache	Ratte Büffel Tiger Hase Drache Schlange Pferd Ziege Affe Hahn Hund Schwein **Günstig:** Ankündigungen machen, Beerdigungen, Trauerfeiern. **Ungünstig:** Handel, Vergnügungen, Freizeitaktivitäten
24. Wasser Schlange	Ratte Büffel Tiger Hase Drache Schlange Pferd Ziege Affe Hahn Hund Schwein **Günstig:** Kleidung schneidern, Handel, Buchhaltung, Ausflüge, neue Dinge beginnen **Ungünstig:** Geschäfte eröffnen, Kraftanstrengungen, Reisen, Ersparnisse ausgeben
25. Holz Pferd	Ratte Büffel Tiger Hase Drache Schlange Pferd Ziege Affe Hahn Hund Schwein **Günstig:** Putzen, waschen, fasten, seelische und körperliche Pflege, Arztbesuche **Ungünstig:** Ausdauersport, Reisen, Hochzeit.
26. Holz Ziege	Ratte Büffel Tiger Hase Drache Schlange Pferd Ziege Affe Hahn Hund Schwein **Günstig:** Umziehen, Reisen, Hochzeiten, Empfänge, wichtige Konferenzen. **Ungünstig:** geistige Arbeiten, Gartenarbeit, häusliche Tätigkeiten.
27. Feuer Affe	Ratte Büffel Tiger Hase Drache Schlange Pferd Ziege Affe Hahn Hund Schwein **Günstig:** Versammlungen, gerechte Verteilungen, Hochzeit, Konferenzen, Umzug **Ungünstig:** Gartenarbeit, Dinge zum Abschluss bringen.
28. Feuer Hahn	Ratte Büffel Tiger Hase Drache Schlange Pferd Ziege Affe Hahn Hund Schwein **Günstig:** Gartenarbeit, Feiern, Hochzeit, Dinge zum Abschluss bringen. **Ungünstig:** keine Anschuldigungen gegen Dritte erheben.
29. Erd Hund	Ratte Büffel Tiger Hase Drache Schlange Pferd Ziege Affe Hahn Hund Schwein **Günstig:** Gartenarbeit, Hochzeit, Dinge zum Abschluss bringen. **Ungünstig:** Umzug, Reisen, Geschäftseröffnung
30. Erd Schwein	Ratte Büffel Tiger Hase Drache Schlange Pferd Ziege Affe Hahn Hund Schwein **Günstig:** Ausruhen, Meditation, seinen Hobbys nachgehen. **Ungünstig:** wichtige Unternehmungen.
31. Metall Ratte	Ratte Büffel Tiger Hase Drache Schlange Pferd Ziege Affe Hahn Hund Schwein **Günstig:** Amüsieren, mit Freunden ausgehen, Freizeitaktivitäten **Ungünstig:** geschäftliche Aktivitäten, neue Dinge anfangen.

TZE
Ratte

Grundtendenz des Monats:
Mit dem Pferd kommt im Juni das Zeichen ins Spiel, das im chinesischen Tierkreis in direkter Opposition zur Ratte steht. Diesmal bringt es jedoch neben seinem Feuer-Element auch einen extra Anteil Wasser mit, sodass der Kontrast für die Ratte nicht ganz so groß sein dürfte. Trotzdem können sich in diesen Wochen einige Konflikte entladen, die schon seit Längerem schwelen.

Wenn Sie sich einer Sache gewachsen fühlen, wäre nun ein guter Zeitpunkt, sie ein für alle Mal aus der Welt zu schaffen. Ist Ihnen das jedoch zu anstrengend, können Sie der Auseinandersetzung auch einfach aus dem Weg gehen. Allerdings wird das Problem so nicht aus der Welt geschafft.

Liebe, Familie, Freundschaft: Ein starkes Wasser-Element stärkt nun die Kommunikation auf allen Ebenen. Sie dürfen also ruhig laut aussprechen, was Ihnen im Kopf herum schwebt. Achten Sie dabei darauf, den richtigen Ton zu treffen! Dann werden Ihre Gedanken auch sicher positiv aufgenommen werden.

Wo Feuer und Wasser aufeinander treffen, kann es in der Beziehung durchaus schon einmal hoch hergehen. Auch hier ist es jetzt wichtig, dass Sie sich nicht zurückziehen oder nachgeben, sondern versuchen, einen gemeinsamen Nenner zu finden. Bewahren Sie dabei einen kühlen Kopf und bleiben Sie sachlich!

Beruf, Finanzen: Überlegen Sie es sich nun gut, wohin Ihre Energie fließen soll. Das Pferd in Kombination mit der Schlange kann Sie in diesem Monat leicht dazu verführen, sich auf unnötige Grabenkämpfe einzulassen. Da bleibt dann unter Umständen nicht mehr genug Energie für die eigentlichen anstehenden Aufgaben.

Wer bislang im Jahr der Schlange Schwierigkeiten hatte, seine Ideen auch wirklich in die Tat umzusetzen, dem fällt es nun unter Umständen leichter, aktiv zu werden. Nutzen Sie den frischen Schwung und machen Sie sich an die Umsetzung!

Tipp des Monats:
Natürlich sollten Sie für Ihre Überzeugungen einstehen - aber nicht um jeden Preis!

KIU
Büffel

Grundtendenz des Monats:
Mit einem energischen Wasser-Pferd geht es im Juni nicht mehr ganz so gemütlich zu wie noch im Monat zuvor. Der starke Kontrast zwischen Feuer und Wasser wird sich für den Büffel wahrscheinlich vor allem auf der zwischenmenschlichen Ebene bemerkbar machen. Von Himmel hoch jauchzend bis zu tief betrübt ist jetzt so ziemlich alles möglich. Das erfordert nicht nur Fingerspitzengefühl im Umgang mit anderen Menschen, sondern auch einen guten Ausgleich für die eigenen Emotionen.

In allen Bereichen wird nun ein größeres Maß an Flexibilität von Ihnen verlangt. Dafür müssen Sie nun vielleicht zuweilen ein wenig von Ihren Gewohnheiten abweichen.

Liebe, Familie, Freundschaft: Wenn die Gefühle hochkochen, werden im Eifer des Gefechts durchaus schon einmal Dinge gesagt, die man hinterher bereut. Man kann sich dann beleidigt zurückziehen - oder man kann darüber hinweg sehen und sich lieber auf wichtigere Dinge konzentrieren.

Der Juni ist für die meisten Tierzeichen ein recht aktiver Monat. Verlagern Sie Ihre Aktivitäten wann immer möglich nach draußen und sorgen Sie für schöne Erlebnisse in der Familie und unter Freunden.

Beruf, Finanzen: Wenn Sie wissen, dass Sie recht haben, müssen Sie sich jetzt wirklich nicht die Butter vom Brot nehmen lassen. Allerdings sollten Sie bei allen Diskussionen auf Ihren Ton achten. Die Holz-Schlange wünscht sich einen respektvollen Umgang miteinander und reagiert verschnupft, wenn man sie zu heftig angeht. Tragen Sie deshalb Ihre Argumente sachlich vor.

Wenn es in Ihrer Arbeitsumgebung nun an der nötigen Struktur mangelt, wird es Zeit, wieder einmal für mehr Ordnung zu sorgen. Nehmen Sie die Sache am besten selbst in die Hand, dann können Sie sich darauf verlassen, dass es ein gutes Ergebnis gibt.

Tipp des Monats:
Ihre Ideale sind nicht verhandelbar! In allen anderen Bereichen dürfen Sie sich etwas flexibler zeigen.

YING
Tiger

Grundtendenz des Monats:
Im Juni sind die aktiven Yang-Kräfte wieder um einiges stärker als noch in den Monaten zuvor. Ein kämpferisches Wasser-Pferd kreuzt nun den Weg des Tigers und weckt seinen Willen, sich für seine Ideale deutlich mehr einzusetzen als noch im letzten Monat. Versuchen Sie, dabei Wege zu finden, die Sie nicht allzu sehr in die Schusslinie von möglichen Kritikern bringen. Dann kommt Ihre Botschaft auf jeden Fall besser an und Sie müssen Ihre Energie nicht unnötig verschwenden.

Das Feuer-Element ist in diesen Wochen für den Tiger sehr präsent. Wenn es draußen wärmer wird, sollten Sie nun besonders auf Herz und Kreislauf achten und sich nicht übernehmen.

Liebe, Familie, Freundschaft: Ein spielerisches messen mit Partner, Freunden und Familie bringt im Juni alle Beteiligten besonders viel Spaß. Nehmen Sie sich dabei nicht zu ernst, lieber Tiger! Hier geht es wirklich nur darum, gemeinsam etwas zu erleben.

Wer noch immer auf der Suche nach einem Partner ist, fühlt sich nun vielleicht noch ein bisschen einsamer als sonst. Sie können einfach Abhilfe schaffen, indem Sie aktiver werden. Vielleicht treffen Sie Ihre große Liebe bei einer Sportveranstaltung, einem Konzert oder auch einfach bei einem Getränk in Ihrer Lieblingskneipe.

Beruf, Finanzen: Wenn die Dinge nicht so laufen, wie sie das Ihrer Meinung nach sollten, dürfen Sie nun ruhig auch einmal ein Machtwort sprechen. Das mag für Ihre Umgebung erst einmal unangenehm sein, aber so weiß wenigstens jeder gleich, woran er ist. Die Schlange hilft gerne dabei, die aktuelle Situation zu analysieren und ein präzises Programm für das weitere Vorgehen zu entwickeln. So wird Ihr Projekt schnell wieder auf die richtige Spur gebracht.

Auch wenn scheinbar vieles rund läuft, kann es nun nicht schaden, die Planung für die nächsten Monate noch einmal zu optimieren.

Tipp des Monats:
Mit Ehrgeiz allein lässt sich nun kein Blumentopf gewinnen. Zeigen Sie vollen Einsatz!

MAO
Hase

Grundtendenz des Monats:
Nach einem recht ruhigen Monat kommt nun wieder mehr Leben in die Bude. Das liegt vor allem an einem aktiven Wasser-Pferd, dass sich in der Regel dann kämpferisch zeigt, wenn es darum geht, die eigenen Ideale zu verteidigen. Auch wenn dem Hasen Auseinandersetzungen nicht behagen, muss er sich im Juni wohl vehementer für seine Ideen einsetzen. Bereiten Sie sich gut vor, dann sind Sie jeder Diskussion spielend gewachsen.

Ein recht starkes Feuer-Element sorgt in diesen Wochen dafür, dass Sie Ihre Kreativität besser schöpferisch ausleben können. So können Sie sicher einige schöne Dinge erschaffen und sich selbst und andere gut motivieren.

Liebe, Familie, Freundschaft: Auch wenn Sie es lieber harmonisch haben, tut übertriebene Rücksichtnahme niemandem gut. Man merkt es Ihnen einfach an, wenn Sie Ihrem Partner oder Ihrer Familie zuliebe auf bestimmte Dinge verzichten, die Ihnen eigentlich wichtig wären. Unterschwellig schwingt Ihre Enttäuschung mit und kann das Zusammenleben auf beiden Seiten belasten. Es wäre deshalb wirklich besser, wenn Sie mehr für Ihre Bedürfnisse kämpfen.

Wenn Sie neue Freunde oder gar einen neuen Partner finden wollen, macht es keinen Sinn, die meiste Zeit in der Stube zu hocken. Gehen Sie raus und machen Sie den ersten Kontakt.

Beruf, Finanzen: Es ist schön, wenn Sie mit Hilfe der Schlange Missstände besser erkennen und sehen, wo es bei der Arbeit klemmt. Es wäre allerdings noch schöner, wenn Sie dann auch an den richtigen Stellen den Mund aufmachen. Ansonsten bleibt alles, wie es ist. Es mag Ihnen nicht leicht fallen, Kritik zu üben. Das ist aber der einzige Weg, konstruktiv etwas zu verändern.

Haben Sie das Gefühl, dass einige Ihrer Aufgaben nicht viel praktischen Nutzen haben? Warum halten Sie sich dann weiter damit auf?

Tipp des Monats:
Mit Konfliktscheue kommen Sie jetzt nicht weiter. Manchmal muss man sich streiten, damit man zu einem guten Ergebnis kommen kann.

SHENG Drache

Grundtendenz des Monats:
Mit einem dynamischen Wasser-Pferd bekommt der Drache im Juni Gesellschaft, die so richtig nach seinem Geschmack sein dürfte. Im Gegensatz zur Schlange ist das Pferd ein echter Macher, so dass es nun nicht allzu schwer sein dürfte, das Gelernte aus den letzten Monaten sinnvoll und erfolgreich umzusetzen. Wenn es in einigen Bereichen noch zusätzlicher Überzeugungskraft bedarf, sollte das für den wortgewandten Drachen jetzt kein Problem sein.
Der Drache ist in der Regel schnell zu begeistern. Das sollte Sie nun aber bitte nicht dazu verleiten, vorschnell Zusagen zu machen, die Sie eventuell nicht einhalten können.
Liebe, Familie, Freundschaft: Vermeiden Sie jetzt unnötigen Streit in der Familie und unter Freunden. Wenn es nicht wirklich wichtig ist, darf der Drache ruhig einmal nachgeben. Ansonsten verschwenden Sie Ihre Energie für unnütze Dinge, die Sie anderswo in diesen Wochen sicher besser gebrauchen können.
Wenn Sie nun jemand Neues kennenlernen sollten, wäre es gut, sich so authentisch und ehrlich wie möglich zu zeigen. Sie haben Ihre Werte und sollten dazu stehen - vor allem, wenn es darum geht, sich dauerhaft zu binden .
Beruf, Finanzen:. Es ist wichtig, im Juni flexibel zu bleiben. Vielleicht müssen Sie sogar ein bisschen improvisieren, um dem gewünschten Ergebnis näher zu kommen. Darauf sollten Sie sich aber bitte nur einlassen, wenn Sie wirklich über alle nötigen Informationen verfügen. Die aktuelle Jahresherrscherin könnte Ihnen ansonsten einen Strich durch die Rechnung machen.
Es geht in diesen Wochen weniger darum, einfach nur zu gewinnen, auch wenn sich das im ersten Moment für den Drachen so anfühlen mag. Vielmehr ist es wichtig, eine vernünftige und klare Position zu vertreten und diese auch dann zu verteidigen, wenn es ordentlich Gegenwind gibt.
Tipp des Monats:
Lassen Sie sich nicht von Dingen beeinflussen, die mit Ihnen wenig zu tun haben, sondern verlassen Sie sich auf die Fakten.

SZE Schlange

Grundtendenz des Monats:
Im Juni herrscht mit dem kämpferischen Wasser-Pferd eine deutlich aktivere Energie als noch im Monat zuvor. Das mag der introvertierten Schlange auf den ersten Blick vielleicht nicht ganz so sehr behagen. Bei genauerer Betrachtung werden Sie aber feststellen, dass Sie sich mit Hilfe des Pferdes in vielen Bereichen besser durchsetzen können.
Es ist nun ein guter Augenblick, um sich über die eigenen Werte und Ideale klar zu werden. Bringen Sie dann auch den Mut auf, diese ehrlich und deutlich nach außen zu vertreten. Das mag Ihnen ein bisschen Gegenwind bescheren - aber damit sollten Sie gut leben können.
Liebe, Familie, Freundschaft: Das Thema Gleichberechtigung kann in der Partnerschaft nun durchaus mehrfach aufkommen. Es ist wichtig, dass beide Seiten zu ihrem Recht kommen und das Sie gemeinsam ein gutes Gleichgewicht zwischen geben und nehmen finden.
Wenn Sie das Gefühl haben, dass man in Ihrer persönlichen Umgebung Intrigen schmiedet, sollten Sie sich daran auf keinen Fall beteiligen. Jeder Mensch verdient es, ohne Vorurteile betrachtet zu werden. Sich mit anderer Leute Angelegenheiten zu befassen, die Sie selbst nicht betreffen, ist wirklich reine Zeitverschwendung.
Beruf, Finanzen: Möglichen Auseinandersetzungen sollten Sie nun auf keinen Fall aus dem Weg gehen. Stellen Sie einfach sicher, dass Sie sich auf die gewohnte Weise gut vorbereitet haben. Dann sollte es kein Problem sein, in der Diskussion die Oberhand zu behalten und die eigenen Vorstellungen am Ende durchzusetzen.
In diesen Wochen ist es eine besonders gute Idee, realistisch einzuschätzen, ob sich der Einsatz wirklich lohnt. Schauen Sie sich nun das Zahlenwerk ruhig etwas genauer an und berücksichtigen Sie dabei nicht nur Ihren finanziellen, sondern auch Ihren zeitlichen Aufwand.
Tipp des Monats:
Wenn Sie wissen, was Sie wollen, müssen Sie nun wirklich nicht länger zögern. Werden Sie aktiv und setzen Sie Ihre Pläne in die Tat um!

WU Pferd

Grundtendenz des Monats:
Mit einem weiteren Pferd an Ihrer Seite dürfen Sie sich in diesen Wochen ruhig ein bisschen kämpferischer zeigen. Vor allem, wenn es darum geht, die eigenen Ideale zu verteidigen, sollten Sie im Juni ganz klar und deutlich Ihre Position vertreten. Man kann sich in vielen Bereichen kompromissbereit zeigen, aber Ihre persönlichen Werte sollten wirklich nicht verhandelbar sein.
Mit der zusätzlichen Yang-Energie im Gepäck möchte sich nun so manches Pferd vielleicht ein bisschen mehr austoben. Da das wahrscheinlich auf der beruflichen Ebene gerade nicht so gut möglich ist, müssen Sie sich eben entsprechende Freizeitaktivitäten suchen.

Liebe, Familie, Freundschaft: Ein starkes Feuer-Element kann in diesem Monat auf der privaten Ebene für Unruhe sorgen. Das kann dazu führen, dass Sie es nun häufiger auf einen Streit anlegen, als es eigentlich nötig wäre. Bitte bleiben Sie Partner, Familie und Freunden gegenüber fair - vor allem, wenn diese nicht der Grund für Ihren Unmut sind.
Das Erd-Element ist diesen Monat nicht besonders gut ausgeprägt, wodurch sich nun beim Pferd zuweilen Gefühle der Unsicherheit breit machen könnten. Sprechen Sie mit Ihrem Partner offen darüber, wie Sie sich fühlen. Dann lassen sich mögliche Zweifel sicher zerstreuen.

Beruf, Finanzen: Auch auf der beruflichen Ebene kann es nun verstärkt zu Diskussionen kommen. Bevor Sie auf ein Thema einsteigen, sollten Sie bitte gut abwägen, ob das Ganze Ihre Energie wert ist. Falls das der Fall ist, machen Sie sich bitte schlau, bevor Sie in den Ring steigen. Die Holz-Schlange duldet keine schlechte Vorbereitung.
Ihre Ungeduld ist im Juni wieder deutlicher spürbar. Trotzdem wäre es nun falsch, den zweiten Schritt vor dem ersten zu machen. Sie halten sich wirklich besser an die Regeln, die die aktuelle Regentin vorgibt.

Tipp des Monats:
Regen Sie sich nicht über Dinge auf, die Sie ohnehin nicht ändern können!

WEI Ziege

Grundtendenz des Monats:
Mit einem dynamischen Pferd an seiner Seite kann die Ziege im Juni wieder deutlich mehr bewegen. Allerdings geht es dabei jetzt vielleicht nicht immer hundertprozentig harmonisch zu. Stellen Sie sich deshalb am besten gleich darauf ein, dass Sie für Ihre Projekte mehr kämpfen müssen als noch in den Monaten zuvor. Dafür wird Ihr Einsatz nun auch deutlich mehr gesehen und belohnt.
Das Gleichgewicht zwischen yin und yang will in diesem Monat in allen Bereichen gelebt werden, denn Pferd und Ziege verkörpern die beiden Seiten. Es ist an Ihnen, herauszufinden, wann welcher Aspekt mehr Aufmerksamkeit braucht.

Liebe, Familie, Freundschaft: Wenn Sie gemeinsam an einem Strang ziehen, können Sie jetzt mit Ihrem Herzenspartner einige wichtige Schritte in eine neue Richtung wagen. Achten Sie darauf, das beide Seiten ehrlich ihre Ansichten teilen können und Sie wirklich zusammen entscheiden.
Ist die Stimmung in den eigenen vier Wänden zuweilen ein bisschen angespannt, liegt das sicher auch am kämpferischen Wasser-Pferd. Das sorgt in diesem Monat nämlich unter anderem dafür, dass man Auseinandersetzungen offen austrägt, anstatt seine Meinung um des lieben Friedens Willen einfach herunter zu schlucken.

Beruf, Finanzen: Entscheidungen wollen nun getroffen werden, auch wenn das bedeutet, dass man dafür einige nicht ganz so angenehme Diskussionen austragen muss. Ziehen Sie sich also bitte nicht zurück, wenn es am Verhandlungstisch etwas heißer hergeht. Ihre Meinung ist wichtig und will gehört werden.
Wenn Sie eine klare Vorstellung davon haben, wie sich die Dinge in Ihrem Arbeitsumfeld entwickeln sollten, sollten Sie jetzt wirklich versuchen, diese umzusetzen. Natürlich ist das Feedback von Kollegen oder Kunden wichtig. Sie sollten sich aber nicht komplett davon beeinflussen lassen.

Tipp des Monats:
Pragmatismus darf sich nun mit Ihrem guten Gespür mischen. So finden Sie sicher einen Weg, der perfekt auf Sie zugeschnitten ist.

SUNG
Affe

Grundtendenz des Monats:
Nach den letzten beiden eher ruhigen Monaten darf sich der Affe im Juni freuen, dass endlich wieder mehr los ist. Mit dem aktiven Wasser-Pferd an Ihrer Seite wird es Ihnen jetzt bestimmt nicht langweilig. Das zusätzliche Yang sorgt dafür, dass Sie nun wieder deutlich aktiver sein dürfen und Ihre persönlichen Freiheiten mehr genießen können.

Man kann dem Affen wirklich nicht vorwerfen, dass er nicht flexibel genug ist. Gerade in diesem Monat können Sie Ihre Anpassungsfähigkeit immer dann unter Beweis stellen, wenn es darum geht, zu bestimmten Themen einen gewissen Konsens zu finden.

Liebe, Familie, Freundschaft: Sorgen Sie bei aller Aktivität unbedingt dafür, dass Sie genug Erdung haben, lieber Affe. Ohne ein wenig Stabilität dürfte es Ihnen schwer fallen, eine Struktur in den Alltag zu bringen. Zu viel Chaos tut weder Ihnen noch Ihrem Partner oder dem Rest der Familie gut und kann das Zusammenleben in diesen Wochen erschweren.

In der Liebe ist es mit den Kompromissen so eine Sache. In manchen Dingen kann der Affe sich sicher anpassen, andere sind einfach nicht verhandelbar. Wenn man Sie nun dazu auffordert, Ihre Ideale über Bord zu werfen, sollten Sie sich ernsthaft fragen, ob das die Sache wirklich wert ist.

Beruf, Finanzen: Manchen Diskussionen kann man einfach auf Dauer nicht aus dem Weg gehen. In diesem Monat können Sie sich recht gut der Auseinandersetzung stellen, solange Sie nicht unvorbereitet in das Gespräch gehen. Stellen Sie sicher, dass Sie wirklich alle wichtigen Fakten zusammengetragen haben, dann kann sich die Entscheidung in die für Sie richtige Richtung bewegen.

Generell ist der Juni ein guter Monat, Probleme aktiv anzugehen, die man bisher allzu bereitwillig auf die lange Bank geschoben hat.

Tipp des Monats:
Impulsive Entscheidungen haben nun wahrscheinlich keinen Bestand. Was Sie tun, sollte wirklich Hand und Fuss haben.

YU
Hahn

Grundtendenz des Monats:
Nachdem die letzten Wochen wahrscheinlich mehr der Innenschau gewidmet waren, geht es im Juni mit dem aktiven Pferd für den Hahn wieder mehr darum, die Dinge ans Laufen zu bringen. Das geht unter Umständen nicht immer ganz reibungslos und erfordert zuweilen ein etwas autoritäreres Auftreten von Ihrer Seite.

Das stabilisierende Erd-Element ist in diesem Monat recht schwach, was bedeuten kann, dass Sie mehr dafür tun müssen, um Ihre Position zu festigen. Dabei geht es vor allem darum, dass Sie ein gutes Fundament für zukünftige Aktivitäten legen. Mit der analytischen Holz-Schlange an Ihrer Seite dürfte das für Sie jetzt aber kein Problem sein.

Liebe, Familie, Freundschaft: Vielleicht haben Sie das Gefühl, dass Sie sich in genug Situationen flexibel gezeigt haben und jetzt wirklich nicht schon wieder nachgeben wollen. Am besten sprechen Sie das Ihrem Partner gegenüber direkt an und stellen klar, dass es einfach Dinge in der Beziehung gibt, bei denen Sie keine Kompromisse machen wollen.

Gemeinsame Aktivitäten sollten sich im Juni draußen abspielen, wenn das Wetter es zulässt. Sorgen Sie dafür, dass sich vor allem die jüngeren Familienmitglieder so richtig austoben können, dann herrscht auch keine schlechte Laune.

Beruf, Finanzen: Es geht in diesem Monat nicht darum, dass Sie immer recht behalten müssen, lieber Hahn. Fahren Sie besser einen pragmatischen Ansatz und wägen sorgfältig ab, ob die Sache eine Auseinandersetzung wert ist. Falls das nicht der Fall ist, ziehen Sie sich rechtzeitig aus der Diskussion zurück. Sie können Ihre Energie für andere Dinge sicher besser gebrauchen.

Manche Entscheidungen mögen sich Ihnen nun nicht auf den ersten Blick erschließen. Machen Sie sich bitte die Mühe, der Sache auf den Grund zu gehen, bevor Sie ein abschließendes Urteil fällen.

Tipp des Monats:
Auseinandersetzungen sind nicht immer vermeidbar. Jetzt sollten Sie aber wirklich einen guten Grund haben, wenn Sie sich streiten.

SHIH
Hund

Grundtendenz des Monats:
Mit dem Pferd an seiner Seite kann der Hund im Juni selbstbewusst seine Pläne verfolgen. Sollte Ihnen eine gewisse Opposition entgegen gebracht werden, muss Sie das nicht weiter stören. Sie müssen nicht jedem gefallen!
Die gute Portion Yang Wasser, die das Pferd in diesen Wochen mitbringt, sorgt dafür, dass wichtige Entscheidungen nun leichter getroffen werden können. Dabei geht es aber nicht darum, einfach nur stur den eigenen Willen durchzusetzen. Sie können viel mehr profitieren, wenn Sie sorgfältig argumentieren. Langfristig ist es immer besser, wenn es gelingt, alle Beteiligten mit ins Boot zu holen.
Liebe, Familie, Freundschaft: Das Feuer-Element ist in diesem Monat wirklich gut vertreten. Das kann es dem Hund deutlich leichter machen, neue Kontakte zu knüpfen und mehr aus sich heraus zu gehen. Vielleicht lassen sich so neue wertvolle Freunde gewinnen oder Sie können sich sogar auf der romantischen Ebene neu verbinden.
Gewisse Streitereien mit Ihren Lieben lassen sich jetzt wahrscheinlich nicht vermeiden. Anstatt sich über Kleinigkeiten aufzuregen, sollten Sie Ihre Energie besser für die tieferen Konflikte aufsparen. Deren Ausgang ist, neben dem gemeinsame Zusammenleben, viel wichtiger für Sie.
Beruf, Finanzen: Mit der Schlange an Ihrer Seite sollten Sie nun gut vorbereitet in wichtige Besprechungen gehen. Machen Sie nicht den Fehler, sich zu sehr auf altes Wissen zu verlassen, sondern nehmen Sie sich die Zeit, auch aktuellere Informationen miteinzubeziehen. So können Sie unangenehme Überraschungen vermeiden und stellen sicher, dass Sie alle Fragen beantworten können.
Bei finanziellen Entscheidungen sollten Sie sich jetzt nicht zu sehr von außen beeinflussen lassen, sondern sich lieber auf Ihre innere Werteskala besinnen. Im Grunde wissen Sie ganz genau, wie viel Risiko Sie eingehen wollen.
Tipp des Monats:
Eine gewisse Flexibilität kann nun nicht schaden, auch wenn Ihnen das nicht immer ganz leicht fällt.

HAN
Schwein

Grundtendenz des Monats:
Ein dynamisches Wasser-Pferd begleitet den Monat und nimmt garantiert kein Blatt vor den Mund, wenn ihm etwas missfällt. Vielleicht können Sie seine Energie nun dazu nutzen, in bestimmten Situationen den Mund aufzumachen, anstatt Ihren Ärger herunter zu schlucken. Wenn Sie klarstellen, dass Sie es nicht persönlich meinen, herrscht nach einem kurzen Gewitter schnell wieder auf beiden Seiten Sonnenschein.
Ein gutes Gleichgewicht zwischen yin und yang ist in diesen Wochen vielleicht nicht immer leicht zu finden für das Schwein. Übertreiben Sie es nun bitte nicht mit Ihren Aktivitäten.
Liebe, Familie, Freundschaft: Wenn es Ihnen in diesen Wochen ein bisschen an Stabilität fehlt, kann das unter Umständen auch daran liegen, dass das Erd-Element jetzt dringend eine Stärkung gebrauchen kann. Am besten dürfte Ihnen das gelingen, wenn Sie mehr Zeit mit den Menschen verbringen, in dessen Gegenwart Sie sich sicher und geborgen fühlen.
Manchmal gibt es Situationen, in denen auch das entspannte Schwein deutlich Kritik austeilen muss. Das mögen Partner, Familie und Freunde vielleicht nicht wirklich von Ihnen gewohnt sein. Aber für Ihr emotionales Gleichgewicht ist es unverzichtbar, klare Worte zu benutzen.
Beruf, Finanzen: Ohne eine gute Vorbereitung läuft im Jahr der Holz-Schlange gar nichts. Das sollte das Schwein mittlerweile gelernt haben. Lassen Sie sich deshalb jetzt im Juni nicht hetzen, wenn man schnellere Ergebnisse von Ihnen fordert. Sobald Sie die Sache erfolgreich abgeschlossen haben, kräht kein Hahn mehr danach, wie lange Sie dafür gebraucht haben.
Wenn man nun versucht, Sie in eine Auseinandersetzung hineinzuziehen, die im Grunde nichts mit Ihnen zu tun hat, dürfen Sie dankend ablehnen. Warum sollten Sie Ihr gutes Verhältnis mit den Kollegen für einen Kampf aufs Spiel setzen, der nicht der Ihre ist.
Tipp des Monats:
Wer ein gutes Resultat will, muss dafür jetzt mehr Zeit investieren!

Juni 2025	Jahreskonstellation – Holz Schlange Monatskonstellation – Wasser Pferd

1. Metall Büffel	Ratte Büffel Tiger Hase Drache Schlange Pferd Ziege Affe Hahn Hund Schwein **Günstig:** für die meisten Aktivitäten, Geschäftsabschlüsse, Partnerschaft **Ungünstig:** negative Bemerkungen über andere Menschen.
2. Wasser Tiger	Ratte Büffel Tiger Hase Drache Schlange Pferd Ziege Affe Hahn Hund Schwein **Günstig:** Handel, Geschäftseröffnungen, Hochzeiten und andere Feste planen. **Ungünstig:** Beerdigungen, Reisen, Arztbesuche.
3. Wasser Hase	Ratte Büffel Tiger Hase Drache Schlange Pferd Ziege Affe Hahn Hund Schwein **Günstig:** Handwerkliche Aktivitäten, Handel, Hochzeiten, Reisen **Ungünstig:** Trauerfeiern und Beerdigungen, schwere körperliche Arbeit
4. Holz Drache	Ratte Büffel Tiger Hase Drache Schlange Pferd Ziege Affe Hahn Hund Schwein **Günstig:** Ankündigungen machen, Beerdigungen, Trauerfeiern. **Ungünstig:** Handel, Vergnügungen, Freizeitaktivitäten
5. Holz Schlange	Ratte Büffel Tiger Hase Drache Schlange Pferd Ziege Affe Hahn Hund Schwein **Günstig:** Ankündigungen machen, Beerdigungen, Trauerfeiern. **Ungünstig:** Handel, Vergnügungen, Freizeitaktivitäten
6. Feuer Pferd	Ratte Büffel Tiger Hase Drache Schlange Pferd Ziege Affe Hahn Hund Schwein **Günstig:** Kleidung schneidern, Handel, Buchhaltung, Ausflüge, neue Dinge beginnen **Ungünstig:** Geschäfte eröffnen, Kraftanstrengungen, Reisen, Ersparnisse ausgeben
7. Feuer Ziege	Ratte Büffel Tiger Hase Drache Schlange Pferd Ziege Affe Hahn Hund Schwein **Günstig:** Putzen, waschen, fasten, seelische und körperliche Pflege, Arztbesuche **Ungünstig:** Ausdauersport, Reisen, Hochzeit.
8. Erd Affe	Ratte Büffel Tiger Hase Drache Schlange Pferd Ziege Affe Hahn Hund Schwein **Günstig:** Umziehen, Reisen, Hochzeiten, Empfänge, wichtige Konferenzen. **Ungünstig:** geistige Arbeiten, Gartenarbeit, häusliche Tätigkeiten.
9. Erd Hahn	Ratte Büffel Tiger Hase Drache Schlange Pferd Ziege Affe Hahn Hund Schwein **Günstig:** Versammlungen, gerechte Verteilungen, Hochzeit, Konferenzen, Umzug **Ungünstig:** Gartenarbeit, Dinge zum Abschluss bringen.
10. Metall Hund	Ratte Büffel Tiger Hase Drache Schlange Pferd Ziege Affe Hahn Hund Schwein **Günstig:** Gartenarbeit, Feiern, Hochzeit, Dinge zum Abschluss bringen. **Ungünstig:** keine Anschuldigungen gegen Dritte erheben.
11. Metall Schwein	Ratte Büffel Tiger Hase Drache Schlange Pferd Ziege Affe Hahn Hund Schwein **Günstig:** Gartenarbeit, Hochzeit, Dinge zum Abschluss bringen. **Ungünstig:** Umzug, Reisen, Geschäftseröffnung
12. Wasser Ratte	Ratte Büffel Tiger Hase Drache Schlange Pferd Ziege Affe Hahn Hund Schwein **Günstig:** Ausruhen, Meditation, seinen Hobbys nachgehen. **Ungünstig:** wichtige Unternehmungen
13. Wasser Büffel	Ratte Büffel Tiger Hase Drache Schlange Pferd Ziege Affe Hahn Hund Schwein **Günstig:** Amüsieren, mit Freunden ausgehen, Freizeitaktivitäten **Ungünstig:** geschäftliche Aktivitäten, neue Dinge anfangen.
14. Holz Tiger	Ratte Büffel Tiger Hase Drache Schlange Pferd Ziege Affe Hahn Hund Schwein **Günstig:** für die meisten Aktivitäten, Geschäftsabschlüsse, Partnerschaft **Ungünstig:** negative Bemerkungen über andere Menschen.
15. Holz Hase	Ratte Büffel Tiger Hase Drache Schlange Pferd Ziege Affe Hahn Hund Schwein **Günstig:** Handel, Geschäftseröffnungen, Hochzeiten und andere Feste planen. **Ungünstig:** Beerdigungen, Reisen, Arztbesuche.

Ob ein Tag besonders günstig für Ihr Tierzeichen ist, sehen Sie an folgenden Farben:
Rot = sehr günstig, Grau = günstig, Schwarz = nicht günstig

Jahreskonstellation – Holz Schlange Monatskonstellation – Wasser Pferd	Juni 2025

16. Feuer Drache	Ratte Büffel Tiger Hase Drache Schlange Pferd Ziege Affe Hahn Hund Schwein **Günstig:** Handwerkliche Aktivitäten, Handel, Hochzeiten, Reisen. **Ungünstig:** Trauerfeiern und Beerdigungen, schwere körperliche Arbeit.
17. Feuer Schlange	Ratte Büffel Tiger Hase Drache Schlange Pferd Ziege Affe Hahn Hund Schwein **Günstig:** Ankündigungen machen, Beerdigungen, Trauerfeiern. **Ungünstig:** Handel, Vergnügungen, Freizeitaktivitäten.
18. Erd Pferd	Ratte Büffel Tiger Hase Drache Schlange Pferd Ziege Affe Hahn Hund Schwein **Günstig:** Kleidung schneidern, Handel, Buchhaltung, Ausflüge, neue Dinge beginnen **Ungünstig:** Geschäfte eröffnen, Kraftanstrengungen, Reisen, Ersparnisse ausgeben
19. Erd Ziege	Ratte Büffel Tiger Hase Drache Schlange Pferd Ziege Affe Hahn Hund Schwein **Günstig:** Putzen, waschen, fasten, seelische und körperliche Pflege, Arztbesuche. **Ungünstig:** Ausdauersport, Reisen, Hochzeit.
20. Metall Affe	Ratte Büffel Tiger Hase Drache Schlange Pferd Ziege Affe Hahn Hund Schwein **Günstig:** Umziehen, Reisen, Hochzeiten, Empfänge, wichtige Konferenzen. **Ungünstig:** geistige Arbeiten, Gartenarbeit, häusliche Tätigkeiten.
21. Metall Hahn	Ratte Büffel Tiger Hase Drache Schlange Pferd Ziege Affe Hahn Hund Schwein **Günstig:** Versammlungen, gerechte Verteilungen, Hochzeit, Konferenzen, Umzug **Ungünstig:** Gartenarbeit, Dinge zum Abschluss bringen.
22. Wasser Hund	Ratte Büffel Tiger Hase Drache Schlange Pferd Ziege Affe Hahn Hund Schwein **Günstig:** Gartenarbeit, Feiern, Hochzeit, Dinge zum Abschluss bringen. **Ungünstig:** keine Anschuldigungen gegen Dritte erheben.
23. Wasser Schwein	Ratte Büffel Tiger Hase Drache Schlange Pferd Ziege Affe Hahn Hund Schwein **Günstig:** Gartenarbeit, Hochzeit, Dinge zum Abschluss bringen. **Ungünstig:** Umzug, Reisen, Geschäftseröffnung
24. Holz Ratte	Ratte Büffel Tiger Hase Drache Schlange Pferd Ziege Affe Hahn Hund Schwein **Günstig:** Ausruhen, Meditation, seinen Hobbys nachgehen. **Ungünstig:** wichtige Unternehmungen.
25. Holz Büffel	Ratte Büffel Tiger Hase Drache Schlange Pferd Ziege Affe Hahn Hund Schwein **Günstig:** Amüsieren, mit Freunden ausgehen, Freizeitaktivitäten **Ungünstig:** geschäftliche Aktivitäten, neue Dinge anfangen.
26. Feuer Tiger	Ratte Büffel Tiger Hase Drache Schlange Pferd Ziege Affe Hahn Hund Schwein **Günstig:** für die meisten Aktivitäten, Geschäftsabschlüsse, Partnerschaft **Ungünstig:** negative Bemerkungen über andere Menschen.
27. Feuer Hase	Ratte Büffel Tiger Hase Drache Schlange Pferd Ziege Affe Hahn Hund Schwein **Günstig:** Handel, Geschäftseröffnungen, Hochzeiten und andere Feste planen. **Ungünstig:** Beerdigungen, Reisen, Arztbesuche.
28. Erd Drache	Ratte Büffel Tiger Hase Drache Schlange Pferd Ziege Affe Hahn Hund Schwein **Günstig:** Handwerkliche Aktivitäten, Handel, Hochzeiten, Reisen **Ungünstig:** Trauerfeiern und Beerdigungen, schwere körperliche Arbeit
29. Erd Schlange	Ratte Büffel Tiger Hase Drache Schlange Pferd Ziege Affe Hahn Hund Schwein **Günstig:** Ankündigungen machen, Beerdigungen, Trauerfeiern. **Ungünstig:** Handel, Vergnügungen, Freizeitaktivitäten
30. Metall Pferd	Ratte Büffel Tiger Hase Drache Schlange Pferd Ziege Affe Hahn Hund Schwein **Günstig:** Kleidung schneidern, Handel, Buchhaltung, Ausflüge, neue Dinge beginnen **Ungünstig:** Geschäfte eröffnen, Kraftanstrengungen, Reisen, Ersparnisse ausgeben

TZE
Ratte

Grundtendenz des Monats:
Wem es in den letzten Wochen ein wenig zu laut zugegangen ist, der darf sich nun wieder auf entspanntere Verhältnisse einstellen. Mit der sanften Wasser-Ziege kommt nun eine Energie ins Spiel, die mehr auf Harmonie setzt als das Pferd im Monat zuvor. Für die Ratte bedeutet das unter anderem, dass es deutlich weniger Reibung gibt - sowohl auf der privaten als auch auf der geschäftlichen Ebene.

Wenn Sie bislang bei der Stange geblieben sind, sollten Sie das Ganze wirklich durchziehen. Das Gröbste ist definitiv geschafft. Da wäre es doch wirklich schade, wenn Sie auf den letzten Metern hinschmeißen.

Liebe, Familie, Freundschaft:
Besonders auf der privaten Ebene mag die Ratte nun nicht alleine sein. Wer keine Familie oder keinen Partner hat, könnte sich nun zum Beispiel wieder mehr mit seinen Freunden treffen. Unternehmen Sie etwas mit den Menschen, die Ihnen wichtig sind!

Wenn Sie auf der anderen Seite nun aber auch das Gefühl haben, dass Sie mehr Zeit für sich brauchen, liegt das vielleicht am Yin-Wasser, das die Ziege im Juli mitbringt. Sicher ist es möglich, sich trotz zahlreicher Aktivitäten kleine Oasen für die eigenen Bedürfnisse zu schaffen. Wichtig ist lediglich, dass Sie das gut kommunizieren.

Beruf, Finanzen: Schließen Sie sich nun mit anderen zusammen, um gemeinsam das gewünschte Ziel zu erreichen. Auch wenn die aktuelle Jahresherrscherin eher eine Einzelgängerin ist, heißt das nicht, dass ihre Untertanen das genauso handhaben müssen. Mit der Ziege wird in diesen Wochen der Teamgeist ganz groß geschrieben.

Der unangenehme Kleinkram muss im Jahr der Schlange genauso erledigt werden wie sonst auch. Man erwartet von Ihnen jetzt, dass Sie gewissenhaft Ihre Aufgaben erledigen, auch wenn sie Ihnen nicht besonders gut schmecken.

Tipp des Monats:
Nehmen Sie sich Zeit für Ihre spirituelle Seite - gerade mit der Schlange lässt sich dieser Bereich wunderbar vertiefen.

KIU
Büffel

Grundtendenz des Monats:
Mit der sanften Wasser-Ziege tritt im Juli ein Tierzeichen auf den Plan, das auf den ersten Blick mit dem Büffel in Opposition steht. Sicher könnten diese beiden Zeichen kaum unterschiedlicher sein, aber im Inneren eint sie ein starkes Bedürfnis, die Menschen zu schützen, die ihnen am Herzen liegen. Das kann in diesen Wochen dazu führen, dass es vermehrt darum geht, sich sozial zu engagieren und persönliche Projekte etwas in den Hintergrund treten.

Auch mitten in der Menge kann sich der Büffel zuweilen ein wenig einsam fühlen. Ist das nun der Fall, sollten Sie vielleicht mehr die Gesellschaft von Gleichgesinnten suchen.

Liebe, Familie, Freundschaft: Sanfte Worte finden nun deutlich mehr Gehör als strikte Vorschriften. Das gilt vor allem im Umgang mit jüngeren Familienmitgliedern, die auf Ihre Hilfe angewiesen sind, lieber Büffel. Überlegen Sie sich sich also bitte genau, wie Sie Ihre Erfahrung am besten vermitteln können.

Mit der Ziege im Monat geht es auf der partnerschaftlichen Ebene immer auch um die gegenseitige Unterstützung. Vielleicht ist es nun nötig, doch etwas tiefer in das Thema einzutauchen und gemeinsam herauszufinden, was der Andere wirklich braucht.

Beruf, Finanzen: Wenn im Außen mehr los ist, ist es um so wichtiger, im Inneren Ordnung zu halten. Dabei kann die Ziege in diesem Monat sicher helfen, denn sie ist bekannt für ihr methodisches Vorgehen. Wer also jetzt seinen Arbeitsplatz reorganisieren will, ist mit der Unterstützung von Ziege und Schlange in den besten Händen.

Sie müssen nicht immer alles selber machen, sondern dürfen ruhig auch einmal delegieren. Wenn Sie eine Aufgabe abgegeben haben, sollten Sie das Ganze aber auch wirklich loslassen und die andere Seite machen lassen. Vertrauen Sie darauf, dass das Ergebnis gut wird!

Tipp des Monats:
Mitgefühl zu zeigen, ist keine Schwäche. Finden Sie den richtigen Weg für sich, wie Sie jetzt Gutes tun können.

YING
Tiger

Grundtendenz des Monats:
Es mag in diesem Monat nicht immer ganz einfach sein, sich in die eigene Höhle zurückzuziehen, wenn der Tiger eine Auszeit braucht. Dafür werden Sie im Juli einfach an zu vielen Stellen gleichzeitig gebraucht. Wenn Sie trotzdem Ihre Batterien aufladen wollen, müssen Sie das nun wohl oder übel mehr auf der geistigen Ebene tun und versuchen, kleine Pausen mitten im Trubel zu nehmen. Das ist sicher nicht das, was Sie gewohnt sind, aber immer noch besser als nichts. Mit der Wasser-Ziege rückt das Thema Spiritualität jetzt noch einmal mehr ins Zentrum der Aufmerksamkeit. Vielleicht mag der Tiger in dem Bereich nun doch etwas tiefer einsteigen?

Liebe, Familie, Freundschaft: Familie und Freunde möchte wirklich mehr Zeit mit Ihnen verbringen. Jetzt im Juli sollten Sie deshalb wirklich schauen, ob Sie nicht mehr Platz für gemeinsame Aktivitäten in Ihrem Terminplan finden. Im Monat der Ziege geht es immer auch darum, sich mehr um die Menschen zu kümmern, die einem wichtig sind.

Die Kunst der Diplomatie kann in diesem Monat immer dann gefordert sein, wenn es darum geht, langfristige Pläne zu machen. Auch wenn der Tiger am liebsten einfach gleich die Führung übernehmen würde, wäre es für alle Beteiligten besser, wenn Sie in gewissen Dingen auch einmal das Heft aus der Hand legen.

Beruf, Finanzen: Ziege und Schlange sind durchaus eine gute Kombination, wenn es darum geht, für mehr Ordnung zu sorgen. Wenn Ihr Schreibtisch also im Augenblick eher chaotisch aussieht, wäre nun ein guter Zeitpunkt aufzuräumen. Wer weiß, vielleicht finden sich dabei noch einige Informationen, die Sie eigentlich schon abgeschrieben hatten.

Im Gegensatz zum letzten Monat kann es nun Sinn machen, Kritik erst einmal für sich zu behalten und zu schauen, ob und wie Sie selbst die Situation entschärfen können.

Tipp des Monats:
Üben Sie sich in den leisen Tönen! Sie stehen Ihnen gut zu Gesicht.

MAO
Hase

Grundtendenz des Monats:
Hat sich der Hase mit dem Pferd an seiner Seite in den letzten vier Wochen vielleicht ein bisschen angespannt gefühlt, dann darf er nun aufatmen. Die Wasser-Ziege ist eindeutig friedliebender als ihr Vorgänger und bricht sicher so leicht keinen Streit vom Zaun. So geht es im Juli für Sie wieder mehr darum, Ihre sanften Seiten zu zeigen.

Soziale Kontakte lassen sich jetzt besonders gut pflegen und mehr Aktivitäten in der Gruppe stehen auf dem Plan. Es sollte Ihnen deshalb nicht schwer fallen, wieder mehr in die Menge einzutauchen und weniger aufzufallen.

Liebe, Familie, Freundschaft: Wenn Sie nun mehr Zeit für sich brauchen, ist es vielleicht nicht ganz einfach, sich aktiv aus dem Geschehen zurückzuziehen. Lernen Sie am besten, sich im Alltag kleine Oasen zu schaffen, in denen Sie Energie tanken und innere Stärke gewinnen können.

Die Erwartungen an den Hasen können durchaus groß sein. Das bedeutet aber nicht, dass Sie diesen Ansprüchen immer gerecht werden müssen. Am Ende des Tages haben weder Ihre Eltern, noch Ihr Partner, noch Ihre Freunde das Recht, über Sie zu urteilen. Wichtig ist lediglich, dass Sie sich selbst gerecht werden und zu dem stehen, was sich für Sie richtig anfühlt.

Beruf, Finanzen: Im Team geht die Arbeit nun deutlich besser voran, wenn wirklich alle an einem Strang ziehen. Um das zu erreichen, muss der Hase vielleicht die Vermittlerrolle einnehmen. Mit Ihrem diplomatischen Geschick sollte es gelingen, dass am Ende alle mit Begeisterung die Sache unterstützen.

Sie haben ein so gutes Gespür dafür, was die richtigen Schritte für Sie sind. Hinzu kommt, dass Sie die Jahresregentin in Ihren Fähigkeiten bestärkt und Ihnen hilft, Ihr Gefühl mit Fakten zu bestätigen. Was hindert Sie also daran, entschlossen loszulegen?

Tipp des Monats:
Sie sind Ihres Glückes Schmied. Verlassen Sie sich nicht darauf, dass es jemand anderes schon richten wird!

SHENG Drache

Grundtendenz des Monats:
Gerade noch hat der Drache mit der Dynamik des Pferdes ordentlich Schwung in sein Leben bringen können. Kaum wird der Monat von der Ziege begleitet, wird das Tempo wieder etwas gedrosselt. Das muss allerdings keine schlechte Nachricht sein, denn so haben Sie nun die Gelegenheit, die angestoßenen Aktionen noch einmal in Ruhe anzuschauen, bevor Sie dann ab nächsten Monat die nächsten Schritte wagen.
Ungeduld bringt Sie generell im Jahr der Schlange nicht weiter. Ihre innere Unruhe bekommen Sie vielleicht deutlich besser in den Griff, wenn Sie sich einfach einmal tiefer auf gewissen Dinge einlassen.
Liebe, Familie, Freundschaft: Der Juli ist definitiv kein Monat, um alleine zu Hause zu hocken. Mischen Sie sich also nun ruhig verstärkt unters Volk und nehmen Sie Ihre Lieben mit auf Ihre Ausflüge. Der Ziege ist es sehr wichtig, dass Familie und Partner in diesen Wochen genug Aufmerksamkeit bekommen. Wer auf der Suche nach einer neuen Liebe ist, darf natürlich auch gerne alleine losziehen...
Das Thema Spiritualität wird im Juli sicher noch einmal mehr in den Vordergrund treten. Schließlich bringt die Ziege einen guten Anteil Yin-Wasser mit und auch für die Jahresregentin ist das Thema sehr wichtig. Finden Sie nun liebe Menschen, mit denen Sie sich austauschen können.
Beruf, Finanzen: Im Team lassen sich Ihre Projekte nun wirklich besser voran bringen. Vor allem dann, wenn es gelingt, alle Beteiligten wirklich nach ihren Fähigkeiten einzusetzen, kommen Sie wirklich gut vom Platz. Mal ganz abgesehen davon, dass auch die Stimmung besser ist, wenn jeder das tun darf, was er am besten kann.
Mehr Ordnung kann dem Drachen im Juli nicht schaden. Da das strukturierende Metall-Element in diesem Jahr nicht immer gut vertreten ist, ist es um so wichtiger, dass Sie sich ein wenig besser organisieren.
Tipp des Monats:
Gemeinsam sind Sie stark! Suchen Sie sich nun die richtigen Verbündeten für Ihre Projekte!

SZE Schlange

Grundtendenz des Monats:
Viele Schlangen haben eine introvertierte Ader und brauchen viel Zeit für sich selbst. Im Juli wird es aber vielleicht nicht so einfach möglich sein, sich zurückzuziehen, wann immer Sie das nötig haben. Die Wasser-Ziege kann Ihnen in diesen Wochen dabei helfen, Strategien für Auszeiten zu entwickeln, ohne dass Sie sich dafür „offiziell“ abmelden müssen.
Mit dem zusätzlichen Yin-Wasser können Sie darüber hinaus noch tiefer in das Thema Spiritualität einsteigen. Wenn Sie also schon länger das Bedürfnis hatten, in diesem Bereich mehr zu erfahren, ist nun ein wirklich guter Zeitpunkt, die Sache anzugehen.
Liebe, Familie, Freundschaft: Manchmal ist es einfach nötig, dass man sich mehr um die Familie kümmert. Die Ziege mahnt Sie nun dazu an, sich Ihren Lieben gegenüber noch hilfsbereiter und mitfühlender zu zeigen. Dabei geht es nicht nur darum, bei alltäglichen Dingen helfend die Hand zu reichen. Viel wichtiger ist, dass Sie sich nun mehr Zeit zum zuhören nehmen und emotionalen Beistand in schwierigen Situationen leisten.
In der Partnerschaft darf die Schlange nun verstärkt ihre sanften und zärtlichen Seiten zeigen. Überlassen Sie ruhig Ihrem Partner immer dann die Führung, wenn Sie das Gefühl haben, dass Sie jetzt vor allem eine Schulter zum anlehnen brauchen.
Beruf, Finanzen: Wer wie die Schlange mit einem tiefen Wissen ausgestattet ist, muss nicht immer den klassischen Weg einschlagen, um die Lösung für ein Problem zu finden. Vielleicht hilft es jetzt, einfach einmal mehr „um die Ecke zu denken“. Wer sich so gut auskennt wie Sie, kann sicher so auch neue Ansätze auf den Tisch bringen.
Damit Sie nun alles schaffen können, was Sie sich vorgenommen haben, wäre es sicher keine schlechte Idee, Allianzen zu bilden. So kann man die Arbeitslast gleichmäßig auf mehrere Schultern verteilen.
Tipp des Monats:
Stärke zeigen oder zu den eigenen Schwächen stehen? Beides hat nun seine Zeit.

> Kleine Hitze / große Hitze < Juli

WU
Pferd

Grundtendenz des Monats:
Mit der Kombination aus Ziege und Schlange dürften sich die Gemüter im Juli wieder ein bisschen mehr beruhigen, denn nun kann sich eine mitfühlende Energie breit machen. Das kann auch dem Pferd dabei helfen, sich nun in vielen Situationen kompromissbereiter zu zeigen. Gerade auf der emotionalen Ebene können Sie in diesen Wochen punkten, wenn Sie aktiv nach einer Lösung suchen, die für alle akzeptabel ist.
Yin-Wasser hat die Ziege diesmal mit im Gepäck. Es macht deshalb wahrscheinlich nicht viel Sinn, wenn Sie jetzt Ihre Aktivitäten verstärken wollen. Konzentrieren Sie sich lieber auf die gedankliche Vorbereitung. Ab dem nächsten Monat können Sie wieder mehr Gas geben.

Liebe, Familie, Freundschaft: Nur weil Sie selbst ein starkes Bedürfnis nach Unabhängigkeit haben, können Sie nicht voraussetzen, dass das bei Ihren Lieben auch so ist. Gerade in diesen Wochen wollen Partner, Eltern oder auch der eigenen Nachwuchs vielleicht einfach, dass Sie sich mehr kümmern. Es fällt Ihnen sicher kein Zacken aus der Krone, wenn Sie diesem Wunsch nachkommen.
Pferd und Ziege stehen im Chinesischen Horoskop für das männliche und das weibliche Prinzip. Wenn beide Seiten nun zu Ihrem Recht kommen, stehen Ihnen harmonische Zeiten in der Partnerschaft bevor.

Beruf, Finanzen: Das starke Feuer, das sich in diesen Wochen aus der Kombination von Schlange, Ziege und Pferd ergibt, können Sie produktiv einsetzen, indem Sie Ihre Umgebung mit Ihren Plänen begeistern und zur Mitarbeit motivieren. Gemeinsam lässt sich einfach so viel mehr erreichen. Es kann nun nicht schaden, für ein bisschen mehr Ordnung an Ihrem Arbeitsplatz zu sorgen. In den nächsten beiden Monaten kommen Sie wahrscheinlich weniger dazu. Sie wollen doch dann nicht wertvolle Zeit verlieren, weil Sie jetzt keine Lust hatten aufzuräumen?

Tipp des Monats:
Für ein gemeinsames Ziel zu kämpfen, kann nicht nur auf der emotionalen Ebene sehr befriedigend sein.

WEI
Ziege

Grundtendenz des Monats:
Die kreativen Kräfte sind im Juli für die Ziege besonders aktiv. Sie dürfen also in diesen Wochen getrost mehr Zeit damit verbringen, Ihr schöpferisches Potential auszuleben. Ob Sie dabei selbst aktiv werden oder sich mehr von den schönen Künsten inspirieren lassen, bleibt Ihnen allein überlassen. Wichtig ist allein, dass Sie sich kleine Auszeiten inmitten des Alltagstrubels schaffen.
Ab und an wird jede Ziege einmal von Zweifeln geplagt. Tue ich das Richtige? Was denken die Menschen in meinem Umfeld über meinen Weg? Mit Hilfe der Schlange können Sie sich wirklich mehr auf Ihr Gefühl verlassen. Die Anerkennung von außen kommt dann fast automatisch.

Liebe, Familie, Freundschaft: In der Regel liebt es die Ziege, viel Zeit mit der Familie zu verbringen. Allerdings heißt das nicht, dass Sie sich dabei immer um alles kümmern will. Wenn man das in diesen Wochen einmal wieder von Ihnen erwartet, dürfen Sie sich ruhig ein bisschen wehren und die Aufgaben gerechter verteilen. Machen Sie allen klar, dass alle am meisten davon haben, wenn man gemeinsam im Team arbeitet.
Eine zweite Ziege sorgt jetzt im Juli für den nötigen Tiefgang in der Partnerschaft. Intensive Gespräche können geführt werden und Gefühle dürfen sich verstärken.

Beruf, Finanzen: Eine gewisse Ordnung ist am Arbeitsplatz sicher nötig, liebe Ziege. Man kann sich allerdings auch überorganisieren. Das kann in diesen Wochen leicht dazu führen, dass Sie mehr Zeit damit verbringen, Ihren Schreibtisch aufzuräumen als dass Sie sich mit Ihren Projekten beschäftigen. Sicher kann Ihnen die äußere Ordnung helfen, mehr Klarheit auch im Inneren zu bekommen. Irgendwann haben Sie die Sache aber wirklich genug durchdacht. Wenn Sie nicht bald ins Tun kommen, werden Sie nie fertig!

Tipp des Monats:
So sehr Sie die Zusammenarbeit mit anderen Menschen schätzen - wenn Sie nun mehr Zeit für sich brauchen, ziehen Sie sich einfach ein bisschen zurück.

SUNG
Affe

Grundtendenz des Monats:
Mit der methodischen Ziege auf der einen und der analytischen Jahresherrscherin auf der anderen Seite kann der Affe in diesem Monat wunderbar für Ordnung sorgen. Dabei muss er diese Aufgabe nicht alleine angehen, denn es gibt nun genug Unterstützung von vertrauten Menschen. Sie sind nicht verpflichtet, die Hilfe anzunehmen. Es würde aber wahrscheinlich Ihre Aufgabe um einiges erleichtern.
Das einzige Mal im Jahr der Schlange sind für den Affen alle fünf Elemente präsent. Das kann sich nicht nur auf das emotionale, sondern auch auf das körperliche und geistige Gleichgewicht sehr positiv auswirken.
Liebe, Familie, Freundschaft: Eine Reise nach Innen würde dem Affen jetzt gut tun. Allerdings kann es sein, dass Ihre Familie mit diesem Bedürfnis erst einmal recht wenig anfangen kann. Schließlich ist man von Ihnen gewohnt, dass Sie fast immer aktiv sind! Lassen Sie sich trotzdem nicht davon abbringen, denn so kommen Sie nun vielleicht Ihrer Bestimmung auf die Spur.
Wenn die Ziege im Chinesischen Tierkreis auftaucht, geht es für den Affen auch darum, sich mehr zu kümmern. Das bedeutet nicht, dass Sie Ihren Lieben nun die Dinge abnehmen sollen, von denen Sie denken, dass Sie sie einfach besser oder schneller erledigen können. Sie dürfen der anderen Seite ruhig mehr zutrauen.
Beruf, Finanzen: Gehören Sie auch zu den Affen, die unter Druck zu Hochform auflaufen? Dann haben Sie vielleicht jetzt das Gefühl, dass Sie bislang im Jahr der Schlange noch nicht richtig gefordert wurden. Trotzdem sollten Sie im Juli lieber noch nicht Vollgas geben, denn in diesen Wochen geht es mit der sanften Ziege an Ihrer Seite eher darum, bestehende Seilschaften zu stärken und sich Zeit zu nehmen, um die eigenen Batterien aufzuladen.
Sie können wunderbar überzeugend sein, wenn Sie wollen. Setzen Sie diese Fähigkeit nun ruhig auch mal für andere ein.
Tipp des Monats:
Kleine Pausen können im größten Trubel helfen, den Fokus zu bewahren.

YU
Hahn

Grundtendenz des Monats:
Den meisten Hähnen gefällt es recht gut, im Licht der Öffentlichkeit zu stehen. In diesem Monat geht es aber überhaupt nicht darum, sich zu zeigen. Ganz im Gegenteil - die Ziege, die den Juli begleitet, fühlt sich im Schutz der Herde am wohlsten. Da auch die Schlange nicht zu den extrovertierten Tierzeichen gehört, ist nun keine gute Zeit für einen großen Auftritt. Wenn so etwas geplant war, sollten Sie das Ganze lieber noch ein oder zwei Monate verschieben.
Mit der gebührenden Zurückhaltung können Sie von der günstigen Grundenergie des Monats nur profitieren. Jetzt vereinen sich für den Hahn nämlich alle fünf Elemente zu einem harmonischen Ganzen.
Liebe, Familie, Freundschaft: Braucht die Familie nun mehr Aufmerksamkeit, dürfen Sie das wirklich nicht ignorieren. Wahrscheinlich sind nun weniger pragmatische Lösungen gefragt, sondern einfach nur ein mitfühlender Zuhörer. Das können Sie doch sicher für Ihre Lieben leisten, oder?
Das Yin-Wasser, welches die Ziege im Juli mitbringt, lädt auch den Hahn dazu ein, mehr in sich zu gehen. Für Ihre persönliche Entwicklung kann diese Zeit mit sich selbst einen großen Schritt bedeuten. Machen Sie das bitte Ihrem Partner klar, wenn dieser sich nun vielleicht wundert, warum Sie sich etwas mehr zurückziehen.
Beruf, Finanzen: Teamarbeit gehört für viele Hähne nicht unbedingt zu den Highlights am Arbeitsplatz. Wenn Sie genau wissen, was zu tun ist und welches Ergebnis Sie erreichen wollen, machen Sie die Sache eben einfach lieber selber. Das könnte jetzt aber unter Umständen nicht so gut ankommen und Ihnen als Arroganz ausgelegt werden. Um das zu vermeiden, sollten Sie sich besser dem Gedanken öffnen, mit anderen Menschen gemeinsam auf das Ziel hinzuarbeiten.
Mit sanften Worten und wohl überlegten Argumenten können Sie nun am besten überzeugen.
Tipp des Monats:
In diesem Monat können Sie sich wirklich gut von anderen inspirieren lassen. Halten Sie Ausschau nach einem positiven Beispiel!

> Kleine Hitze / große Hitze < Juli

SHIH
Hund

Grundtendenz des Monats:

Nach den ersten Monaten unter der Herrschaft der Holz-Schlange mag sich nun so mancher Hund fragen, inwiefern er bereits von der aktuellen Regentin profitieren konnte. Die Ergebnisse sind in diesem Jahr nicht so offensichtlich wie 2024, weshalb es vielleicht nicht ganz einfach ist, ein positives erstes Resümee zu ziehen - zumal sich die Dinge im Juli besonders träge zu entwickeln scheinen.

Das liegt sicher auch an der Wasser-Ziege, die in diesen Wochen mehr zur Innenschau aufruft und ansonsten recht wenig Aktivität zu bieten hat. Am besten konzentrieren Sie sich deshalb jetzt besser auf Ihre innere Entwicklung. Hier können jetzt wirkliche Fortschritte gemacht werden.

Liebe, Familie, Freundschaft: In der Gesellschaft seiner Lieben fühlt sich der Hund in diesem Monat besonders wohl. Dabei ist es nun gar nicht wichtig, dass man gemeinsam etwas unternimmt. Es geht viel mehr darum, dass man sich gegenseitig das Gefühl gibt, wenn nötig füreinander da zu sein.

Es mag sein, dass ältere oder jüngere Familienmitglieder jetzt ein bisschen mehr Aufmerksamkeit brauchen als sonst. Wenn im Außen gerade nicht viel los ist, können Sie Ihre Zeit getrost dafür nutzen, an den Stellen zu unterstützen, an denen Sie gebraucht werden.

Beruf, Finanzen: Wenn Sie in diesen Wochen Zeit erübrigen können, sollten Sie diese zum ausmisten nutzen. Es kann nie schaden, am Arbeitsplatz für Ordnung zu sorgen. Archivieren Sie nun alte Projekte und trennen Sie sich von allen Dingen, die Ihnen nicht weiterhelfen, sondern nur unnötigen Platz auf dem Schreibtisch belegen. Das fühlt sich nicht nur richtig gut an, sondern schafft auch genug freie Kapazitäten, die Sie in den beiden kommenden Monaten gut gebrauchen können.

Sie dürfen ruhig nein sagen, wenn Kollegen oder Kunden Sie zu Aktivitäten überreden wollen.

Tipp des Monats:

Finden Sie einen guten Rückzugsort, an dem Sie sich mit Themen beschäftigen können, die Ihre eigene Entwicklung voranbringen!

HAN
Schwein

Grundtendenz des Monats:

Vielleicht ist nun der richtige Augenblick für das Schwein, eine Auszeit zu nehmen. Mit der Wasser-Ziege rückt nämlich die innere Welt mehr ins Zentrum der Aufmerksamkeit. Wenn Sie sich dem wirklich widmen wollen, müssen Sie sich aus dem Trubel zurückziehen. Das mag vielleicht im Alltag nicht immer ganz einfach sein. Mit der nötigen Planung sollte es Ihnen aber gelingen, einen ruhigen Platz für Ihren Rückzug zu finden und die Reise zu sich selbst zu starten.

Das Wohl der Allgemeinheit spielt in diesen Wochen sicher eine größere Rolle als zuvor. Das bedeutet nun aber nicht, dass Sie dafür Ihre eigenen Pläne komplett opfern sollten.

Liebe, Familie, Freundschaft: Mit der Ziege im Monat bekommen nun familiäre Angelegenheiten wahrscheinlich mehr Gewicht. Das kann bedeuten, dass Sie Ihre Prioritäten im Juli ein bisschen in diese Richtung verschieben dürfen. Das könnte jetzt organisatorisch durchaus eine Herausforderung für Sie werden, denn das strukturierende Metall-Element ist in diesen Wochen nicht sehr präsent.

Sollten noch einige Konflikte aus dem vergangenen Monat nicht beigelegt sein, ist es nun sicher einfacher, die richtigen Worte zu finden, um alle Seiten zu beschwichtigen. Versuchen Sie dabei, möglichst neutral zu bleiben.

Beruf, Finanzen: Sollte in diesen Wochen noch mehr Überzeugungsarbeit nötig sein, dürfen Sie ruhig auch an die Gefühle appellieren und Ihr Gegenüber nicht nur mit Fakten, sondern auch Emotionen mitnehmen. Es ist wichtig, sich jetzt die passenden Mitstreiter zu suchen, mit denen Sie auf einer Wellenlänge sind. Gemeinsam kann man einfach mehr erreichen.

Eine gewisse Methodik kann am Arbeitsplatz nie schaden. Sie kann Ihnen in diesen Wochen einiges an Aufwand ersparen und schnellere Ergebnisse garantieren.

Tipp des Monats:

Spüren Sie gut in sich hinein! So stellen Sie sicher, dass Sie sich nicht auf Dinge einlassen, die nicht zu Ihnen passen.

Juli 2025	Jahreskonstellation – Holz Schlange Monatskonstellation – Wasser Ziege/Schaf
1. Metall Ziege	Ratte Büffel Tiger Hase Drache Schlange Pferd Ziege Affe Hahn Hund Schwein **Günstig:** Putzen, waschen, fasten, seelische und körperliche Pflege, Arztbesuche **Ungünstig:** Ausdauersport, Reisen, Hochzeit.
2. Wasser Affe	Ratte Büffel Tiger Hase Drache Schlange Pferd Ziege Affe Hahn Hund Schwein **Günstig:** Umziehen, Reisen, Hochzeiten, Empfänge, wichtige Konferenzen. **Ungünstig:** geistige Arbeiten, Gartenarbeit, häusliche Tätigkeiten.
3. Wasser Hahn	Ratte Büffel Tiger Hase Drache Schlange Pferd Ziege Affe Hahn Hund Schwein **Günstig:** Versammlungen, gerechte Verteilungen, Hochzeit, Konferenzen, Umzug **Ungünstig:** Gartenarbeit, Dinge zum Abschluss bringen.
4. Holz Hund	Ratte Büffel Tiger Hase Drache Schlange Pferd Ziege Affe Hahn Hund Schwein **Günstig:** Gartenarbeit, Feiern, Hochzeit, Dinge zum Abschluss bringen. **Ungünstig:** keine Anschuldigungen gegen Dritte erheben.
5. Holz Schwein	Ratte Büffel Tiger Hase Drache Schlange Pferd Ziege Affe Hahn Hund Schwein **Günstig:** Gartenarbeit, Hochzeit, Dinge zum Abschluss bringen. **Ungünstig:** Umzug, Reisen, Geschäftseröffnung
6. Feuer Ratte	Ratte Büffel Tiger Hase Drache Schlange Pferd Ziege Affe Hahn Hund Schwein **Günstig:** Ausruhen, Meditation, seinen Hobbys nachgehen. **Ungünstig:** wichtige Unternehmungen.
7. Feuer Büffel	Ratte Büffel Tiger Hase Drache Schlange Pferd Ziege Affe Hahn Hund Schwein **Günstig:** Ausruhen, Meditation, seinen Hobbys nachgehen. **Ungünstig:** wichtige Unternehmungen.
8. Erd Tiger	Ratte Büffel Tiger Hase Drache Schlange Pferd Ziege Affe Hahn Hund Schwein **Günstig:** Amüsieren, mit Freunden ausgehen, Freizeitaktivitäten **Ungünstig:** geschäftliche Aktivitäten, neue Dinge anfangen.
9. Erd Hase	Ratte Büffel Tiger Hase Drache Schlange Pferd Ziege Affe Hahn Hund Schwein **Günstig:** für die meisten Aktivitäten, Geschäftsabschlüsse, Partnerschaft **Ungünstig:** negative Bemerkungen über andere Menschen.
10. Metall Drache	Ratte Büffel Tiger Hase Drache Schlange Pferd Ziege Affe Hahn Hund Schwein **Günstig:** Handel, Geschäftseröffnungen, Hochzeiten und andere Feste planen. **Ungünstig:** Beerdigungen, Reisen, Arztbesuche.
11. Metall Schlange	Ratte Büffel Tiger Hase Drache Schlange Pferd Ziege Affe Hahn Hund Schwein **Günstig:** Handwerkliche Aktivitäten, Handel, Hochzeiten, Reisen **Ungünstig:** Trauerfeiern und Beerdigungen, schwere körperliche Arbeit
12. Wasser Pferd	Ratte Büffel Tiger Hase Drache Schlange Pferd Ziege Affe Hahn Hund Schwein **Günstig:** Ankündigungen machen, Beerdigungen, Trauerfeiern. **Ungünstig:** Handel, Vergnügungen, Freizeitaktivitäten
13. Wasser Ziege	Ratte Büffel Tiger Hase Drache Schlange Pferd Ziege Affe Hahn Hund Schwein **Günstig:** Kleidung schneiden, Handel, Buchhaltung, Ausflüge, neue Dinge beginnen **Ungünstig:** Geschäfte eröffnen, Kraftanstrengungen, Reisen, Ersparnisse ausgeben
14. Holz Affe	Ratte Büffel Tiger Hase Drache Schlange Pferd Ziege Affe Hahn Hund Schwein **Günstig:** Putzen, waschen, fasten, seelische und körperliche Pflege, Arztbesuche **Ungünstig:** Ausdauersport, Reisen, Hochzeit.
15. Holz Hahn	Ratte Büffel Tiger Hase Drache Schlange Pferd Ziege Affe Hahn Hund Schwein **Günstig:** Umziehen, Reisen, Hochzeiten, Empfänge, wichtige Konferenzen. **Ungünstig:** geistige Arbeiten, Gartenarbeit, häusliche Tätigkeiten.

Ob ein Tag besonders günstig für Ihr Tierzeichen ist, sehen Sie an folgenden Farben:
Rot = sehr günstig, Grau = günstig, Schwarz = nicht günstig

16. Feuer Hund	Ratte Büffel Tiger Hase Drache Schlange Pferd Ziege Affe Hahn Hund Schwein **Günstig:** Versammlungen, gerechte Verteilungen, Hochzeit, Konferenzen, Umzug. **Ungünstig:** Gartenarbeit, Dinge zum Abschluss bringen.
17. Feuer Schwein	Ratte Büffel Tiger Hase Drache Schlange Pferd Ziege Affe Hahn Hund Schwein **Günstig:** Gartenarbeit, Feiern, Hochzeit, Dinge zum Abschluss bringen. **Ungünstig:** keine Anschuldigungen gegen Dritte erheben.
18. Erd Ratte	Ratte Büffel Tiger Hase Drache Schlange Pferd Ziege Affe Hahn Hund Schwein **Günstig:** Gartenarbeit, Hochzeit, Dinge zum Abschluss bringen. **Ungünstig:** Umzug, Reisen, Geschäftseröffnung.
19. Erd Büffel	Ratte Büffel Tiger Hase Drache Schlange Pferd Ziege Affe Hahn Hund Schwein **Günstig:** Handwerkliche Aktivitäten, Handel, Hochzeiten, Reisen **Ungünstig:** Trauerfeiern und Beerdigungen, schwere körperliche Arbeit
20. Metall Tiger	Ratte Büffel Tiger Hase Drache Schlange Pferd Ziege Affe Hahn Hund Schwein **Günstig:** Amüsieren, mit Freunden ausgehen, Freizeitaktivitäten. **Ungünstig:** geschäftliche Aktivitäten, neue Dinge anfangen.
21. Metall Hase	Ratte Büffel Tiger Hase Drache Schlange Pferd Ziege Affe Hahn Hund Schwein **Günstig:** für die meisten Aktivitäten, Geschäftsabschlüsse, Partnerschaft **Ungünstig:** negative Bemerkungen über andere Menschen.
22. Wasser Drache	Ratte Büffel Tiger Hase Drache Schlange Pferd Ziege Affe Hahn Hund Schwein **Günstig:** Handel, Geschäftseröffnungen, Hochzeiten und andere Feste planen. **Ungünstig:** Beerdigungen, Reisen, Arztbesuche.
23. Wasser Schlange	Ratte Büffel Tiger Hase Drache Schlange Pferd Ziege Affe Hahn Hund Schwein **Günstig:** Handwerkliche Aktivitäten, Handel, Hochzeiten, Reisen **Ungünstig:** Trauerfeiern und Beerdigungen, schwere körperliche Arbeit
24. Holz Pferd	Ratte Büffel Tiger Hase Drache Schlange Pferd Ziege Affe Hahn Hund Schwein **Günstig:** Ankündigungen machen, Beerdigungen, Trauerfeiern. **Ungünstig:** Handel, Vergnügungen, Freizeitaktivitäten
25. Holz Ziege	Ratte Büffel Tiger Hase Drache Schlange Pferd Ziege Affe Hahn Hund Schwein **Günstig:** Kleidung schneidern, Handel, Buchhaltung, Ausflüge, neue Dinge beginnen **Ungünstig:** Geschäfte eröffnen, Kraftanstrengungen, Reisen, Ersparnisse ausgeben
26. Feuer Affe	Ratte Büffel Tiger Hase Drache Schlange Pferd Ziege Affe Hahn Hund Schwein **Günstig:** Putzen, waschen, fasten, seelische und körperliche Pflege, Arztbesuche **Ungünstig:** Ausdauersport, Reisen, Hochzeit
27. Feuer Hahn	Ratte Büffel Tiger Hase Drache Schlange Pferd Ziege Affe Hahn Hund Schwein **Günstig:** Umziehen, Reisen, Hochzeiten, Empfänge, wichtige Konferenzen. **Ungünstig:** geistige Arbeiten, Gartenarbeit, häusliche Tätigkeiten.
28. Erd Hund	Ratte Büffel Tiger Hase Drache Schlange Pferd Ziege Affe Hahn Hund Schwein **Günstig:** Versammlungen, gerechte Verteilungen, Hochzeit, Konferenzen, Umzug **Ungünstig:** Gartenarbeit, Dinge zum Abschluss bringen.
29. Erd Schwein	Ratte Büffel Tiger Hase Drache Schlange Pferd Ziege Affe Hahn Hund Schwein **Günstig:** Gartenarbeit, Feiern, Hochzeit, Dinge zum Abschluss bringen. **Ungünstig:** keine Anschuldigungen gegen Dritte erheben.
30. Metall Ratte	Ratte Büffel Tiger Hase Drache Schlange Pferd Ziege Affe Hahn Hund Schwein **Günstig:** Gartenarbeit, Hochzeit, Dinge zum Abschluss bringen. **Ungünstig:** Umzug, Reisen, Geschäftseröffnung
31. Metall Büffel	Ratte Büffel Tiger Hase Drache Schlange Pferd Ziege Affe Hahn Hund Schwein **Günstig:** Ausruhen, Meditation, seinen Hobbys nachgehen. **Ungünstig:** wichtige Unternehmungen.

TZE Ratte

Grundtendenz des Monats:
Mit dem agilen Holz-Affen bekommt die Ratte im August einen Verbündeten ganz nach ihrem Geschmack. Jetzt können Sie Ihre kreativen Ideen mit einer guten Planung verbinden und so dafür sorgen, dass Ihre Projekte gut in Schwung kommen. Allerdings können Sie auch in diesem Monat im Schlangenjahr nicht erwarten, dass der Erfolg sich schnell einstellt. Dafür können Sie aber jetzt die Dinge mittel- und langfristig auf den Weg bringen.
Einmal mehr ist das nährende Erd-Element in der aktuellen Konstellation nicht gut ausgeprägt. Achten Sie deshalb ganz besonders gut darauf, dass Sie für sich selbst sorgen!

Liebe, Familie, Freundschaft: In der Partnerschaft mag es nun nötig sein, dass einer von beiden ein wenig mehr die Führung übernimmt. Am besten setzen Sie sich zusammen und sprechen das Ganze durch. Bleiben Sie flexibel und passen Sie den gemeinsamen Weg an die anstehenden Herausforderungen an.
Mit dem Affen an ihrer Seite kann die Ratte im Alltag im August wirklich viel schaffen. Wenn Sie dabei sicher stellen, dass für Familie, Partner und Freunde genug Zeit bleibt und der Spaß nicht zu kurz kommt, können Sie eine wunderbare Zeit haben.

Beruf, Finanzen: Sie werden sicher schon gemerkt haben, dass spontane Aktionen im Jahr der Schlange lange nicht so gute Aussichten auf Erfolg haben wie noch im Jahr zuvor. Die aktuelle Regentin wünscht sich einfach mehr Tiefe. Wer sich darauf einlässt, macht weniger Fehler und kommt letztendlich auch entspannter ans Ziel. Gerade jetzt im August sollten Sie deshalb nicht zu allem gleich begeistert ja sagen, sondern lieber erst einmal in Ruhe darüber nachdenken.
Ist eine Entscheidung getroffen, sollte die Ratte bereit sein, die Führung zu übernehmen. Lassen Sie sich das Heft nicht aus der Hand nehmen!

Tipp des Monats:
Ein anderer Blickwinkel kann manchmal nicht schaden. Nehmen Sie sich genug Zeit für Ihre Entscheidungen!

KIU Büffel

Grundtendenz des Monats:
Ein recht starkes Holz-Element dominiert den August. In Kombination mit dem geschäftigen Affen geht es deshalb wahrscheinlich in diesem Monat deutlich aktiver zu als in den vergangenen Wochen. Für den Büffel kann das bedeuten, dass ihm weniger Zeit bleibt, seine inneren Qualitäten zu verfeinern, weil er einfach wieder mehr im Zentrum des Geschehens präsent sein muss.
Wenn es bei Ihnen zu Hause nun drunter und drüber geht, liegt das wahrscheinlich nicht nur an der aktuellen Monatsenergie. Vielleicht braucht es einfach generell eine bessere Planung und mehr Struktur.

Liebe, Familie, Freundschaft: Sie dürfen ruhig ein bisschen kreativer werden, wenn es darum geht, ein Herz zu gewinnen. Man mag das nicht unbedingt von Ihnen erwarten, aber darin liegt vielleicht gerade der Reiz für die andere Seite. Der Affe kann Ihnen nun helfen, etwas weniger seriös aufzutreten.
Auch in bestehenden Partnerschaften darf nun ein frischerer Wind einkehren. Nehmen Sie Ihre gegenseitige Zuneigung nicht als selbstverständlich hin, sondern arbeiten Sie mit Freude an Ihrer Beziehung. Kleine Aufmerksamkeiten können nun Wunder wirken.

Beruf, Finanzen: Der Affe lädt Sie in diesen Wochen ein, die Dinge einmal aus einer anderen Perspektive zu betrachten. Das kann besonders hilfreich sein, wenn Sie das Gefühl haben, sich in einer festgefahrenen Situation zu befinden und sich nicht mit eigenen Mitteln daraus befreien können. Die Lösung mag vielleicht nicht auf dem von Ihnen gewählten Weg liegen. Es ist aber sicher einen Versuch wert, um das Hindernis wirklich aus dem Weg zu räumen.
Es mag sein, dass der Büffel sich nun ein wenig aus der zweiten Reihe lösen muss, damit die Dinge voran gehen.

Tipp des Monats:
Wenn Sie spielerischer an der Lösung von Problemen arbeiten, kommen Sie nun schneller zu einem guten Ergebnis.

> Herbstbeginn / Ende der Hitze < August

YING Tiger

Grundtendenz des Monats:
Lassen Sie sich im August nicht vom agilen Holz-Affen ablenken, der nun Ihren Weg kreuzt, denn das könnte jetzt zu Verzögerungen führen. Halten Sie sich lieber an die Jahresherrscherin und tauchen Sie tief in die Materie ein, die Sie wirklich interessiert. Wenn Sie erst einmal voll in ein Thema eingestiegen sind, kann Sie so schnell nichts mehr davon abbringen.
Das kreative Holz-Element ist in diesem Monat besonders stark ausgeprägt. Das mag auf der einen Seite dazu führen, dass Ihnen nun eine Menge guter Ideen kommen. Auf der anderen Seite sehen Sie aber vielleicht den Wald vor lauter Bäumen nicht.
Liebe, Familie, Freundschaft: Affe und Tiger stehen sich im Chinesischen Tierkreis direkt gegenüber und könnten in vielen Bereichen kaum unterschiedlicher sein. Auf der privaten Ebene kann es Ihnen deshalb noch schwerer fallen als sonst, die Kontrolle abzugeben und sich einfach nur gemeinsam treiben zu lassen. Partner und Familie wird es aber freuen, wenn sich die Dinge in diesem Jahr auch einmal etwas spontaner entwickeln können. Mal ganz abgesehen davon, dass es für Sie auch stressfreier ist, wenn Sie ab und an nachgeben.
Lassen Sie sich nun ruhig ein wenig mehr inspirieren und überraschen Sie Ihre bessere Hälfte mit ungewöhnlichen Aktionen. Das ist eine gute Möglichkeit zu zeigen, wie wichtig Ihr Partner Ihnen ist.
Beruf, Finanzen: Kreative Ideen sind gut, aber irgendwer muss sie am Ende des Tages auch umsetzen, lieber Tiger. Wie gut, dass Sie jetzt der Affe begleitet, denn dieser hat wirklich Spaß daran, Ihre Pläne in die Tat umzusetzen und beklagt sich auch dann nicht, wenn das Arbeitspensum hoch ist. Gemeinsam mit der Schlange können Sie nun bestimmt auch für vertrackte Projekte eine vernünftige Planung auf die Beine stellen.
Tipp des Monats:
Die Lösung eines Problems muss nicht immer logisch sein - jetzt kommen auch die unkonventionellen Ansätze zum Zuge.

MAO Hase

Grundtendenz des Monats:
Einmal mehr wird im Jahr der Schlange das Holz-Element stark betont. Damit wächst beim Hasen unter Umständen das Bedürfnis, sein Terrain auszuweiten. Fangen Sie nun ruhig etwas Neues an! Mit dem findigen Holz-Affen an Ihrer Seite sollte es im August nicht an Ideen mangeln, wie Sie die Sache am besten angehen können.
Unterschiedliche Optionen wollen nun noch einmal ganz genau analysiert werden. Vielleicht ist es hilfreich, wenn Sie die unterschiedlichen Szenarien nun mit einem vertrauten Menschen einfach einmal durchspielen. Dann kristallisiert sich der richtige Weg wahrscheinlich fast von alleine heraus.
Liebe, Familie, Freundschaft: Auch im Jahr der tiefgründigen Wasser-Schlange ist es durchaus erlaubt, oberflächlichen Spaß zu haben! Der quirlige Affe, der den August begleitet, lädt Sie deshalb jetzt dazu ein, den Ernst des Lebens einmal zu vergessen und sich ausgiebig zu vergnügen. Geben Sie Ihrem inneren Kind in diesen Wochen ruhig ausgiebig Auslauf!
Ist der Alltag wohl durchorganisiert, bleibt auch genug Zeit für Mußestunden mit dem Partner. Lassen Sie es nicht zu, dass Ihre zahlreichen Verpflichtungen verhindern, dass Sie Zeit für den gegenseitigen Austausch finden können.
Beruf, Finanzen: Natürlich würde die Schlange am liebsten immer alles mehrfach überprüfen. Es mag nun sein, dass der Hase sich unsicher fühlt und dem Weg der Schlange folgen möchte. Wahrscheinlich bleibt aber nicht genug Zeit, sich nun doppelt und dreifach abzusichern. Das sollte im Grunde kein Problem sein. Wenn Sie im Vorfeld alles gut vorbereitet haben, können Sie ruhigen Gewissens den nächsten Schritt gehen.
Sie können nun beweisen, dass Sie ohne Probleme mehrere Projekte auf einmal jonglieren können. Mit einer exakten Planung können Sie ohne großen Stress alle gestellten Anforderungen erfüllen.
Tipp des Monats:
Es kann nun sehr hilfreich sein, die Dinge einmal aus einer anderen Perspektive zu betrachten.

SHENG Drache

Grundtendenz des Monats:

Mit einem kreativen Holz-Affen an seiner Seite kann der Drache im August sicher bei so mancher Gelegenheit glänzen. Der Affe hilft gerne dabei, die Visionen des Drachens umzusetzen. Der einzige Nachteil, der sich daraus ergeben kann, ist die Gefahr, einfach zu viel auf einmal zu wollen und sich dabei zu verzetteln.

Da kann die Schlange sicher helfen und nun jede Ihrer Aktionen mit dem nötigen Wissen unterfüttern. Wenn Sie sich dann auf diese Informationen verlassen, sollten Sie in der Lage sein, die wichtigsten nächsten Schritte zu wählen.

Liebe, Familie, Freundschaft: Jetzt kann es Sinn machen, sich bei der Partnersuche in eine Beobachterrolle zu begeben. Vor allem, wenn der Drache noch nicht genau weiß, wonach er eigentlich sucht, kann es nicht schaden, sich erst einmal unverbindlich aus sicherer Entfernung umzuschauen.

Im Jahr der Holz-Schlange sollten Sie den Wunsch Ihrer Lieben nach persönlichem Wachstum wirklich ernst nehmen. Mit einem starken Holz-Element sind in diesem und im nächsten Monat vor allem alle schöpferischen Tätigkeiten begünstigt. Da können Sie Nachwuchs, Partner oder auch liebe Freunde unterstützen, sich kreativ auszudrücken.

Beruf, Finanzen: Mit dem Affen an Ihrer Seite sollten Ihnen nun auch lästigere Aufgaben besser von der Hand gehen und es darf sich eine gewisse Leichtigkeit im beruflichen Alltag bemerkbar machen. Das bedeutet nicht, dass Sie in Ihrer Aufmerksamkeit nachlassen sollten. Sonst können sich nun leicht Fehler einschleichen, die sich vielleicht nicht so leicht wieder ausmerzen lassen wie noch zum Jahresbeginn.

Ein frisches Paar Augen kann jetzt nicht schaden, wenn es um die abschließende Beurteilung eines Projektes geht. Holen Sie sich ruhig eine zweite Meinung ein! So bekommen Sie vielleicht sogar noch einige gute neue Ideen.

Tipp des Monats:

Kreativität wird in diesen Wochen wirklich groß geschrieben. Mit Hilfe der aktuellen Energie lassen sich ungewöhnliche Lösungsansätze finden.

SZE Schlange

Grundtendenz des Monats:

Man kann sich in diesen Wochen mit vielen Dingen beschäftigen. Die Frage ist nur, ob man alldem gleichzeitig gerecht werden kann. Wenn der Holz-Affe Sie nun dazu verführen will, sich noch mehr auf den eigenen Teller zu laden, sollten Sie deshalb lieber erst einmal schauen, ob Sie mit bestehenden Verpflichtungen nicht schon mehr als ausgelastet sind. Schließlich dürfte es Ihnen kaum behagen, wenn Sie nur ein halb gares Ergebnis bekommen, bloss weil Sie auf zu vielen Hochzeiten gleichzeitig tanzen.

In diesem wie auch im nächsten Monat ist das kreative Holz-Element besonders präsent. Vielleicht wäre nun ein guter Zeitpunkt, Ihre künstlerische Ader weiter zu entwickeln?

Liebe, Familie, Freundschaft: Das Gleichgewicht zwischen Beruf und Familie kann zuweilen sehr fragil sein. Gerade in einem Monat mit einer starken Yang-Energie wie jetzt im August gerät das Privatleben schnell ins Hintertreffen. Damit das nicht zu Spannungen führt, ist eine gute Planung unerlässlich. Beziehen Sie alle Beteiligten mit ein und finden Sie eine Struktur, die in den kommenden Wochen möglichst allen gleichermaßen gerecht wird.

Wagen Sie sich ruhig mehr aus der Deckung, wenn Sie ein neues Herz gewinnen wollen und rücken Sie Ihre Vorteile ins rechte Licht.

Beruf, Finanzen: Weniger ist nun auch auf der beruflichen Ebene mehr. Konzentrieren Sie sich jetzt lieber auf die Projekte, die bereits gut laufen anstatt etwas Neues anzufangen. Außerdem sollten Sie Ihre Zeit dafür nutzen, an entscheidenden Stellen die verschiedenen Möglichkeiten gedanklich durchzuspielen. Mit einer guten Struktur und einem scharfen Blick können Sie so dem Erfolg ein gutes Stück näher kommen.

Nun ist ein recht guter Monat dafür, Ihre bisherige Zurückhaltung aufzugeben, wenn es darum geht, die Führung zu übernehmen. Sie dürfen sich das ruhig zutrauen - kaum jemand in Ihrem Arbeitsumfeld verfügt über so viel Wissen wie Sie.

Tipp des Monats:

Nicht nur drüber nachdenken, sondern auch machen - das ist das Motto des Monats.

WU
Pferd

Grundtendenz des Monats:
Im August kommt mit dem Holz-Affen wieder mehr Bewegung ins Spiel. Das dürfte dem Pferd gut gefallen, denn nun muss es sich nicht länger zurückhalten. Das starke Holz-Element sorgt in diesen Wochen dafür, dass Sie sich wieder mehr ausprobieren dürfen. Verlassen Sie also ruhig die gewohnten Pfade und stürzen Sie sich in neue Abenteuer. Die Holz-Schlange befürwortet durchaus einen neuen Anfang, wenn Sie die möglichen Konsequenzen vorher gut abschätzen.
Wenn Sie glauben, dass Sie nicht über die nötige Kreativität verfügen, um die Dinge zu ändern, werden Sie nun vielleicht eines Besseren belehrt. Lassen Sie sich jetzt ruhig auf das Experiment ein!
Liebe, Familie, Freundschaft: Es mag sein, dass das Pferd sich in diesen Wochen nicht so sehr um die Konsequenzen seines Handelns scheren mag. Das kann in Ordnung sein, wenn Sie alleine leben. Wenn Sie jedoch Verantwortung für einen Partner, Kinder oder andere Angehörige haben, dann sollten Sie jetzt bitte nicht zu sehr über die Stränge schlagen.
Wann haben Sie zum letzten Mal den Blickwinkel Ihres Partners angenommen, liebes Pferd? So manche knifflige Situation lässt sich nun auflösen, indem man einfach einmal nachfragt, was in der anderen Person vorgeht.
Beruf, Finanzen: Wenn Sie sicherstellen wollen, dass die erreichten Dinge nicht unter Ihren aktuellen Aktivitäten leiden müssen, organisieren Sie entweder eine gute Vertretung oder Sie vertrauen einfach darauf, dass Sie im Vorfeld alles gut geplant haben.
Sie dürfen nun ruhig ein wenig mit den verschiedenen Lösungsansätzen spielen, bevor Sie sich endgültig für eine Richtung entscheiden. Wichtig ist dabei, dass Sie immer das Ziel im Auge behalten und sich nicht zu schade sind, in wichtigen und schwierigen Augenblicken die Führung zu übernehmen.
Tipp des Monats:
Gute Ideen dürfen nun weiter entwickelt werden. Nehmen Sie sich dafür die Zeit, die Sie brauchen und lassen Sie sich nicht hetzen!

WEI
Ziege

Grundtendenz des Monats:
Das Holz-Element ist in diesem und im kommenden Monat noch einmal sehr stark ausgeprägt. Damit steigt auch bei der Ziege vielleicht das Bedürfnis, noch mehr aus sich zu machen und sich weiterzuentwickeln. Mit dem Affen an Ihrer Seite kann das jetzt immer dann gelingen, wenn Sie selbstbewusst auftreten. Machen Sie sich bitte nicht kleiner als Sie sind!
Sollten Sie vor mehrere Optionen gestellt werden, ist nun der richtige Zeitpunkt, noch einmal tiefer in das Thema einzusteigen. Analysieren Sie genau und überprüfen Sie Ihre Ergebnisse im Zweifelsfall auch noch einmal mit einem oder mehreren Experten. Spätestens im nächsten Monat sollten Sie dann aber die Entscheidung treffen.
Liebe, Familie, Freundschaft: Sie ärgern sich immer noch still über bestimmte Verhaltensweisen Ihrer Lieben? Dann sollten Sie vielleicht einmal versuchen, die Perspektive zu wechseln. Ein veränderter Blickwinkel kann jetzt für mehr Verständnis sorgen. Wenn das nicht hilft, müssen Sie das Thema endlich offen zur Sprache bringen.
Ein bisschen mehr Flexibilität kann der Ziege im Alltag sicher nicht schaden. Manchmal stresst es einfach zu sehr, wenn man sich an eine Struktur hält, die vielleicht mittlerweile schon überholt ist. In diesen Wochen fällt es Ihnen mit dem Affen an Ihrer Seite vielleicht etwas leichter, nicht zu streng mit sich zu sein.
Beruf, Finanzen: Das eine gute Planung im Jahr der Schlange den Ausschlag gibt, sollte die Ziege mittlerweile gemerkt haben. Gerade jetzt im August kann sich zeigen, ob Ihre Pläne ausgereift genug waren, um Sie in die richtige Ausgangsposition zu bringen. Sollte das nicht der Fall sein, dürfen Sie jetzt noch einmal nachjustieren.
Mit dem redegewandten Affen an ihrer Seite kann die Ziege ihre Ideen nun deutlich einfacher verkaufen. Zeigen Sie sich selbstbewusst bei den Gesprächen! Jetzt können Sie wirklich mit Ihren Fähigkeiten überzeugen.
Tipp des Monats:
Wenn sich die richtige Lösung zeigt, sollten Sie nicht weiter zögern. Greifen Sie zu!

> Herbstbeginn / Ende der Hitze < August

SUNG Affe

Grundtendenz des Monats:
Wie gerne würde der Affe nun alle Gelegenheiten, die sich ihm bieten, sofort ergreifen. Es gibt einfach zu viele spannende Dinge dort draußen zu entdecken! Aber auch wenn Sie nun von einem weiteren Affen angestachelt werden, sollten Sie sich nicht über die Regeln der Schlange hinwegsetzen: Ohne eine akribische Planung und gute Vorbereitung läuft 2025 erst einmal gar nichts. Ist das erledigt, dürfen Sie sich gerne mit vollem Elan in die neue Aufgaben stürzen.
Das kreative Holz-Element ist in diesem und im nächsten Monat wirklich besonders gut ausgeprägt und begünstigt alle Arten von schöpferischen Aufgaben. In diesem Bereich darf sich der Affe gerne austoben.

Liebe, Familie, Freundschaft: Spontane Aktionen kommen nun vielleicht auf der partnerschaftlichen Ebene nicht ganz so gut an, wie Sie sich das vorgestellt haben, lieber Affe. Vielleicht ist Ihre bessere Hälfte einfach nicht so impulsiv wie Sie selbst. Vielleicht passen Ihre Pläne aber auch einfach gerade nicht in den Alltag.
Nehmen Sie bitte mehr Rücksicht auf die Gefühle Ihrer Lieben. Der Affe kann sich zuweilen leider in diesem Bereich ein bisschen wie der Elefant im Porzellanladen verhalten. Natürlich tun Sie das nicht absichtlich - aber trotzdem kann sich die andere Seite verletzt fühlen.

Beruf, Finanzen: Wenn Sie zu sehr in Ihren Projekten drin stecken, mag zuweilen ein bisschen die Übersicht abhanden kommen. Dem können Sie jetzt entgegen wirken, indem Sie einen Schritt zurücktreten und das Ganze von außen betrachten. Mit dem nötigen Abstand fallen mögliche Fallstricke besser ins Auge und es werden Lösungen sichtbar, auf die Sie sonst vielleicht gar nicht gekommen wären.
Ihre Finanzen sollten Sie bislang mit Hilfe der vorsichtigen Schlange gut im Griff gehabt haben. Werden Sie jetzt bitte nicht leichtsinnig!

Tipp des Monats:
Wenn Sie sich schon in der ersten Reihe in Position gebracht haben, müssen Sie nun auch bereitwillig voran schreiten.

YU Hahn

Grundtendenz des Monats:
Das kreative Holz-Element ist in diesem und im nächsten Monat wirklich stark ausgeprägt. Wie wäre es, sich jetzt einmal wieder mehr auf schöpferische Tätigkeiten zu konzentrieren? Das mag nicht unmittelbar spürbare Ergebnisse bringen, kann Ihnen aber eine Menge Freude bereiten.
Manchmal ist der Hahn wirklich ein bisschen starr in seinen Ansichten. Der wendige Affe kann im August dabei behilflich sein, flexibler auf bestimmte Dinge zu reagieren. Trauen Sie sich jetzt ruhig einmal, einen neuen Blickwinkel einzunehmen. Sie werden sich wundern, was sich dabei so alles zeigen kann.

Liebe, Familie, Freundschaft: Mehr Flexibilität ist nun unter Umständen auch in Ihrem Alltag gefragt, lieber Hahn. Gerade jetzt im Sommer kann man doch sicher von bestimmten Strukturen abweichen und für alle Beteiligten ein bisschen mehr Spontanität ins Spiel bringen, oder? Das nimmt für alle Seiten einiges an Druck raus und stärkt das Gefühl von Zusammenhalt.
In Liebesdingen will der Affe Sie nun vielleicht ebenfalls zu ungewöhnlichen Aktionen verleiten. Bevor Sie alles auf eine Karte setzen, halten Sie sich allerdings lieber an die besonnene Schlange und spielen die verschiedenen Möglichkeiten erst einmal nur im Kopf durch.

Beruf, Finanzen: Eine genaue Planung braucht Zeit. Das weiß kaum ein Tierzeichen besser als der Hahn, dem sein Hang zu Perfektionismus zuweilen zu schaffen macht. Vielleicht kann es nun gelingen, dass Sie das Ganze nicht zu eng sehen und etwas früher loslassen können?
Affe und Hahn sind ein wunderbares Paar, wenn es generell um geschäftliche Angelegenheiten geht, denn hier verbinden sich Fingerfertigkeit und Disziplin. Im Jahr der Schlange kommt dazu noch die Fähigkeit, zur richtigen Zeit mit dem richtigen Wissen am richtigen Ort zu sein. Da sollte nun wirklich nichts mehr schief gehen mit Ihren beruflichen Plänen.

Tipp des Monats:
Finden Sie für alle tragbare Kompromisse, bevor Sie nun die Führung übernehmen!

SHIH
Hund

Grundtendenz des Monats:
Manchmal hilft es, sich an einen Ort zurückzuziehen, von dem aus man einen besseren Überblick über die Gesamtsituation bekommen kann. Im August tut der Hund gut daran, sich einen solchen Platz zu suchen und von dort aus seine nächsten Schritte zu planen. Nun ist der richtige Zeitpunkt, um sich für den Rest des Jahres in eine gute Ausgangsposition zu bringen.
Das liegt sicher auch an dem strukturierenden Metall-Element, welches ein agiler Affe in diesen Wochen ins Spiel bringt. Auch wenn sich nun vielleicht einige neue Möglichkeiten auftun, ist es wichtig, sich für einen bestimmten Weg zu entscheiden und dann konsequent bei der Sache zu bleiben.

Liebe, Familie, Freundschaft: Vielleicht hat sich der Hund bislang nicht getraut, sich von seiner kreativeren Seite zu zeigen. In diesem Monat können Sie ruhig wagen, gemeinsam mit Ihren Lieben diese versteckten Aspekte ans Licht zu bringen und damit den Alltag bunter zu gestalten.
Achten Sie nun bitte besonders auf einen respektvollen Umgang mit Ihrem Partner. Im Monat des sorglosen Affen neigt man einfach eher dazu, sich zu unbedachten Äußerungen hinreißen zu lassen. Die Schlange als Regentin verstärkt die Empfindsamkeit bei ihren Untertanen, so dass sich die andere Seite schneller verletzt zeigen könnte.

Beruf, Finanzen: Mit einer positiven Grundeinstellung kann in diesem Monat auf der beruflichen Ebene einiges gelingen - vor allem dann, wenn der Hund sich etwas entscheidungsfreudiger zeigt. Sicher ist es wichtig, die verschiedenen Optionen sorgfältig abzuwägen, aber irgendwann muss damit auch mal gut sein.
Wahrscheinlich müssen Sie nun deutlich mehr die Führung übernehmen. Nur so stellen Sie sicher, dass sich die Dinge auch wirklich so entwickeln, wie Sie sich das vorstellen. Das bedeutet unter Umständen mehr Arbeit für Sie. Dafür haben Sie Ihren Erfolg dann aber auch in der eigenen Hand.

Tipp des Monats:
Nun wollen Entscheidungen getroffen und umgesetzt werden!

HAN
Schwein

Grundtendenz des Monats:
Vielleicht ist dem Schwein das Jahr der Holz-Schlange bislang etwas anstrengend vorgekommen. Vor allem, wenn Sie regelmäßig dazu aufgefordert wurden, die Dinge anders anzugehen, als Sie es bislang gewohnt waren, kann das ordentlich Energie kosten.
Wenn nun im August der Affe ins Spiel kommt, darf sich wieder etwas mehr Leichtigkeit einstellen. Schließlich ist dieses Tierzeichen bekannt dafür, dass bei allem Einsatz der Spaß nie zu kurz kommen sollte. Lösen Sie sich also ruhig ein wenig von Ihren Verpflichtungen und genießen Sie mehr Zeit mit Dingen, die Ihnen gut liegen und Freude bereiten.

Liebe, Familie, Freundschaft: Wer die Zügel nun allzu locker lässt, der darf sich nicht wundern, wenn es zu Hause drunter und drüber geht. Lassen Sie es bitte nicht zu, dass einige Familienmitglieder zu sehr aus der Reihe tanzen. Das bringt den gesamten Tagesablauf durcheinander.
In der Liebe darf es dagegen nun ruhig etwas spontaner zugehen. Wenn Sie gemeinsame Aktivitäten zu akribisch planen, bleiben die Gefühle vielleicht auf der Strecke. Das gilt übrigens für frische Beziehungen genauso wie für langjährige Partnerschaften.

Beruf, Finanzen: Dass Entscheidungen im Jahr der Schlange nicht unbedingt schnell getroffen werden, werden Sie inzwischen sicher bemerkt haben. In diesem Monat kann der Affe ganz gut dabei helfen, schleppende Prozesse anzustoßen, auf das bestimmte Dinge endlich in Gang kommen. Damit sich alles in Ihrem Sinne entwickeln kann, müssen Sie jedoch bereit sein, im Bedarfsfall mehr Führungsstärke zu zeigen.
Manchmal macht es wirklich Sinn, verschiedene Optionen gemeinsam im Team gründlich durchzuspielen. So kommen Sie möglichen Fallstricken am besten auf die Spur und können verhindern, dass Sie später unvorbereitet hinein geraten.

Tipp des Monats:
Es darf sich jetzt leicht anfühlen für das Schwein. Mit der richtigen Planung lassen sich wichtige Schritte machen.

August 2025	**Jahreskonstellation – Holz Schlange** **Monatskonstellation – Holz Affe**

1. Wasser Tiger	Ratte Büffel Tiger Hase Drache Schlange Pferd Ziege Affe Hahn Hund Schwein **Günstig:** Amüsieren, mit Freunden ausgehen, Freizeitaktivitäten **Ungünstig:** geschäftliche Aktivitäten, neue Dinge anfangen.
2. Wasser Hase	Ratte Büffel Tiger Hase Drache Schlange Pferd Ziege Affe Hahn Hund Schwein **Günstig:** für die meisten Aktivitäten, Geschäftsabschlüsse, Partnerschaft **Ungünstig:** negative Bemerkungen über andere Menschen.
3. Holz Drache	Ratte Büffel Tiger Hase Drache Schlange Pferd Ziege Affe Hahn Hund Schwein **Günstig:** Handel, Geschäftseröffnungen, Hochzeiten und andere Feste planen. **Ungünstig:** Beerdigungen, Reisen, Arztbesuche.
4. Holz Schlange	Ratte Büffel Tiger Hase Drache Schlange Pferd Ziege Affe Hahn Hund Schwein **Günstig:** Handwerkliche Aktivitäten, Handel, Hochzeiten, Reisen **Ungünstig:** Trauerfeiern und Beerdigungen, schwere körperliche Arbeit
5. Feuer Pferd	Ratte Büffel Tiger Hase Drache Schlange Pferd Ziege Affe Hahn Hund Schwein **Günstig:** Ankündigungen machen, Beerdigungen, Trauerfeiern. **Ungünstig:** Handel, Vergnügungen, Freizeitaktivitäten
6. Feuer Ziege	Ratte Büffel Tiger Hase Drache Schlange Pferd Ziege Affe Hahn Hund Schwein **Günstig:** Kleidung schneidern, Handel, Buchhaltung, Ausflüge, neue Dinge beginnen **Ungünstig:** Geschäfte eröffnen, Kraftanstrengungen, Reisen, Ersparnisse ausgeben
7. Erd Affe	Ratte Büffel Tiger Hase Drache Schlange Pferd Ziege Affe Hahn Hund Schwein **Günstig:** Kleidung schneidern, Handel, Buchhaltung, Ausflüge, neue Dinge beginnen **Ungünstig:** Geschäfte eröffnen, Kraftanstrengungen, Reisen, Ersparnisse ausgeben
8. Erd Hahn	Ratte Büffel Tiger Hase Drache Schlange Pferd Ziege Affe Hahn Hund Schwein **Günstig:** Putzen, waschen, fasten, seelische und körperliche Pflege, Arztbesuche **Ungünstig:** Ausdauersport, Reisen, Hochzeit.
9. Metall Hund	Ratte Büffel Tiger Hase Drache Schlange Pferd Ziege Affe Hahn Hund Schwein **Günstig:** Umziehen, Reisen, Hochzeiten, Empfänge, wichtige Konferenzen. **Ungünstig:** geistige Arbeiten, Gartenarbeit, häusliche Tätigkeiten.
10. Metall Schwein	Ratte Büffel Tiger Hase Drache Schlange Pferd Ziege Affe Hahn Hund Schwein **Günstig:** Versammlungen, gerechte Verteilungen, Hochzeit, Konferenzen, Umzug **Ungünstig:** Gartenarbeit, Dinge zum Abschluss bringen.
11. Wasser Ratte	Ratte Büffel Tiger Hase Drache Schlange Pferd Ziege Affe Hahn Hund Schwein **Günstig:** Gartenarbeit, Feiern, Hochzeit, Dinge zum Abschluss bringen. **Ungünstig:** keine Anschuldigungen gegen Dritte erheben.
12. Wasser Büffel	Ratte Büffel Tiger Hase Drache Schlange Pferd Ziege Affe Hahn Hund Schwein **Günstig:** Gartenarbeit, Hochzeit, Dinge zum Abschluss bringen. **Ungünstig:** Umzug, Reisen, Geschäftseröffnung
13. Holz Tiger	Ratte Büffel Tiger Hase Drache Schlange Pferd Ziege Affe Hahn Hund Schwein **Günstig:** Ausruhen, Meditation, seinen Hobbys nachgehen. **Ungünstig:** wichtige Unternehmungen
14. Holz Hase	Ratte Büffel Tiger Hase Drache Schlange Pferd Ziege Affe Hahn Hund Schwein **Günstig:** Amüsieren, mit Freunden ausgehen, Freizeitaktivitäten **Ungünstig:** geschäftliche Aktivitäten, neue Dinge anfangen.
15. Feuer Drache	Ratte Büffel Tiger Hase Drache Schlange Pferd Ziege Affe Hahn Hund Schwein **Günstig:** für die meisten Aktivitäten, Geschäftsabschlüsse, Partnerschaft **Ungünstig:** negative Bemerkungen über andere Menschen.

Ob ein Tag besonders günstig für Ihr Tierzeichen ist, sehen Sie an folgenden Farben:
Rot = sehr günstig, Grau = günstig, Schwarz = nicht günstig

16. Feuer Schlange	Ratte Büffel Tiger Hase Drache Schlange Pferd Ziege Affe Hahn Hund Schwein **Günstig:** Handel, Geschäftseröffnungen, Hochzeiten und andere Feste planen. **Ungünstig:** Beerdigungen, Reisen, Arztbesuche.
17. Erd Pferd	Ratte Büffel Tiger Hase Drache Schlange Pferd Ziege Affe Hahn Hund Schwein **Günstig:** Handwerkliche Aktivitäten, Handel, Hochzeiten, Reisen. **Ungünstig:** Trauerfeiern und Beerdigungen, schwere körperliche Arbeit.
18. Erd Ziege	Ratte Büffel Tiger Hase Drache Schlange Pferd Ziege Affe Hahn Hund Schwein **Günstig:** Ankündigungen machen, Beerdigungen, Trauerfeiern. **Ungünstig:** Handel, Vergnügungen, Freizeitaktivitäten.
19. Metall Affe	Ratte Büffel Tiger Hase Drache Schlange Pferd Ziege Affe Hahn Hund Schwein **Günstig:** Kleidung schneidern, Handel, Buchhaltung, Ausflüge, neue Dinge beginnen. **Ungünstig:** Geschäfte eröffnen, Kraftanstrengungen, Reisen, Ersparnisse ausgeben.
20. Metall Hahn	Ratte Büffel Tiger Hase Drache Schlange Pferd Ziege Affe Hahn Hund Schwein **Günstig:** Putzen, waschen, fasten, seelische und körperliche Pflege, Arztbesuche. **Ungünstig:** Ausdauersport, Reisen, Hochzeit.
21. Wasser Hund	Ratte Büffel Tiger Hase Drache Schlange Pferd Ziege Affe Hahn Hund Schwein **Günstig:** Umziehen, Reisen, Hochzeiten, Empfänge, wichtige Konferenzen. **Ungünstig:** geistige Arbeiten, Gartenarbeit, häusliche Tätigkeiten.
22. Wasser Schwein	Ratte Büffel Tiger Hase Drache Schlange Pferd Ziege Affe Hahn Hund Schwein **Günstig:** Versammlungen, gerechte Verteilungen, Hochzeit, Konferenzen, Umzug **Ungünstig:** Gartenarbeit, Dinge zum Abschluss bringen.
23. Holz Ratte	Ratte Büffel Tiger Hase Drache Schlange Pferd Ziege Affe Hahn Hund Schwein **Günstig:** Gartenarbeit, Feiern, Hochzeit, Dinge zum Abschluss bringen. **Ungünstig:** keine Anschuldigungen gegen Dritte erheben.
24. Holz Büffel	Ratte Büffel Tiger Hase Drache Schlange Pferd Ziege Affe Hahn Hund Schwein **Günstig:** Gartenarbeit, Hochzeit, Dinge zum Abschluss bringen. **Ungünstig:** Umzug, Reisen, Geschäftseröffnung
25. Feuer Tiger	Ratte Büffel Tiger Hase Drache Schlange Pferd Ziege Affe Hahn Hund Schwein **Günstig:** Ausruhen, Meditation, seinen Hobbys nachgehen. **Ungünstig:** wichtige Unternehmungen.
26. Feuer Hase	Ratte Büffel Tiger Hase Drache Schlange Pferd Ziege Affe Hahn Hund Schwein **Günstig:** Amüsieren, mit Freunden ausgehen, Freizeitaktivitäten **Ungünstig:** geschäftliche Aktivitäten, neue Dinge anfangen.
27. Erd Drache	Ratte Büffel Tiger Hase Drache Schlange Pferd Ziege Affe Hahn Hund Schwein **Günstig:** für die meisten Aktivitäten, Geschäftsabschlüsse, Partnerschaft **Ungünstig:** negative Bemerkungen über andere Menschen.
28. Erd Schlange	Ratte Büffel Tiger Hase Drache Schlange Pferd Ziege Affe Hahn Hund Schwein **Günstig:** Handel, Geschäftseröffnungen, Hochzeiten und andere Feste planen. **Ungünstig:** Beerdigungen, Reisen, Arztbesuche.
29. Metall Pferd	Ratte Büffel Tiger Hase Drache Schlange Pferd Ziege Affe Hahn Hund Schwein **Günstig:** Handwerkliche Aktivitäten, Handel, Hochzeiten, Reisen **Ungünstig:** Trauerfeiern und Beerdigungen, schwere körperliche Arbeit
30. Metall Ziege	Ratte Büffel Tiger Hase Drache Schlange Pferd Ziege Affe Hahn Hund Schwein **Günstig:** Ankündigungen machen, Beerdigungen, Trauerfeiern. **Ungünstig:** Handel, Vergnügungen, Freizeitaktivitäten
31. Wasser Affe	Ratte Büffel Tiger Hase Drache Schlange Pferd Ziege Affe Hahn Hund Schwein **Günstig:** Kleidung schneidern, Handel, Buchhaltung, Ausflüge, neue Dinge beginnen **Ungünstig:** Geschäfte eröffnen, Kraftanstrengungen, Reisen, Ersparnisse ausgeben

TZE Ratte

Grundtendenz des Monats:
Schlange und Hahn vereinigen sich im September zu einer Konstellation, die der Ratte vor allem auf der geschäftlichen und finanziellen Ebene auf die Sprünge helfen kann. Jetzt paart sich ein guter Blick für das Zahlenwerk mit einem untrüglichen Gespür für Trends. Hinzu kommt, dass nun auch noch das schöpferische Holz-Element besonders stark ausgeprägt ist. Das sind beste Voraussetzungen, um sich inspirieren zu lassen.
Die direkte Art des Hahns mag so manche Ratte dazu verführen, sich zuweilen etwas unbedacht und vorschnell zu bestimmten Themen äußern zu wollen.

Liebe, Familie, Freundschaft: Natürlich kann die Ratte die Regeln aufstellen. Es ist nur die Frage, inwieweit ihre Lieben bereit sind, diesen zu folgen. Einmal mehr braucht es Fingerspitzengefühl und die Bereitschaft, gut zuzuhören, damit die Harmonie gewahrt werden kann. Sie können nicht davon ausgehen, dass alle gleich begeistert Hurra schreien, wenn Sie nicht alle Bedürfnisse mit einbeziehen.
Wer auf der Suche nach einer neuen Liebe ist, kann sich mit Hilfe des Hahns in einem guten Licht präsentieren. Achten Sie darauf, dabei nicht zu viel zu versprechen. Am Ende des Tages kommt es am besten an, wenn Sie ehrlich sind.

Beruf, Finanzen: Man kann eine noch so gute Idee haben - wenn Sie nicht von Kollegen, Kunden oder Chefs mitgetragen wird, wird Sie am Ende nicht umgesetzt. Deshalb ist es im September ganz besonders wichtig, wie Sie Ihre Pläne präsentieren, liebe Ratte. Nehmen Sie sich zurück und konzentrieren Sie sich voll und ganz auf das eigentliche Projekt!
Sie müssen Ihre finanziellen Angelegenheiten ordnen? Dann sollten Sie das nun schleunigst tun. Suchen Sie sich ruhig Hilfe, wenn Sie sich damit ein wenig überfordert fühlen.

Tipp des Monats:
Es ist sehr einfach, ein Buch aufgrund seines Umschlags zu beurteilen. Vermeiden Sie vorschnelle Urteile!

KIU Büffel

Grundtendenz des Monats:
Der September kann der beste Monat des Jahres für den Büffel werden. Zusammen mit Schlange und Hahn ergibt sich nun für Sie eine ausgesprochen günstige Konstellation, die alle Bereiche Ihres Lebens positiv beeinflussen kann.
Zum einen wird nun besonders das Metall-Element gestärkt, was Ihrem Tun mehr Struktur verleiht und Ihnen außerdem helfen kann, alten Ballast endgültig abzuwerfen. So lässt sich der Rest des Jahres deutlich besser genießen.
Zum anderen wird nun Ihr Gespür für vielversprechende Entwicklungen geschärft, was Ihnen helfen kann, bei neuen Projekten von Anfang an auf das richtige Pferd zu setzen.

Liebe, Familie, Freundschaft: Lassen Sie sich nun nicht von einem schönen Äußeren blenden! Das mag auf den ersten Blick anziehend wirken, aber am Ende des Tages ist es wichtiger zu wissen, was sich hinter der Fassade verbirgt. Wer sich eine langfristige Beziehung wünscht, sollte jetzt von Anfang an mehr in die Tiefe schauen. Das bedeutet natürlich auch, dass Sie im Gegenzug auch mehr von sich selbst preisgeben müssen, was Ihnen vielleicht nicht immer ganz leicht fällt.
Wenn Sie Familie und Freunde mit auf Ihre persönliche Reise nehmen wollen, ist es spätestens jetzt an der Zeit, Ihre Pläne zu offenbaren. Wählen Sie den Zeitpunkt sorgfältig aus!

Beruf, Finanzen: Alle beruflichen und finanziellen Belange stehen im September unter einem besonders günstigen Stern. Damit Sie davon nachhaltig profitieren können, ist eine gute Planung unabdingbar. Wenn es Ihnen dann noch gelingt, die eigene Begeisterung mit den richtigen Worten nach außen zu tragen, sichern Sie sich mit Leichtigkeit die nötige Unterstützung für Ihr Vorhaben.
Wer sich mehr Anerkennung für seine Leistung wünscht, darf diese jetzt ruhig einfordern. Manchmal nimmt das Umfeld Ihren Einsatz einfach als zu selbstverständlich hin.

Tipp des Monats:
Nehmen Sie Ihr Schicksal selbst in die Hand und lassen Sie sich nicht von anderen vorschreiben, wie Sie zu handeln haben!

YING
Tiger

Grundtendenz des Monats:
Der September ist ein weiterer Monat mit einer starken Holz-Energie für den Tiger. Diesmal wird allerdings das Yin-Holz stärker betont und Sie sind eingeladen, sich in allen Bereichen mehr auf Ihr Bauchgefühl zu verlassen. Eine gute Intuition ist nun besonders hilfreich, wenn Sie auf neue Menschen treffen und Ihre sozialen Kontakte ausbauen.
Einmal mehr ist es jetzt nicht so wichtig, was Sie sagen, sondern vielmehr wie Sie es sagen. Arbeiten Sie also weiter an Ihren diplomatischen Fähigkeiten. Sie können so viel mehr erreichen, wenn Sie zur richtigen Zeit den richtigen Ton treffen.
Liebe, Familie, Freundschaft: Der Holz-Hahn, der den Monat begleitet, stellt am liebsten seine ganz eigenen Regeln auf. Das dürfte dem Tiger im Grunde gefallen, denn auch er lässt sich ungern vorschreiben, wie er sich zu verhalten hat. Die Frage ist nur, ob Partner und Familie bereit sind, diesen Weg mitzugehen.
Sie sind frisch verliebt und möchten Ihre Gefühle nach außen tragen? Sie möchten in Ihrer Beziehung den nächsten Schritt einleiten? Jetzt ist es ganz besonders wichtig, dass Sie dafür den richtigen Rahmen und die richtige Zeit wählen.
Beruf, Finanzen: Mit lästigen Kleinigkeiten würde sich der Tiger jetzt am liebsten gar nicht befassen müssen. Vereint sich die Schlange jedoch mit einem perfektionistischen Hahn wie jetzt im September, dürfte es vor allem um die Details gehen. Sie können versuchen, zu delegieren - es ist aber fraglich, ob jemand Anderes die Aufgaben zu Ihrer Zufriedenheit erledigen kann. Am besten reißen Sie sich am Riemen und ziehen die Sache zügig durch.
Für Ihre finanziellen Belange ist die Kombination aus Hahn und Schlange übrigens sehr günstig. So können Sie in diesem Monat kommende Trends erkennen und genauestens analysieren, ob und wie Sie davon profitieren können.
Tipp des Monats:
Vertrauen Sie auf Ihr gutes Gespür für Menschen und Situationen! Im September können Sie damit kaum falsch liegen.

MAO
Hase

Grundtendenz des Monats:
Schlange und Hahn vereinen sich im September zu einer Kombination, die vor allem die beruflichen Belange in ein günstiges Licht rückt. Dabei gleicht die aktuelle Herrscherin wunderbar jeden potentiellen Konflikt aus, der sich nun zwischen Hahn und Hase entwickeln könnte. So können Sie selbstbewusster Ihre Meinung vertreten und müssen dabei nicht allzu viel Rücksicht auf Ihre Umgebung nehmen.
Verlassen Sie sich bei neuen Kontakten nun mehr auf Ihre gute Menschenkenntnis als auf Empfehlungen von Anderen. Wenn es für Sie nicht passt, können Sie das gleich sagen. Ihre Zeit ist zu kostbar, um Sie mit Menschen zu verbringen, mit denen Sie sich nicht wohlfühlen.
Liebe, Familie, Freundschaft: Natürlich gibt es in Liebesangelegenheiten auch vernunftbezogene Entscheidungen. Wenn Herz und Bauch nun aber anderer Meinung ist, dann sollten Sie ohne Wenn und Aber diesem Impuls folgen.
Perfektion kann ganz schön langweilig sein. Es ist viel erfrischender, wenn Sie in Ihrer Beziehung mehr Ecken und Kanten zeigen. Sich so zu geben, wie Sie sind, ist darüber hinaus auch deutlich weniger anstrengend.
Beruf, Finanzen: Kritische Stimmen gibt es immer. Die Frage ist, in wieweit Sie sich davon beeinflussen lassen. Schauen Sie einfach erst einmal, aus welcher Ecke der Gegenwind kommt und ob das Ganze wirklich etwas mit Ihrer Leistung zu tun hat oder sich eher auf persönliche Animositäten bezieht. Im letzteren Fall dürfen Sie die Kritik einfach ignorieren.
Wie schaut es mit Ihren Finanzen aus, lieber Hase? Machen Sie in diesem Monat ruhig einmal einen Kassensturz und schauen Sie sich Ihre bisherigen Ausgaben im Jahr der Schlange an. Vielleicht ist es nun Zeit für Investitionen. Mit Hilfe des weitsichtigen Hahns können Sie sicher einige gute Anlagemöglichkeiten finden.
Tipp des Monats:
Ein zu vorschnelles Urteil wird Ihrem Gegenüber wahrscheinlich nicht immer gerecht. Nehmen Sie sich ruhig ein bisschen mehr Zeit!

SHENG
Drache

Grundtendenz des Monats:
Wenn Sie ganz genau wissen, was Sie wollen, gibt es jetzt keinen Grund, das nicht laut und deutlich kund zu tun. Mit Hilfe des Hahns können Sie im September wirklich für klare Verhältnisse sorgen. Wer sich allerdings noch unsicher ist, tut gut daran, sich erst noch einmal aus dem Geschehen zurückzuziehen und der Entscheidungsfindung mehr Zeit zu geben.
Hahn und Schlange sind nicht nur auf der beruflichen Ebene ein wirklich gutes Team, sondern stärken auch gemeinsam das Metall-Element. So dürfte es nun etwas einfacher für den erfolgsverwöhnten Drachen sein, auch bei nicht ganz so spannenden Projekten durchzuhalten.
Liebe, Familie, Freundschaft: Vor allem, wenn es um die Menschen in Ihrer unmittelbaren Umgebung geht, sollten Sie sich nun davor schützen, vorschnell zu urteilen. Riskieren Sie einfach einmal einen Blick hinter die Fassade und lassen Sie sich überraschen, was sich dort verbirgt.
Sicher ist es schön, in der Partnerschaft gemeinsam nach außen zu glänzen. Im Jahr der introvertierten Schlange sollten Sie aber bitte nicht vergessen, auch die inneren Werte zu kultivieren. Je mehr Sie in die Tiefe gehen, um so mehr können Sie voneinander lernen und so die Bindung zueinander festigen.
Beruf, Finanzen: So manchem Drachen dürfte es nun eine besondere Freude sein, wenn er den Chef spielen kann. Bedenken Sie aber bitte, dass es dabei nicht nur ums repräsentieren geht. Sie müssen schon auch das nötige Wissen aufbringen, um eine Führungsposition ausfüllen zu können. Ist das nicht gewährleistet, können Sie schnell die Unterstützung und den Respekt Ihrer Mitarbeiter aufs Spiel setzen.
Mit dem Einsatz von Schlange und Hahn lassen sich nun nicht nur wichtige Projekte gut planen, sondern auch nach außen darstellen. Stellen Sie sicher, dass Sie den optimalen Zeitpunkt für Ihre Präsentation wählen.
Tipp des Monats:
Auch wenn Sie sich im Recht fühlen, kann es nun besser sein, sich zurückzunehmen.

SZE
Schlange

Grundtendenz des Monats:
Mit dem Erscheinen des Holz-Hahnes wird im September wahrscheinlich Ihr Wunsch nach Genauigkeit noch mehr verstärkt.
Das kann Ihnen auf der einen Seite vielleicht dabei helfen, nun wirklich außergewöhnliche Ergebnisse zu erzielen. Auf der anderen Seite kann es Sie aber auch wertvolle Zeit kosten, das letzte Quäntchen zu optimieren, anstatt die Sache endlich abzuschließen. Machen Sie sich bewusst, dass Sie wahrscheinlich die einzige Person sein werden, die merkt, dass es anstatt der idealen 100 Prozent am Ende ein bisschen weniger perfekt ist.
Liebe, Familie, Freundschaft: Hohe Erwartungen sind zuweilen wirklich schwer zu erfüllen. Ärgern Sie sich deshalb jetzt nicht darüber, wenn es Ihnen in Ihrer Beziehung nicht immer gelingt, ein makelloses Bild abzugeben. Meistens sind es wirklich nur Kleinigkeiten, die nicht ganz perfekt sind - davon sollten Sie sich wirklich nicht die Laune verderben lassen.
Anstatt im September Ihre Energie darauf zu verschwenden, das Haar in der Suppe im Verhalten Ihrer Lieben zu finden, wäre es sicher besser, auf die vielen schönen Dinge zu fokussieren, die Sie gemeinsam geschaffen oder erlebt haben. Das ist deutlich besser für die allgemeine Stimmung.
Beruf, Finanzen: Da können Sie noch so akribisch geplant haben, liebe Schlange - wenn Sie jetzt bei der Präsentation Ihrer Ideen nicht den richtigen Ton finden, wird aus der Sache wahrscheinlich nichts. Sicher ist es wichtig, dass Ihr Projekt Hand und Fuss hat. Aber fast noch wichtiger ist es, Ihre Ideen so rüberzubringen, dass Sie Ihre Zuhörer wirklich begeistern.
Schlange und Hahn sind ein wirklich gutes Gespann, wenn es um das Geschäft geht. Um Ihre Finanzen müssen Sie sich deshalb nun keine große Sorgen machen. So lange Sie die Ihnen eigene Vorsicht walten lassen, wird sich Ihr Geldbeutel so schnell nicht leeren.
Tipp des Monats:
Finden Sie heraus, unter welchen Voraussetzungen Sie sich am wohlsten fühlen!

WU Pferd

Grundtendenz des Monats:
Hahn und Schlange begleiten den September. Das mag sich für das Pferd ein wenig so anfühlen, als würde es nun unter besonderer Beobachtung stehen, was aber keinesfalls schlimm sein muss. Ganz im Gegenteil - das könnte Sie dazu anspornen, nun exakter zu arbeiten und so lästige Fehler zu vermeiden.
Haben Sie sich Ihre Neugierde in den letzten Monaten bewahrt, so gibt es nun vielleicht spannende Trends zu entdecken. Ob sich daraus etwas entwickeln kann, wird sich allerdings wahrscheinlich erst im nächsten Jahr zeigen. Bis dahin sollten Sie die Sache gut beobachten und vielleicht schon einmal erste Ansprüche geltend machen.

Liebe, Familie, Freundschaft: Mit dem Hahn wird in diesen Wochen in Ihrem Umfeld vielleicht mehr Wert auf Ihr Erscheinungsbild gelegt. Verlassen Sie sich jetzt nicht nur auf Ihre inneren Werte, sondern geben Sie sich ruhig auch äußerlich ein bisschen mehr Mühe. Vor allem, wenn Sie neue Bekanntschaften machen, ist der erste Eindruck nicht ganz unwichtig.
Damit der Alltag in der Familie funktionieren kann, braucht es bestimmte Regeln. Die Frage ist allerdings nun, wer diese in Ihren vier Wänden festlegen darf. Finden Sie Werte, auf deren Basis die Entscheidungen gemeinsam getroffen werden können.

Beruf, Finanzen: Wer in den vergangenen Monaten nicht genug Zeit auf eine gute Vorbereitung verwendet hat, kann nun unter Umständen dafür abgestraft werden. Hahn und Schlange haben wenig Verständnis dafür, wenn Sie Ihre Hausaufgaben nicht gemacht haben.
Betrachten Sie Ihre Finanzen im September ruhig ein wenig genauer und lassen Sie sich gegebenenfalls beraten, wenn Sie sich nicht sicher sind, ob und wie Sie investieren wollen. Die Chancen stehen jetzt gut für einen Gewinn, wenn mit Umsicht gehandelt wird.

Tipp des Monats:
Ohne eine gewisse Sorgfalt kommen Sie im Jahr der Holz-Schlange auf keinen grünen Zweig. Strengen Sie sich also ruhig ein bisschen mehr an!

WEI Ziege

Grundtendenz des Monats:
Hahn und Schlange sorgen im September dafür, dass sich viele Dinge für die Ziege klarer zeigen. Der Hahn schärft dabei vor allem Ihre Wahrnehmung, wenn es um die richtige Einschätzung von bestimmten Menschen und Situationen geht. So können Sie nun ein noch sicheres Gefühl bekommen, wenn es um anstehende Entscheidungen geht.
Der geschärfte Blick kann in diesen Wochen auch dazu führen, dass Sie ein Haar in jeder Suppe finden. Lösen Sie sich bitte von dem Gedanken, dass immer alles absolut perfekt sein muss. Das ist für alle Beteiligten wirklich zu anstrengend. Schrauben Sie Ihre Ansprüche ein wenig nach unten und freuen Sie sich an den Ergebnissen.

Liebe, Familie, Freundschaft: Sicher haben die meisten Ziegen ganz klare Vorstellungen davon, wie eine Partnerschaft zu sein hat. Allerdings sieht die Realität oft anders aus. Das heißt jetzt nicht, dass Sie Ihre Ideale über Bord werfen sollen, liebe Ziege! Aber vielleicht wäre es nun hilfreich, wenn Sie in einigen Bereichen einen etwas pragmatischeren Ansatz fahren.
Im familiären Alltag muss es bestimmte Regeln geben. Im September ist es wichtig, dass sich möglichst alle daran halten, um ein harmonisches und stressfreies Zusammenleben zu sichern. Im Zweifelsfall sind hier von Ihrer Seite klarere Ansagen nötig.

Beruf, Finanzen: Vor allem auf der finanziellen Seite können Schlange und Hahn in diesen Wochen unterstützend wirken. Vielleicht können Sie nun die schon länger fällige Gehaltserhöhung durchsetzen oder endlich die schon länger geplante Investition tätigen.
Manchmal macht es durchaus Sinn, die eigenen Regeln noch einmal zu überdenken. In Gesprächen mit Kollegen, Vorgesetzten oder Kunden können Sie nun mehr erreichen, wenn Sie alte Muster abwerfen und sich nach allen Seiten offen zeigen.

Tipp des Monats:
Mit vorschnellen Urteilen verbauen Sie sich unter Umständen einige Möglichkeiten. Am besten Sie hören erst einmal in Ruhe zu!

SUNG
Affe

Grundtendenz des Monats:

Es ist nicht automatisch so, dass derjenige Recht hat, der am lautesten schreit, auch wenn das manchmal auf den ersten Blick so aussieht. Im Jahr der Schlange ist es durchaus möglich, mit einer fundierten Argumentation zu überzeugen. Wenn Sie allerdings wollen, dass man Ihnen vorurteilsfrei zuhört, müssen Sie selbst auch bereit sein, andere Meinungen auszuhalten.

Die Kombination aus Holz-Hahn und Holz-Schlange kann sich im September für den Affen auf vielen Ebenen als günstig erweisen. So lassen sich nun Ihre vielen guten Ideen nicht nur ordnen, sondern auch wunderbar strukturiert in der Öffentlichkeit präsentieren

Liebe, Familie, Freundschaft: Sie müssen wirklich nicht bei jeder Diskussion recht behalten. Gestehen Sie bitte Ihren Freunden, Familie oder Partner ihre eigene Meinung zu. Und sollte die andere Seite einfach besser informiert in das Gespräch gegangen sein, können Sie das nun ruhig anerkennen. Es ist doch schön, wenn Sie so noch etwas dazu lernen können.

In der Liebe reicht einmal mehr der schöne Schein nicht aus, auch wenn der Hahn Ihnen das jetzt vielleicht suggerieren möchte. Im Jahr der Schlange ist auch für den Affen einfach mehr Tiefgang gefragt. Das heißt aber nicht, das Sie sich nicht trotzdem mit Ihrer äußeren Erscheinung Mühe geben dürfen...

Beruf, Finanzen: Auf der geschäftlichen Ebene könnte sich der September durchaus zum erfolgreichsten Monat des Jahres für den Affen entwickeln. Der Hahn schlägt nun eine Brücke zwischen den zahlreichen Fähigkeiten des Affen und der Genauigkeit der Schlange. Das lässt sich unter Umständen gut in bare Münze umsetzen.

Die Wahl des richtigen Zeitpunkts ist einmal mehr entscheidend dafür, wie weit Sie es jetzt mit Ihren Projekten bringen können. Sie sollten bitte nichts überstürzen.

Tipp des Monats:

Auch der kreative Affe muss sich an die Regeln halten. Tanzen Sie nun bitte nicht zu sehr aus der Reihe!

YU
Hahn

Grundtendenz des Monats:

Der Hahn hat in der Regel klare Vorstellungen davon, wie er leben möchte. Wenn bei Ihnen Wunsch und Realität zurzeit noch auseinander klaffen, wäre nun ein guter Zeitpunkt, die aktuelle Situation mit Hilfe der Schlange zu analysieren. Was können Sie tun, um Ihrem Ideal näher zu kommen? Wer kann Sie dabei unterstützen?

Mit einem zweiten Hahn an Ihrer Seite sollte es nun nicht so schwer sein, die eigenen Vorstellungen der Außenwelt zu präsentieren. Ist der Zeitpunkt gut gewählt und die Sache gut vorbereitet, sollten Ihre Vorschläge Anklang finden. Lassen Sie sich auf keinen Fall dazu verleiten abzuschweifen, sondern vertreten Sie voll konzentriert Ihre Überzeugungen.

Liebe, Familie, Freundschaft: Wie oft haben Sie sich schon darüber geärgert, dass Ihre Lieben nicht Ihre hohen Standards für Ordnung und Struktur im Zusammenleben teilen? Auch wenn Ihnen das jetzt im September ganz besonders ein Dorn im Auge ist, sollten Sie möglichst entspannt reagieren. Mit harscher Kritik werden Sie nichts an der Situation ändern können.

Auch in Liebesangelegenheiten möchte der Hahn am liebsten alles möglichst perfekt haben. Bleiben Sie realistisch und setzen Sie Ihre bessere Hälfte und sich selbst nicht unnötig unter Druck.

Beruf, Finanzen: In diesen Wochen können Sie sicher ein gutes Gespür dafür entwickeln, wann Sie welche Schritte einleiten sollten. Das starke Holz-Element stärkt nämlich nicht nur Ihre Kreativität, sondern in seiner Yin-Ausprägung auch Ihre Intuition. Die Schlange tut 2025 ihr übriges dazu, damit Sie mehr auf Ihr Gefühl vertrauen. Das heißt aber nicht, dass Sie nicht trotzdem genau hinschauen sollten, bevor Sie endgültig loslegen.

Der Ton macht einmal mehr die Musik, lieber Hahn! Auch gute Argumente wollen so vorgetragen werden, dass sich dabei niemand auf den Schlips getreten fühlt.

Tipp des Monats:

Es ist möglich, nach den eigenen Regeln zu leben. Es hängt allerdings stark davon ab, wie gut Sie das Ganze kommunizieren.

SHIH
Hund

Grundtendenz des Monats:
Im September möchten viele Angelegenheiten wirklich ganz genau mit der Lupe betrachtet werden. Das liegt sicher auch daran, dass neben der Jahresregentin nun ein penibler Holz-Hahn die Bühne betritt. Für den Hund bedeutet das, dass er noch einmal mehr Zeit in seine Recherche stecken darf. Das gibt ihm dann ein viel sichereres Gefühl, wenn er seine Entscheidungen zu treffen hat.

Lassen Sie sich nicht beirren, wenn man Ihren Weg anzweifelt. Wenn es sich für Sie richtig anfühlt und niemandem schadet, gibt es keinen Grund, etwas zu ändern. In diesem Fall können Sie die Unkenrufe getrost ignorieren.

Liebe, Familie, Freundschaft: Wie läuft es denn so im Alltag mit Ihrer Familie? Wenn Sie nicht zufrieden sind, wäre nun ein guter Zeitpunkt, gewisse Abläufe neu zu strukturieren. Das starke Holz-Element bringt in diesem Monat die passenden Ideen dazu, mit dem Yin-Metall des gewissenhaften Hahns wird kein Detail übersehen. Bleibt nur noch, dass Sie die Bereitschaft zeigen, die nötigen Veränderungen auch direkt anzugehen.

Wer auf der Suche nach einer neuen Liebe ist, sollte in diesen Wochen ruhig mehr Aufwand in seine äußere Erscheinung stecken. Natürlich dürfen Sie darüber Ihre inneren Werte nicht vergessen.

Beruf, Finanzen: Mit Hahn und Schlange an seiner Seite sollte der Hund in allen geschäftlichen Belangen punkten können. Vor allem im Bereich der Finanzen zeigt sich sicher die positive Wirkung und gibt Ihnen nun mehr Spielraum zum handeln. Wenn Sie in den vergangenen Monaten alle nötigen Informationen zusammengetragen haben, dürfen Sie jetzt ruhig ein bisschen risikofreudiger agieren.

Bei neuen Kontakten sollten Sie sich ruhig ein bisschen mehr Zeit für die Einschätzung geben. Mit einem vorschnellen Urteil tun Sie der anderen Seite unter Umständen unrecht.

Tipp des Monats:
Ein bisschen mehr Sorgfalt kann jetzt nicht schaden. Nehmen Sie sich nun genug Zeit, um genau hinzuschauen!

HAN
Schwein

Grundtendenz des Monats:
Mit einem stolzen Hahn an seiner Seite kann das Schwein im September deutlich mehr glänzen und sich von seiner besten Seite zeigen. Das mag nun vor allem dann nötig sein, wenn es darum geht, die eigenen Überzeugungen vor Menschen zu vertreten, die möglicherweise anderer Meinung sind. Weisen Sie jetzt nicht nur auf die Fakten hin, sondern versuchen Sie, auch mit Ihrer Persönlichkeit zu überzeugen.

Einmal mehr ist das Erd-Element in diesem Monat nicht besonders stark ausgeprägt. Das kann beim Schwein zuweilen eine gewisse Unsicherheit auslösen, die sich nur dann abschütteln lässt, wenn es sich auf seine Fähigkeiten konzentriert und nicht zu viel Neues wagt.

Liebe, Familie, Freundschaft: Ein guter äußerer Eindruck kann nun ein echter Türöffner sein, wenn Sie jemand Neues kennenlernen wollen - sei es auf der romantischen oder der freundschaftlichen Ebene. Da dürfen Sie sich nun ruhig ein bisschen mehr Mühe geben, liebes Schwein.

Ziehen Sie keine vorschnellen Schlüsse, wenn es um Ihren Partner oder den Nachwuchs geht. Im Zweifelsfall sollten Sie immer erst einmal das Gespräch suchen. Sie werden feststellen, dass Sie Ihr Urteil meist schnell revidieren können, wenn Sie die andere Seite zu Wort kommen lassen.

Beruf, Finanzen: Schlange und Hahn sind eine wirklich gute Kombination, wenn es ums Geschäftliche geht. Die beiden mögen andere Methoden anwenden als das Schwein, aber der Erfolg dürfte ihnen in diesem Monat recht geben. Lassen Sie sich also ruhig darauf ein und spielen Sie jetzt nach den Regeln der Jahresregentin.

Finanzielle Transaktionen sind im September immer dann begünstigt, wenn das Schwein genug Sorgfalt bei der Vorbereitung hat walten lassen. Mit der Weitsicht des Hahns lassen sich jetzt durchaus gute Gewinne machen.

Tipp des Monats:
Am Ende des Tages sind Sie immer dann besonders zufrieden, wenn Sie nach Ihren eigenen Regeln spielen können. Scheuen Sie sich jetzt nicht, die passenden Vorgaben zu machen!

September 2025	Jahreskonstellation – Holz Schlange Monatskonstellation – Holz Hahn

1. Wasser Hahn	Ratte Büffel Tiger Hase Drache Schlange Pferd Ziege Affe Hahn Hund Schwein **Günstig:** Putzen, waschen, fasten, seelische und körperliche Pflege, Arztbesuche **Ungünstig:** Ausdauersport, Reisen, Hochzeit.
2. Holz Hund	Ratte Büffel Tiger Hase Drache Schlange Pferd Ziege Affe Hahn Hund Schwein **Günstig:** Umziehen, Reisen, Hochzeiten, Empfänge, wichtige Konferenzen. **Ungünstig:** geistige Arbeiten, Gartenarbeit, häusliche Tätigkeiten.
3. Holz Schwein	Ratte Büffel Tiger Hase Drache Schlange Pferd Ziege Affe Hahn Hund Schwein **Günstig:** Versammlungen, gerechte Verteilungen, Hochzeit, Konferenzen, Umzug **Ungünstig:** Gartenarbeit, Dinge zum Abschluss bringen.
4. Feuer Ratte	Ratte Büffel Tiger Hase Drache Schlange Pferd Ziege Affe Hahn Hund Schwein **Günstig:** Gartenarbeit, Feiern, Hochzeit, Dinge zum Abschluss bringen. **Ungünstig:** keine Anschuldigungen gegen Dritte erheben.
5. Feuer Büffel	Ratte Büffel Tiger Hase Drache Schlange Pferd Ziege Affe Hahn Hund Schwein **Günstig:** Gartenarbeit, Hochzeit, Dinge zum Abschluss bringen. **Ungünstig:** Umzug, Reisen, Geschäftseröffnung
6. Erd Tiger	Ratte Büffel Tiger Hase Drache Schlange Pferd Ziege Affe Hahn Hund Schwein **Günstig:** Ausruhen, Meditation, seinen Hobbys nachgehen. **Ungünstig:** wichtige Unternehmungen.
7. Erd Hase	Ratte Büffel Tiger Hase Drache Schlange Pferd Ziege Affe Hahn Hund Schwein **Günstig:** Ausruhen, Meditation, seinen Hobbys nachgehen. **Ungünstig:** wichtige Unternehmungen.
8. Metall Drache	Ratte Büffel Tiger Hase Drache Schlange Pferd Ziege Affe Hahn Hund Schwein **Günstig:** Amüsieren, mit Freunden ausgehen, Freizeitaktivitäten **Ungünstig:** geschäftliche Aktivitäten, neue Dinge anfangen.
9. Metall Schlange	Ratte Büffel Tiger Hase Drache Schlange Pferd Ziege Affe Hahn Hund Schwein **Günstig:** für die meisten Aktivitäten, Geschäftsabschlüsse, Partnerschaft **Ungünstig:** negative Bemerkungen über andere Menschen.
10. Wasser Pferd	Ratte Büffel Tiger Hase Drache Schlange Pferd Ziege Affe Hahn Hund Schwein **Günstig:** Handel, Geschäftseröffnungen, Hochzeiten und andere Feste planen. **Ungünstig:** Beerdigungen, Reisen, Arztbesuche.
11. Wasser Ziege	Ratte Büffel Tiger Hase Drache Schlange Pferd Ziege Affe Hahn Hund Schwein **Günstig:** Handwerkliche Aktivitäten, Handel, Hochzeiten, Reisen **Ungünstig:** Trauerfeiern und Beerdigungen, schwere körperliche Arbeit
12. Holz Affe	Ratte Büffel Tiger Hase Drache Schlange Pferd Ziege Affe Hahn Hund Schwein **Günstig:** Ankündigungen machen, Beerdigungen, Trauerfeiern. **Ungünstig:** Handel, Vergnügungen, Freizeitaktivitäten
13. Holz Hahn	Ratte Büffel Tiger Hase Drache Schlange Pferd Ziege Affe Hahn Hund Schwein **Günstig:** Kleidung schneiden, Handel, Buchhaltung, Ausflüge, neue Dinge beginnen **Ungünstig:** Geschäfte eröffnen, Kraftanstrengungen, Reisen, Ersparnisse ausgeben
14. Feuer Hund	Ratte Büffel Tiger Hase Drache Schlange Pferd Ziege Affe Hahn Hund Schwein **Günstig:** Putzen, waschen, fasten, seelische und körperliche Pflege, Arztbesuche **Ungünstig:** Ausdauersport, Reisen, Hochzeit.
15. Feuer Schwein	Ratte Büffel Tiger Hase Drache Schlange Pferd Ziege Affe Hahn Hund Schwein **Günstig:** Umziehen, Reisen, Hochzeiten, Empfänge, wichtige Konferenzen. **Ungünstig:** geistige Arbeiten, Gartenarbeit, häusliche Tätigkeiten.

Ob ein Tag besonders günstig für Ihr Tierzeichen ist, sehen Sie an folgenden Farben:
Rot = sehr günstig, Grau = günstig, Schwarz = nicht günstig

16. Erd Ratte	Ratte Büffel Tiger Hase Drache Schlange Pferd Ziege Affe Hahn Hund Schwein **Günstig:** Versammlungen, gerechte Verteilungen, Hochzeit, Konferenzen, Umzug. **Ungünstig:** Gartenarbeit, Dinge zum Abschluss bringen.
17. Erd Büffel	Ratte Büffel Tiger Hase Drache Schlange Pferd Ziege Affe Hahn Hund Schwein **Günstig:** Gartenarbeit, Feiern, Hochzeit, Dinge zum Abschluss bringen. **Ungünstig:** keine Anschuldigungen gegen Dritte erheben.
18. Metall Tiger	Ratte Büffel Tiger Hase Drache Schlange Pferd Ziege Affe Hahn Hund Schwein **Günstig:** Gartenarbeit, Hochzeit, Dinge zum Abschluss bringen. **Ungünstig:** Umzug, Reisen, Geschäftseröffnung.
19. Metall Hase	Ratte Büffel Tiger Hase Drache Schlange Pferd Ziege Affe Hahn Hund Schwein **Günstig:** Ausruhen, Meditation, seinen Hobbys nachgehen. **Ungünstig:** wichtige Unternehmungen.
20. Wasser Drache	Ratte Büffel Tiger Hase Drache Schlange Pferd Ziege Affe Hahn Hund Schwein **Günstig:** Amüsieren, mit Freunden ausgehen, Freizeitaktivitäten **Ungünstig:** geschäftliche Aktivitäten, neue Dinge anfangen.
21. Wasser Schlange	Ratte Büffel Tiger Hase Drache Schlange Pferd Ziege Affe Hahn Hund Schwein **Günstig:** für die meisten Aktivitäten, Geschäftsabschlüsse, Partnerschaft **Ungünstig:** negative Bemerkungen über andere Menschen.
22. Holz Pferd	Ratte Büffel Tiger Hase Drache Schlange Pferd Ziege Affe Hahn Hund Schwein **Günstig:** Handel, Geschäftseröffnungen, Hochzeiten und andere Feste planen. **Ungünstig:** Beerdigungen, Reisen, Arztbesuche.
23. Holz Ziege	Ratte Büffel Tiger Hase Drache Schlange Pferd Ziege Affe Hahn Hund Schwein **Günstig:** Handwerkliche Aktivitäten, Handel, Hochzeiten, Reisen **Ungünstig:** Trauerfeiern und Beerdigungen, schwere körperliche Arbeit
24. Feuer Affe	Ratte Büffel Tiger Hase Drache Schlange Pferd Ziege Affe Hahn Hund Schwein **Günstig:** Ankündigungen machen, Beerdigungen, Trauerfeiern. **Ungünstig:** Handel, Vergnügungen, Freizeitaktivitäten
25. Feuer Hahn	Ratte Büffel Tiger Hase Drache Schlange Pferd Ziege Affe Hahn Hund Schwein **Günstig:** Kleidung schneidern, Handel, Buchhaltung, Ausflüge, neue Dinge beginnen **Ungünstig:** Geschäfte eröffnen, Kraftanstrengungen, Reisen, Ersparnisse ausgeben
26. Erd Hund	Ratte Büffel Tiger Hase Drache Schlange Pferd Ziege Affe Hahn Hund Schwein **Günstig:** Putzen, waschen, fasten, seelische und körperliche Pflege, Arztbesuche **Ungünstig:** Ausdauersport, Reisen, Hochzeit.
27. Erd Schwein	Ratte Büffel Tiger Hase Drache Schlange Pferd Ziege Affe Hahn Hund Schwein **Günstig:** Umziehen, Reisen, Hochzeiten, Empfänge, wichtige Konferenzen. **Ungünstig:** geistige Arbeiten, Gartenarbeit, häusliche Tätigkeiten.
28. Metall Ratte	Ratte Büffel Tiger Hase Drache Schlange Pferd Ziege Affe Hahn Hund Schwein **Günstig:** Versammlungen, gerechte Verteilungen, Hochzeit, Konferenzen, Umzug **Ungünstig:** Gartenarbeit, Dinge zum Abschluss bringen.
29. Metall Büffel	Ratte Büffel Tiger Hase Drache Schlange Pferd Ziege Affe Hahn Hund Schwein **Günstig:** Gartenarbeit, Feiern, Hochzeit, Dinge zum Abschluss bringen. **Ungünstig:** keine Anschuldigungen gegen Dritte erheben.
30. Wasser Tiger	Ratte Büffel Tiger Hase Drache Schlange Pferd Ziege Affe Hahn Hund Schwein **Günstig:** Gartenarbeit, Hochzeit, Dinge zum Abschluss bringen. **Ungünstig:** Umzug, Reisen, Geschäftseröffnung

TZE Ratte

Grundtendenz des Monats:
Im Oktober kommt mit dem Hund endlich wieder etwas mehr Erde ins Spiel. Das kann unter anderem dafür sorgen, dass die Ratte nun die Gelegenheit bekommt, pragmatisch auf ihre aktuelle Situation zu schauen und die eigenen Möglichkeiten besser einzuschätzen.
Da der Hund immer auch für Konstanz und ein hohes Sicherheitsdenken steht, kann es durchaus möglich sein, dass angestrebte Veränderungen nun doch noch etwas auf sich warten lassen. Das muss die Ratte jedoch nicht beunruhigen. Am Ende des Tages trifft sie so mit Bedacht die Entscheidung, die für sie langfristig am besten ist.

Liebe, Familie, Freundschaft: Wenn es darum geht, Familie und Partner zu schützen, nimmt die Ratte in diesen Wochen einiges auf sich. Sie beobachten jetzt noch genauer als sonst, wie man in Ihrer Umgebung miteinander umgeht. Schreiten Sie am besten gleich ein, wenn Sie das Gefühl haben, man tritt Ihren Lieben zu nahe.
Das Thema Treue und Loyalität spielt für die Holz-Schlange eine fast genauso große Rolle wie für den Feuer-Hund, der Sie in diesem Monat begleitet. Deshalb dürfen Sie in diesen Wochen Ihrem Partner noch mehr als sonst zeigen, wie wichtig seine Präsenz in Ihrem Leben ist.

Beruf, Finanzen: Der Krug geht so lange zum Brunnen, bis er bricht. Achten Sie im Oktober bitte darauf, dass Sie bei der Arbeit Mensch und Maschine nicht überfordern. Es wäre doch schade, wenn Sie zu einer unfreiwilligen Pause verdonnert werden, weil Reparaturen nötig sind oder Ihnen die Konzentration oder Energie zum Weitermachen fehlt. Die Empfehlung für diesen Monat lautet ganz klar, dass Sie mit Ihren Kräften haushalten sollen.
Unnötige Risiken sollten Sie jetzt auch in Finanzangelegenheiten lieber nicht eingehen und Ihr Erspartes nicht angreifen, wenn es nicht unbedingt nötig erscheint.

Tipp des Monats:
Pausen sind wichtig! Sei es, um Projekte und ihre Ergebnisse zu analysieren oder einfach auch nur, um sich selbst nicht zu überfordern.

KIU Büffel

Grundtendenz des Monats:
Achten Sie jetzt besonders auf die Details. Die Schlange will den Dingen im Oktober noch mehr auf den Grund gehen als sonst. Das mag etwas mehr Zeit kosten, schützt aber letztendlich vor falschen Entscheidungen und unnötigen Ausgaben. Wichtig ist lediglich, dass Sie dabei das Gesamtbild nicht aus den Augen verlieren.
Bevor Sie den Wald vor lauter Bäumen nicht mehr sehen, vergessen Sie nicht, rechtzeitige Pausen einzulegen. Danach ist Ihr Blick mehr geschärft.
Feuer- und Erd-Element sind in diesem Monat recht ausgeprägt. Da ist es umso wichtiger für den Büffel, die ordnende Energie des Metall-Elements nicht zu vernachlässigen.

Liebe, Familie, Freundschaft: Eine erhöhte Wachsamkeit kann auch auf der familiären Ebene nicht schaden. Dabei geht es jetzt weniger darum, bei Ihren Lieben die Finger in die offene Wunde zu legen. Vielmehr sollte mehr Aufmerksamkeit jetzt dazu führen, dass man gemeinsam konstruktiv an einer Lösung arbeitet. Der Büffel wird nicht umsonst als einer der besten Problemlöser im Chinesischen Tierkreis angesehen.
Freundschaften wollen gepflegt werden, lieber Büffel. Das heißt, dass man sich nicht nur dann bei anderen Menschen melden sollte, wenn es Probleme gibt.

Beruf, Finanzen: Die Vernunft übernimmt in diesen Wochen das Ruder. Die Kombination aus Hund und Schlange sorgt dafür, dass der Büffel gerade auf der beruflichen Ebene nun deutlich weniger Spielraum für Abweichungen von der Norm hat und sich wieder mehr auf eingetretenen Pfaden bewegt. Auch wenn Sie sich damit nicht wohl fühlen und es triftige Gründe dagegen gibt, kann es nun besser sein, erst einmal die Bälle flach zu halten.
Sehen Sie das Ganze positiv! So erwarten Sie wenigstens erst einmal keine unangenehmen Überraschungen.

Tipp des Monats:
Wenn Sie in den letzten Monaten des Jahres der Schlange noch mehr erreichen wollen, sollten Sie es sich nun nicht zu bequem machen!

YING
Tiger

Grundtendenz des Monats: Wirklichen Fortschritt sollten Sie in diesem Monat lieber nicht erwarten, auch wenn Sie mit dem Hund nun ein Tierzeichen begleitet, das ganz nach dem Geschmack des Tigers ist. Es handelt sich aber um einen eher gemütlichen Vertreter seiner Art, der Ihnen nicht unbedingt dabei helfen wird, ehrgeizige Pläne sofort in die Tat umzusetzen. Ärgern Sie sich nicht, wenn es nun nicht schnell genug voran geht, sondern sparen Sie Ihre Energie lieber für wichtigere Dinge auf.
Vielleicht können Sic die gewonnene Zeit nutzen, um mit Hilfe der Schlange noch einmal für Sie wichtige Themen zu vertiefen.

Liebe, Familie, Freundschaft: Wenn es im Außen vielleicht gerade etwas schleppend läuft, ist das kein Grund, Ihren Frust in die Beziehung zu tragen. Ihre bessere Hälfte kann wirklich nichts dafür, dass sich die Dinge im Augenblick langsamer entwickeln. Man kann das Ganze auch positiv sehen - so haben Sie mehr Zeit füreinander.
Wann haben Sie sich das letzte Mal mit Ihren Freunden getroffen? Der Hund ist das loyalste Zeichen im Chinesischen Tierkreis und sehr verlässlich, wenn es darum geht, den Kontakt zu halten. Nehmen Sie sich nun ruhig ein Beispiel an ihm und machen Sie den ersten Schritt.

Beruf, Finanzen: Man kann Mensch und Maschine nur bis zu einem gewissen Grad beanspruchen. Wer nun rechtzeitig Pausen einbaut, beugt Materialverschleiß und potentieller Erschöpfung vor. Hören Sie auf die Stimme der Vernunft!
Ein Sicherheits-Check kann nun in allen Bereichen nicht schaden. Der Schlange entgeht nicht die kleinste Unregelmäßigkeit, wenn ein wachsamer Hund Sie begleitet. Da fühlt sich der Tiger doch sicher gleich viel besser, wenn er alles kontrolliert hat und auf diese Weise vielleicht sogar ein paar Fehlerquellen ausmerzen konnte. Auch Kollegen und Chef wissen es zu schätzen, wenn Sie alles in Ordnung halten.

Tipp des Monats:
Bleiben Sie entspannt und friedlich! Aufregen nützt Ihnen gar nichts und schwächt nur Ihre Nerven.

MAO
Hase

Grundtendenz des Monats: Ein bisschen mehr Wachsamkeit kann in diesem Monat sicher nicht schaden, lieber Hase. Mit dem Feuer-Hund bekommen Sie dazu jetzt genau den richtigen Partner an Ihre Seite. Wer ruhig und besonnen seine Umgebung im Blick behält, erlebt nun keine bösen Überraschungen.
Im Jahr der Schlange müssen Sie sich generell nicht allzu große Sorgen machen, denn die Jahresregentin meint es wirklich gut mit dem Hasen. Fokussieren Sie einfach auf die positiven Ereignisse in Ihrem Leben und lassen Sie sich von kleinen Dämpfern jetzt nicht die Launc verderben.

Liebe, Familie, Freundschaft: Sowohl Hund als auch Schlange sind dafür bekannt, langfristige Beziehungen zu pflegen. Das sind gute Voraussetzungen für alle Hasen, die sich einen Partner wünschen, der möglichst für immer bei Ihnen bleibt. Damit die Liebe von Dauer sein kann, ist es wichtig, von Anfang an offen miteinander umzugehen und die gegenseitige Zuneigung nicht zu verstecken.
Bevor im nächsten Monat der Winter beginnt, wäre es nun vielleicht noch einmal eine gute Idee, in den eigenen vier Wänden einige Verbesserungen oder kleine Renovierungsarbeiten vorzunehmen. Vielleicht können Sie Ihre Lieben ja motivieren, mit anzupacken?

Beruf, Finanzen: Wenn Sie einer dauerhaften Erschöpfung vorbeugen wollen, wäre nun ein guter Zeitpunkt für eine Pause. Sie tun sich selbst und auch Ihrem Chef oder den Kollegen nichts Gutes, wenn Sie sich zu sehr verausgaben.
Das Metall-Element ist im Oktober nicht besonders stark vertreten. Das kann bedeuten, dass es nun nicht so einfach ist, Struktur in den Arbeitsalltag zu bringen. Sollte Ihnen das Thema generell Schwierigkeiten bereiten, suchen Sie sich jetzt am besten Unterstützung. Vielleicht kann Ihnen nun jemand anderes eine gut umsetzbare Planung aufsetzen.

Tipp des Monats:
Halten Sie sich lieber nicht zu lange an Nebenschauplätzen auf, sondern versuchen Sie sich jetzt auf das Wesentliche zu konzentrieren.

SHENG
Drache

Grundtendenz des Monats:
Mit dem Hund erscheint im Oktober ein Tierzeichen, dass es durchaus manchmal darauf anlegt, dem Drachen das Leben etwas schwerer zu machen. Wenn Sie nun in fantasievollen Plänen schwelgen, könnte es deshalb passieren, dass der Hund Sie zurück auf den Boden der Tatsachen bringt. Sehen Sie das nicht als unerlaubte Einmischung, sondern eher als Hilfestellung. Sie sparen ordentlich Zeit, wenn allzu abgehobene Ideen erst gar nicht weiter verfolgt werden.
Hunde, die bellen, beißen meistens nicht. Deshalb sollte es Sie nicht stören, wenn man sich nun bei Ihnen über allerlei Dinge beschwert, die Sie im Grunde kaum betreffen.

Liebe, Familie, Freundschaft: Selbst der abenteuerlustigste Drache sehnt sich zuweilen nach etwas mehr Stabilität. In den eigenen vier Wänden können Sie das nun recht einfach erreichen, indem Sie einfach regelmäßiger Zeit mit der Familie verbringen. Zeigen Sie mehr Loyalität Ihren Freunden gegenüber und nehmen Sie sich Zeit, alte Kontakte aufzufrischen.
In der Partnerschaft sollten Sie nun weder sich selbst noch Ihrer besseren Hälfte zu viel abverlangen. In diesem Monat ist es noch wichtiger als sonst, auf die innere Stimme zu hören und rechtzeitig Pausen einzulegen.

Beruf, Finanzen: Mensch und Material sind nicht unbegrenzt belastbar, lieber Drache. Auch wenn Sie selbst sich nun absolut fit und den Aufgaben gewachsen fühlen, muss das nicht automatisch auch für Mitarbeiter oder Kollegen gelten. Akzeptieren Sie nun bitte, dass jeder seinem persönlichen Rhythmus folgen sollte.
Sowohl Schlange als auch der Hund gehören zu den eher pragmatischen Vertretern des Chinesischen Tierkreis. Da sollte es jetzt nicht so schwer fallen, die aktuelle Situation am Arbeitsplatz realistisch einzuschätzen. Eine positive Einstellung ist immer gut - aber manchmal reicht das eben leider nicht aus.

Tipp des Monats:
Es ist nun besonders viel Konzentration erforderlich. Passen Sie gut auf sich auf!

SZE
Schlange

Grundtendenz des Monats:
Wer im vergangenen Monat seine Prioritäten ein wenig überdacht hat, hat nun vielleicht endlich Zeit, mehr Pausen in seinen Alltag einzubauen. Im Oktober geht es vor allem darum, die eigenen Reserven zu schonen und leere Batterien wieder aufzufüllen.
Ein freundlicher, aber wachsamer Feuer-Hund begleitet Sie in diesen Wochen und sorgt dafür, dass Ihnen auch in ruhigeren Phasen nichts entgeht. Dabei ist es gar nicht immer notwendig, gleich aktiv zu werden, wenn die Dinge nicht ganz so optimal laufen. Oft kann man auch einfach abwarten, wie sich das Ganze entwickelt und im Zweifelsfall noch später einschreiten.

Liebe, Familie, Freundschaft: Wenn der Hund im Jahreskreis auftaucht, geht es immer auch darum, Heim und Familie mehr Aufmerksamkeit zu schenken. Betrachten Sie die aktuelle Situation dabei ruhig ein bisschen mehr von außen. Eine neue Perspektive kann jetzt neue Erkenntnisse bringen, wie sich das Zusammenleben noch schöner gestalten lässt.
Der Hund und auch die Schlange nehmen es mit der Treue in der Regel sehr genau und erwarten das Gleiche jetzt auch von Ihren Partnern.

Beruf, Finanzen: Wenn man nun wissen will, wo Ihre Loyalitäten liegen, sollten Sie auf jeden Fall ehrlich sein. Es schadet nicht, klar zu einer Sache zu stehen, von der Sie überzeugt sind. Sollte das bedeuten, dass Sie eine andere Richtung nicht ausschließen, dürfen das Chef und Kollegen ruhig wissen. Vielleicht macht man Ihnen ja ein besseres Angebot, wenn man merkt, dass Sie sich nicht an Ihren aktuellen Platz gebunden fühlen.
Volle Konzentration ist immer dann erforderlich, wenn das Pensum besonders hoch ist. Im Zweifelsfall erstellen Sie einen Terminplan, an den Sie sich ohne Stress halten können. Planen Sie dabei auf jeden Fall genug Zeit zum erholen ein.

Tipp des Monats:
Auch wenn Sie sich verpflichtet fühlen, jetzt eine bestimmte Leistung zu bringen, sollten Sie innehalten, wenn Ihr Körper und Ihr Geist eine Pause brauchen.

WU
Pferd

Grundtendenz des Monats:
Vielleicht mangelt es dem Pferd im Jahr der Schlange zuweilen ein bisschen an der Motivation. Sie sind es einfach nicht gewohnt, sich abwartend zu verhalten, sondern möchten die Dinge lieber selbst in die Hand nehmen. So funktioniert das aber leider im aktuellen Jahr nicht, liebes Pferd!
Mit dem Feuer-Hund bekommt das Pferd nun einen Partner, mit dem es in der Vergangenheit immer gut auf ambitionierte Ausflüge gehen konnte. Allerdings wacht das Exemplar aus diesem Jahr lieber über bestehende Dinge, anstatt unterwegs zu sein. Mit ambitionierten Plänen sollten Sie also weiterhin auf günstigere Zeiten warten.

Liebe, Familie, Freundschaft: Verlangen Sie sich selbst und Ihren Lieben jetzt nicht zu viel ab. Bloss weil vielleicht im Außen nicht viel los ist, bedeutet das nicht, dass Sie sich auf der privaten Ebene stressen müssen. Wie wäre es nun, wenn Sie sich selbst einfach einmal eine Pause gönnen. Sie können es sich im Jahr der Schlange leisten, nicht Vollgas zu geben.
Stellen Sie sich nun ohne Wenn und Aber hinter Ihren Partner. Gerade wenn die Kritik aus dem engeren Umfeld kommt, ist es wichtig, dass Sie sich loyal zeigen, auch wenn Sie vielleicht nicht hundertprozentig einer Meinung sind. Das können Sie später gerne unter sich ausmachen.

Beruf, Finanzen: Im Jahr der Schlange kann es sich manchmal wirklich so anfühlen, als müssten Sie eine sehr träge Masse bewegen, um voranzukommen. Gerade in diesen Wochen lassen Entscheidungen auf sich warten, Informationen sind schwer zu beschaffen und mit der Anerkennung hapert es vielleicht auch zuweilen. Da ist es auch für das Pferd nicht einfach, jetzt motiviert bei der Sache zu bleiben.
Wenn das Ganze Ihnen zu anstrengend wird, setzen Sie einfach mal eine Runde aus. Ab dem nächsten Monat dürfte es wieder runder laufen.

Tipp des Monats:
So langsam es mit neuen Dingen vorangeht, so gut lassen sich nun übrigens bestehende Projekte weiter entwickeln.

WEI
Ziege

Grundtendenz des Monats:
Verstärkte Wachsamkeit ist nun in allen Bereichen Ihres Lebens angesagt. Mit dem Feuer-Hund haben Sie dabei einen Partner an Ihrer Seite, der Ihnen dabei hilft, aufmerksam Ihre Umgebung zu beobachten. Zum einen können Sie so eine Menge lernen. Zum anderen bewahrt Sie das auch vor unangenehmen Überraschungen.
Das Metal-Element ist im Oktober nicht präsent, was dazu führen kann, dass es in vielen Bereichen zuweilen ein bisschen an der nötigen Struktur fehlt. Das macht die Dinge auch für die Ziege unter Umständen etwas anstrengender als gewohnt. Achten Sie darauf sich nicht zu überfordern, sondern planen Sie regelmäßig Auszeiten ein, wenn Sie merken, dass es zu viel wird.

Liebe, Familie, Freundschaft: Lassen Sie sich nun bitte nicht mitziehen, wenn die Stimmung in Ihrem persönlichen Umfeld gerade nicht zum Besten ist. Sowohl die Jahresherrscherin als auch der Hund neigen zuweilen dazu, ihre Aufmerksamkeit zu sehr auf negative Aspekte zu lenken, anstatt sich an den positiven Dingen zu erfreuen. Da müssen Sie aber keinesfalls mitmachen.
Zeigen Sie jetzt, dass Sie loyal zu Ihrem Partner stehen. Es vertieft die Bindung ungemein, wenn man auch in der Öffentlichkeit ohne Wenn und Aber füreinander einsteht.

Beruf, Finanzen: Der Feuer-Hund schärft jetzt vor allem Ihren Blick für geschäftliche Belange. Das bedeutet nicht, dass Sie sofort tätig werden müssen. Wahrscheinlich geht es eher darum, erst einmal eine bessere Übersicht zu bekommen. Auf der Basis könnten dann die nächsten Schritte eingeleitet werden. Eile ist im Augenblick nicht geboten - Sie haben genug Zeit für eine gute Planung.
Es mag gerade nicht ganz so einfach zu sein, sich auf die wesentlichen Punkte zu konzentrieren. Das kann verschiedene Gründe haben, die es nun zu erkunden gilt. Im Zweifelsfall braucht es zusätzlichen Input von außen.

Tipp des Monats:
Sie müssen niemandem etwas beweisen. Folgen Sie entspannt dem Weg, den Ihnen Ihr inneres Gefühl vorgibt!

> Kalter Tau / Frost kommt herab < Oktober

SUNG
Affe

Grundtendenz des Monats:

Den schlafenden Feuer-Hund, der den Oktober begleitet, sollte der Affe nun lieber nicht wecken. Anstatt also nun mit impulsiven Aktionen die Aufmerksamkeit auf sich zu ziehen, halten Sie sich lieber zurück. Aus dem Hintergrund können Sie nun besser agieren und am Ende mehr erreichen. Wenn Ihnen die Schlange und der Hund nun etwas konservativere Ideen präsentieren, ist das bestimmt einen zweiten Blick wert. Manchmal muss man gar nicht um die Ecke denken, um eine für alle Seiten gute Lösung zu finden. Sie können sich bei den beiden sicher darauf verlassen, dass der Vorschlag Hand und Fuss hat.

Liebe, Familie, Freundschaft: Die aktuelle Regentin liebt das Geheimnisvolle. Das entspricht aber so gar nicht dem direkten Wesen des Affen, dem es in der Regel schon schwer fällt, kleine Geheimnisse für sich zu behalten. Im Oktober sollten Sie sich da wirklich ein bisschen mehr Mühe geben, lieber Affe! Wenn Ihr Partner oder ein enger Freund sich Ihnen jetzt anvertraut, ist wirklich Verschwiegenheit angesagt.

Auch in der Liebe geht es in diesen Wochen verstärkt um das Vertrauen, das man einander schenkt. Wenn Sie sich nicht sicher miteinander fühlen, sind das keine guten Voraussetzungen für einen langfristige Beziehung.

Beruf, Finanzen: Auf der beruflichen Ebene ist Ihre ganze Aufmerksamkeit gefordert, damit sich nun keine unnötigen Fehler einschleichen können. Da niemand seine volle Konzentration permanent aufrecht erhalten kann, sollten Sie sich ausreichend Pausen gönnen. Es sollte Ihnen nicht schwer fallen, diese in Ihren normalen Arbeitsablauf einzubauen, damit es keine Ermüdungserscheinungen gibt.

Mit kontinuierlichem Einsatz können Sie sich nun mehr Anerkennung erarbeiten als mit spontanen Aktionen. Achten Sie darauf, dass alles, was Sie tun, genug Substanz hat.

Tipp des Monats:

Es muss nicht immer Kaviar sein. Mit einfachen, aber ehrlichen Gesten erreichen Sie deutlich mehr.

YU
Hahn

Grundtendenz des Monats:

Mit dem Feuer-Hund kehrt im Oktober noch mehr Besonnenheit und damit unter Umständen auch an vielen Stellen eine eher konservative Sichtweise Ihrer aktuellen Situation ein. Davon müssen Sie sich langfristig sicher nicht bremsen lassen. In diesem Monat kann es aber sinnvoll sein, wenn Sie sich ein bisschen mehr zurück nehmen.

Wenn Sie nicht an der vordersten Front stehen, haben Sie um so mehr Zeit, um in Ruhe hinter die Fassade zu schauen. Zum gegebenen Zeitpunkt können Sie dann um so mehr glänzen.

Liebe, Familie, Freundschaft: Haben Sie in diesen Wochen Zeit übrig, wäre es vielleicht eine gute Idee, einmal wieder etwas mit Ihren Freunden zu unternehmen. Bei der Gelegenheit kann man sich nicht nur gegenseitig auf den neuesten Stand bringen, sondern vielleicht auch gemeinsame Allianzen schmieden.

In bestehenden Beziehungen geht es nun vor allem darum, dass sich beide Seiten miteinander wirklich gut aufgehoben fühlen und einander vertrauen können. Es kann nicht schaden, das immer wieder zu betonen und so das Gefühl von Sicherheit und Geborgenheit zu stärken.

Beruf, Finanzen: Wer sich in den letzten beiden Monaten bestimmten Regeln widersetzt hat, muss sich dafür nun wahrscheinlich rechtfertigen. Wenn Sie gute Gründe für Ihr Tun hatten und diese sachlich vortragen, sollte man Ihnen deswegen keine allzu großen Probleme machen.

Es macht nun keinen Sinn, sich selbst und die Kollegen zu sehr anzutreiben. Im Jahr der Schlange entwickeln sich Ihre Projekte einfach langsamer. Anstatt damit zu hadern, sollten Sie lieber dankbar sein, dass Sie sich 2025 nicht so sehr stressen müssen, um ans Ziel zu kommen.

Wer investieren möchte, sollte dabei konventioneller denken. Für riskante Transaktionen haben weder die Schlange noch der Hund viel übrig.

Tipp des Monats:

Begeben Sie sich mehr auf den Beobachtungsposten. So schaffen Sie die besten Voraussetzungen für den nächsten Monat.

> Kalter Tau / Frost kommt herab < Oktober

SHIH
Hund

Grundtendenz des Monats:
Wenn der Hund im Oktober von einem Artgenossen begleitet wird, kann sich zuweilen eine gewisse Schwere in sein Leben einschleichen. Dem können Sie in diesen Wochen am besten begegnen, wenn Sie genug Pausen einlegen und sich einfach einmal voll und ganz um sich selbst kümmern. Der Rest der Welt kommt jetzt ganz gut ohne Ihre loyale Unterstützung aus.

Die Schlange unterstützt Sie in diesem Monat, wenn es darum geht, die eigenen Werte zu vertreten. Wer Ihren Sinn für Stabilität und Zuverlässigkeit nicht teilt, wird sich schwer auf Dauer einen Platz in Ihrem Leben sichern können - sei es auf der privaten oder der geschäftlichen Ebene.

Liebe, Familie, Freundschaft: Verlässlichkeit könnte in diesen Wochen auch ein Thema im Kreise der Familie sein - vor allem, wenn es darum geht, die im vergangenen Monat beschlossene neue Aufgabenverteilung umzusetzen. Wenn Sie den Eindruck haben, dass Ihre Lieben das Ganze nicht ernst genug nehmen, ist jetzt eine ernste Ansage fällig.

Die Freiräume, die Sie sich gegenseitig in Ihrer Partnerschaft zugestanden haben, sollten nun wirklich nicht verhandelbar sein. Auch wenn es Ihnen schwer fällt, sollten Sie Ihre Bedenken jetzt erst einmal herunterschlucken und Ihrer besseren Hälfte mehr vertrauen.

Beruf, Finanzen: Die meisten beruflichen Angelegenheiten kann der Hund nun auch gut aus der Ferne analysieren. Wenn Sie also generell die Möglichkeit haben, von zu Hause zu arbeiten und dort ein ruhiges Plätzchen haben, sollten Sie die Gelegenheit im Oktober beim Schopf ergreifen. So können Sie sich Ihre Zeit besser einteilen und konzentriert und ungestört Ihren Job machen.

Hund und Schlange verhalten sich ähnlich vorsichtig, wenn es darum geht, finanzielle Aspekte zu bewerten. Im Zweifelsfall sollten Sie nun lieber nicht aktiv werden.

Tipp des Monats:
Verlangen Sie sich jetzt nicht zu viel ab! Wer auf seinen Körper hört, kommt deutlich besser durch die dunkle Jahreszeit.

HAN
Schwein

Grundtendenz des Monats:
Eine gewisse Wachsamkeit hat noch nie geschadet. Diese Erfahrung dürfte das Schwein im Jahr der Schlange sicher schon des Öfteren gemacht haben. Mit dem Feuer-Hund an Ihrer Seite dürfte Ihnen jetzt vor allem auf der privaten Ebene kein Detail entgehen.

Es ist nun ein guter Monat, um zu überprüfen, wie es um die eigenen Loyalitäten steht. Wem stehen Sie ohne Wenn und Aber zur Seite? Wo Sie Zweifel haben, sollten Sie schauen, worauf diese begründet sind. Eventuell ist es nötig, sich von bestimmten Dingen erst einmal zu distanzieren, um den richtigen Überblick zu bekommen.

Liebe, Familie, Freundschaft: Vertrauen ist gut, aber gerade beim eigenen Nachwuchs ist eine gewisse Kontrolle manchmal einfach besser. Damit sorgen Sie nicht nur dafür, dass Sie ruhiger schlafen können, sondern bewahren Ihre Kinder auch vor möglichen Schwierigkeiten.

Mit dem loyalen Hund an seiner Seite kann sich das Schwein besonders gut auf Heim und Familie konzentrieren. Nun dürfte es auch darum gehen, dass sich alle in den eigenen vier Wänden so richtig wohl fühlen.

Für Eifersüchteleien ist jetzt wirklich kein Platz in Ihrer Beziehung. Sollten solche Gefühle nun auftauchen, sollten Sie über Ihren Schatten springen und das Ganze sofort klären.

Beruf, Finanzen: Das fleißige Schwein will nun vielleicht noch einmal alles geben, um 2025 ein gutes Ergebnis hinzulegen. Dabei sollten Sie sich aber bitte nicht übernehmen! Ohne regelmäßige Pausen geht die Konzentration schnell den Bach hinunter und es können sich Fehler einschleichen, die später nicht mehr so leicht zu beheben sind.

Sie mögen nun eher zu konservativen Lösungsansätzen neigen. Das mag zwar nicht so ein großartiges Ergebnis liefern, aber dafür bleiben Sie auf der sicheren Seite. Der Spatz in der Hand ist nun sicher besser als die Taube auf dem Dach.

Tipp des Monats:
Wenn Sie sich nun zu unsicher fühlen, können Sie bestimmte Entscheidungen einfach vertagen.

Oktober 2025	Jahreskonstellation – Holz Schlange Monatskonstellation – Feuer Hund

1. Wasser Hase	Ratte Büffel Tiger Hase Drache Schlange Pferd Ziege Affe Hahn Hund Schwein **Günstig:** Ausruhen, Meditation, seinen Hobbys nachgehen. **Ungünstig:** wichtige Unternehmungen.
2. Holz Drache	Ratte Büffel Tiger Hase Drache Schlange Pferd Ziege Affe Hahn Hund Schwein **Günstig:** Amüsieren, mit Freunden ausgehen, Freizeitaktivitäten **Ungünstig:** geschäftliche Aktivitäten, neue Dinge anfangen.
3. Holz Schlange	Ratte Büffel Tiger Hase Drache Schlange Pferd Ziege Affe Hahn Hund Schwein **Günstig:** für die meisten Aktivitäten, Geschäftsabschlüsse, Partnerschaft **Ungünstig:** negative Bemerkungen über andere Menschen.
4. Feuer Pferd	Ratte Büffel Tiger Hase Drache Schlange Pferd Ziege Affe Hahn Hund Schwein **Günstig:** Handel, Geschäftseröffnungen, Hochzeiten und andere Feste planen. **Ungünstig:** Beerdigungen, Reisen, Arztbesuche.
5. Feuer Ziege	Ratte Büffel Tiger Hase Drache Schlange Pferd Ziege Affe Hahn Hund Schwein **Günstig:** Handwerkliche Aktivitäten, Handel, Hochzeiten, Reisen **Ungünstig:** Trauerfeiern und Beerdigungen, schwere körperliche Arbeit
6. Erd Affe	Ratte Büffel Tiger Hase Drache Schlange Pferd Ziege Affe Hahn Hund Schwein **Günstig:** Ankündigungen machen, Beerdigungen, Trauerfeiern. **Ungünstig:** Handel, Vergnügungen, Freizeitaktivitäten
7. Erd Hahn	Ratte Büffel Tiger Hase Drache Schlange Pferd Ziege Affe Hahn Hund Schwein **Günstig:** Kleidung schneidern, Handel, Buchhaltung, Ausflüge, neue Dinge beginnen **Ungünstig:** Geschäfte eröffnen, Kraftanstrengungen, Reisen, Ersparnisse ausgeben
8. Metall Hund	Ratte Büffel Tiger Hase Drache Schlange Pferd Ziege Affe Hahn Hund Schwein **Günstig:** Kleidung schneidern, Handel, Buchhaltung, Ausflüge, neue Dinge beginnen **Ungünstig:** Geschäfte eröffnen, Kraftanstrengungen, Reisen, Ersparnisse ausgeben
9. Metall Schwein	Ratte Büffel Tiger Hase Drache Schlange Pferd Ziege Affe Hahn Hund Schwein **Günstig:** Putzen, waschen, fasten, seelische und körperliche Pflege, Arztbesuche **Ungünstig:** Ausdauersport, Reisen, Hochzeit.
10. Wasser Ratte	Ratte Büffel Tiger Hase Drache Schlange Pferd Ziege Affe Hahn Hund Schwein **Günstig:** Umziehen, Reisen, Hochzeiten, Empfänge, wichtige Konferenzen. **Ungünstig:** geistige Arbeiten, Gartenarbeit, häusliche Tätigkeiten.
11. Wasser Büffel	Ratte Büffel Tiger Hase Drache Schlange Pferd Ziege Affe Hahn Hund Schwein **Günstig:** Versammlungen, gerechte Verteilungen, Hochzeit, Konferenzen, Umzug **Ungünstig:** Gartenarbeit, Dinge zum Abschluss bringen.
12. Holz Tiger	Ratte Büffel Tiger Hase Drache Schlange Pferd Ziege Affe Hahn Hund Schwein **Günstig:** Gartenarbeit, Feiern, Hochzeit, Dinge zum Abschluss bringen. **Ungünstig:** keine Anschuldigungen gegen Dritte erheben.
13. Holz Hase	Ratte Büffel Tiger Hase Drache Schlange Pferd Ziege Affe Hahn Hund Schwein **Günstig:** Gartenarbeit, Hochzeit, Dinge zum Abschluss bringen. **Ungünstig:** Umzug, Reisen, Geschäftseröffnung
14. Feuer Drache	Ratte Büffel Tiger Hase Drache Schlange Pferd Ziege Affe Hahn Hund Schwein **Günstig:** Ausruhen, Meditation, seinen Hobbys nachgehen. **Ungünstig:** wichtige Unternehmungen.
15. Feuer Schlange	Ratte Büffel Tiger Hase Drache Schlange Pferd Ziege Affe Hahn Hund Schwein **Günstig:** Amüsieren, mit Freunden ausgehen, Freizeitaktivitäten. **Ungünstig:** geschäftliche Aktivitäten, neue Dinge anfangen.

Ob ein Tag besonders günstig für Ihr Tierzeichen ist, sehen Sie an folgenden Farben:
Rot = sehr günstig, Grau = günstig, Schwarz = nicht günstig

16. Erd Pferd	Ratte Büffel Tiger Hase Drache Schlange Pferd Ziege Affe Hahn Hund Schwein **Günstig:** für die meisten Aktivitäten, Geschäftsabschlüsse, Partnerschaft. **Ungünstig:** negative Bemerkungen über andere Menschen.
17. Erd Ziege	Ratte Büffel Tiger Hase Drache Schlange Pferd Ziege Affe Hahn Hund Schwein **Günstig:** Handel, Geschäftseröffnungen, Hochzeiten und andere Feste planen. **Ungünstig:** Beerdigungen, Reisen, Arztbesuche.
18. Metall Affe	Ratte Büffel Tiger Hase Drache Schlange Pferd Ziege Affe Hahn Hund Schwein **Günstig:** Handwerkliche Aktivitäten, Handel, Hochzeiten, Reisen. **Ungünstig:** Trauerfeiern und Beerdigungen, schwere körperliche Arbeit.
19. Metall Hahn	Ratte Büffel Tiger Hase Drache Schlange Pferd Ziege Affe Hahn Hund Schwein **Günstig:** Ankündigungen machen, Beerdigungen, Trauerfeiern. **Ungünstig:** Handel, Vergnügungen, Freizeitaktivitäten.
20. Wasser Hund	Ratte Büffel Tiger Hase Drache Schlange Pferd Ziege Affe Hahn Hund Schwein **Günstig:** Kleidung schneidern, Handel, Buchhaltung, Ausflüge, neue Dinge beginnen **Ungünstig:** Geschäfte eröffnen, Kraftanstrengungen, Reisen, Ersparnisse ausgeben
21. Wasser Schwein	Ratte Büffel Tiger Hase Drache Schlange Pferd Ziege Affe Hahn Hund Schwein **Günstig:** Putzen, waschen, fasten, seelische und körperliche Pflege, Arztbesuche **Ungünstig:** Ausdauersport, Reisen, Hochzeit.
22. Holz Ratte	Ratte Büffel Tiger Hase Drache Schlange Pferd Ziege Affe Hahn Hund Schwein **Günstig:** Umziehen, Reisen, Hochzeiten, Empfänge, wichtige Konferenzen. **Ungünstig:** geistige Arbeiten, Gartenarbeit, häusliche Tätigkeiten.
23. Holz Büffel	Ratte Büffel Tiger Hase Drache Schlange Pferd Ziege Affe Hahn Hund Schwein **Günstig:** Versammlungen, gerechte Verteilungen, Hochzeit, Konferenzen, Umzug **Ungünstig:** Gartenarbeit, Dinge zum Abschluss bringen.
24. Feuer Tiger	Ratte Büffel Tiger Hase Drache Schlange Pferd Ziege Affe Hahn Hund Schwein **Günstig:** Gartenarbeit, Feiern, Hochzeit, Dinge zum Abschluss bringen. **Ungünstig:** keine Anschuldigungen gegen Dritte erheben.
25. Feuer Hase	Ratte Büffel Tiger Hase Drache Schlange Pferd Ziege Affe Hahn Hund Schwein **Günstig:** Gartenarbeit, Hochzeit, Dinge zum Abschluss bringen. **Ungünstig:** Umzug, Reisen, Geschäftseröffnung
26. Erd Drache	Ratte Büffel Tiger Hase Drache Schlange Pferd Ziege Affe Hahn Hund Schwein **Günstig:** Ausruhen, Meditation, seinen Hobbys nachgehen. **Ungünstig:** wichtige Unternehmungen.
27. Erd Schlange	Ratte Büffel Tiger Hase Drache Schlange Pferd Ziege Affe Hahn Hund Schwein **Günstig:** Amüsieren, mit Freunden ausgehen, Freizeitaktivitäten **Ungünstig:** geschäftliche Aktivitäten, neue Dinge anfangen.
28. Metall Pferd	Ratte Büffel Tiger Hase Drache Schlange Pferd Ziege Affe Hahn Hund Schwein **Günstig:** für die meisten Aktivitäten, Geschäftsabschlüsse, Partnerschaft **Ungünstig:** negative Bemerkungen über andere Menschen.
29. Metall Ziege	Ratte Büffel Tiger Hase Drache Schlange Pferd Ziege Affe Hahn Hund Schwein **Günstig:** Handel, Geschäftseröffnungen, Hochzeiten und andere Feste planen. **Ungünstig:** Beerdigungen, Reisen, Arztbesuche.
30. Wasser Affe	Ratte Büffel Tiger Hase Drache Schlange Pferd Ziege Affe Hahn Hund Schwein **Günstig:** Handwerkliche Aktivitäten, Handel, Hochzeiten, Reisen **Ungünstig:** Trauerfeiern und Beerdigungen, schwere körperliche Arbeit
31. Wasser Hahn	Ratte Büffel Tiger Hase Drache Schlange Pferd Ziege Affe Hahn Hund Schwein **Günstig:** Ankündigungen machen, Beerdigungen, Trauerfeiern. **Ungünstig:** Handel, Vergnügungen, Freizeitaktivitäten.

TZE Ratte

Grundtendenz des Monats:
Das Jahr der Holz-Schlange dauert nun schon einige Monate an. Da ist es Zeit für eine ehrliche Bestandsaufnahme. Was haben Sie aus den letzten Monaten mitgenommen? Wie schaut es mit Ihren Projekten aus? Wie kommen Sie voran? Auch wenn Sie die Energie der Schlange zuweilen als etwas mühsam empfinden, sollten Sie keinesfalls aufgeben.
Die dafür nötige Entschlossenheit bringt in diesen Wochen das Feuer-Schwein mit, das schon in der Chinesischen Mythologie beschwerliche Wege auf sich genommen hat, um die gestellten Aufgaben zu bewältigen und so zu seiner Bestimmung zu finden.

Liebe, Familie, Freundschaft: Das Thema Familie rückt für die Ratte nun in den Vordergrund. Schließlich gehört das Schwein zu den Tierzeichen, die sich besonders intensiv und selbstlos um seine Lieben kümmern. Es könnte in diesen Wochen für Sie wichtig sein, sich intensiver um das Wohl von Familie und Nachwuchs zu kümmern und Ihren Fokus auf diesen Bereich zu verlagern.
Emotional oder analytisch? Wie möchten Sie nun von Ihrem Partner wahrgenommen werden? Schwein und Schlange stehen sich im Tierkreis genau gegenüber und verkörpern diese beiden Aspekte. Sie müssen sich nun allerdings nicht für eine Seite entscheiden, sondern können die unterschiedlichen Facetten Ihrer Persönlichkeit ausleben.

Beruf, Finanzen: Mit Fleiß und Ausdauer kommt man am Ende immer ans Ziel. Von der aktuellen Regentin sollten Sie mittlerweile gelernt haben, dass schnelle Erfolge oft genauso rasch wieder verpuffen, wie sie erreicht wurden. Setzen Sie deshalb jetzt lieber auf einen langsameren Fortschritt. Im November geht es auch auf der beruflichen Ebene mehr darum herauszufinden, was Ihnen wirklich liegt und Freude bereitet. Das Finanzielle ist dabei eher erst einmal zweitrangig.

Tipp des Monats:
Strengen Sie sich an! Es mag nicht einfach sein, den Gipfel zu erklimmen, aber wenn man erst einmal oben ist, ist die Aussicht phantastisch!

KIU Büffel

Grundtendenz des Monats:
Ein Feuer-Schwein begleitet den Büffel in diesem Monat. Auch wenn es vielleicht auf den ersten Blick nicht so aussieht, haben diese beiden einiges gemeinsam. Beide fühlen sich in einer gewohnten Umgebung am wohlsten, was dazu führen kann, dass der Büffel im November keine neuen Schritte unternehmen mag.
Beide Tierzeichen schrecken außerdem nicht davor zurück, harte Arbeit in ihre Projekte zu stecken, um zu einem guten Ergebnis zu kommen. So können Sie mögliche Hindernisse in diesen Wochen in der Regel ohne großes Aufheben überwinden und rasch zum nächsten Punkt auf der Tagesordnung übergehen.

Liebe, Familie, Freundschaft: Das Thema Spiritualität kommt im Jahr der Schlange beim Büffel immer mal wieder hoch. Wenn Sie bislang nicht so recht gewusst haben, wie Sie das bei Ihrem Partner oder Ihren Freunden ansprechen können, sollten Sie nun vielleicht noch einmal einen neuen Anlauf nehmen. Sollten Sie diesen Bereich tiefer erforschen wollen, kann es nicht schaden, das gemeinsam mit den Menschen zu tun, die Ihnen wichtig sind.
Heim und Familie sollten im November auf keinen Fall vernachlässigt werden - schließlich sind Sie nun in der Jahreszeit, in der man sich mehr in die eigenen vier Wände aufhalten möchte.

Beruf, Finanzen: In der Chinesischen Mythologie überwindet das Feuer-Schwein alle Schwierigkeiten, um seine Aufgabe erfolgreich zu Ende zu bringen. Dieses Bild darf im November für den Büffel eine wunderbare Motivation sein, sich auf der Zielgeraden noch einmal so richtig ins Zeug zu legen. Dafür müssen Sie unter Umständen noch einmal Ihre ganze Kraft aufbringen.
Es ist noch nicht zu spät, nach Abschluss der aktuellen Aufgaben eine neue Ausrichtung vorzunehmen, wenn Sie in den vergangenen Monaten gemerkt haben, dass Sie beruflich noch nicht ganz Ihrer Bestimmung folgen.

Tipp des Monats:
Verlieren Sie nicht die Geduld, auch wenn sich die letzten Meter wirklich hinziehen!

> Großer Schnee / kleiner Schnee < November

YING
Tiger

Grundtendenz des Monats:
Wer immer noch auf der Suche nach seiner Bestimmung ist, darf in diesem Monat noch einmal ganz genau hinschauen. Auf der einen Seite geht es nun darum, tief in sich hinein zu spüren und zu erkunden, was Ihren innersten Kern in eine positive Schwingung versetzt. Auf der anderen Seite gilt es zu erkunden, wie sie am besten an einen Punkt in Ihrem Leben gelangen können, wo Sie dieser Bestimmung folgen können.
Unterstützung bekommen Sie dabei nicht nur von der spirituellen Schlange, sondern auch vom Feuer-Schwein, dass in der Chinesischen Mythologie heilige Schriften über die Berge zu den Mönchen bringt.

Liebe, Familie, Freundschaft: So einig sich Feuer-Schwein und Holz-Schlange sind, wenn es um das Thema Spiritualität geht, so konträr gehen Ihre Ansichten auseinander, wenn es um das tägliche Miteinander geht. Während die aktuelle Herrscherin sich nun am liebsten alleine in Ihrer Kammer vergraben würde, kann das Schwein nicht genug Gesellschaft haben. Sollten nun also zwei Herzen in Ihrer Brust schlagen, gilt es, einem Kompromiss zu finden.
Angeblichen Gerüchten über Ihre Lieben sollten Sie nun bitte keine Beachtung schenken. Vertrauen Sie bitte ausschließlich auf Informationen direkt von der Quelle und sprechen Sie mit Partner oder Freunden. Deren Aussagen sind allemal glaubwürdiger.

Beruf, Finanzen: Ohne Fleiß kein Preis heißt es im November. Da muss sich der Tiger mächtig ins Zeug legen, wenn er auf der beruflichen Ebene punkten will. Sie werden nun vielleicht feststellen, dass die Aufgaben nicht unbedingt leichter werden. Das sollte Sie aber nicht schrecken - schließlich liebt der Tiger eine gute Herausforderung!
Auch wenn Sie sich zuweilen nicht sicher sind, ob Sie das angestrebte Ziel in diesem Jahr erreichen können, sollte aufgeben jetzt keine Option sein.

Tipp des Monats:
Je besser Sie Ihr Tun im Vorfeld strukturieren, desto leichter wird die Umsetzung.

MAO
Hase

Grundtendenz des Monats:
Die Energie der Jahresregentin mag in diesen Wochen einen kleinen Dämpfer bekommen, denn mit dem Schwein taucht nun das Tierzeichen auf, was in direkter Opposition zur Schlange steht. Für den Hasen muss das allerdings nichts Schlechtes bedeuten, denn er kommt sowohl mit der Schlange als auch mit dem Schwein hervorragend klar.
So kann er im November seine sozialen Kontakte pflegen und sich seiner familiären Ader widmen und dürfte trotzdem genug Zeit haben, wichtige Recherchen für seinen eigenen Weg in seinem stillen Kämmerlein durchzuführen.

Liebe, Familie, Freundschaft: Was in den eigenen vier Wänden vor sich geht, bestimmt in diesen Wochen wahrscheinlich maßgeblich das Leben des Hasen. Hier entscheidet sich zum einen, wie viel Zeit Sie für Ihre Lieben einplanen müssen. Zum anderen gibt die Stimmung zu Hause den Ton an für alle anderen Aktivitäten. Der Hase ist einfach zu sensibel, als dass er die emotionalen Befindlichkeiten von Partner und Familie einfach an sich abprallen lassen kann.
Wer sich mehr traute Zweisamkeit wünscht, könnte in diesem Monat erhört werden. Am besten planen Sie die gemeinsamen Momente mit dem Partner im Voraus und lassen sich die Termine auf keinen Fall streitig machen.

Beruf, Finanzen: Auf der beruflichen Ebene wird einiges vom Hasen gefordert. Bauen sich nun neue Schwierigkeiten vor Ihnen auf, sollte Sie das nicht weiter stören - Sie haben in diesem Jahr schon größere Probleme gelöst. Da bekommen Sie die Situation jetzt auch in den Griff.
Das ist übrigens der letzte Monat, in dem es noch einmal ein wenig anstrengender werden kann. Ab Dezember geht es mehr darum, das Erreichte zu genießen und zu konsolidieren. Geben Sie also noch einmal alles und bleiben Sie entschlossen bei der Sache.

Tipp des Monats:
Wenn Sie erkannt haben, wo Ihre Stärken liegen, sollten Sie diese nun ausspielen und sich dadurch entscheidende Vorteile verschaffen.

SHENG
Drache

Grundtendenz des Monats:
Im Jahr der Holz-Schlange geht es manchmal nicht so schnell voran, wie der Drache sich das wünschen würde und wie er es vielleicht aus dem vergangenen Jahr gewohnt ist. Im November zeigt sich das unter Umständen noch einmal deutlich. Nun braucht es wirklich einiges an Anstrengung, damit die Dinge sich in Ihrem Sinne entwickeln können. Die Zielgerade sollte aber nicht mehr ganz so weit entfernt liegen, so dass sich der Einsatz lohnen dürfte.
Mit dem Feuer-Schwein im Monat kann der Drache seine spirituelle Seite in diesen Wochen sehr gut ausleben. Besonders gut sollte das gelingen, wenn er diesen Aspekt ohne großes Aufheben einfach in seinen Alltag integriert.

Liebe, Familie, Freundschaft: Spätestens jetzt beginnt die Zeit im Jahr, wo der Drache es sich zu Hause gemütlich machen kann. Verbringen Sie mehr Stunden mit Ihren Lieben in den eigenen vier Wänden und sorgen Sie dafür, dass sich dabei alle wohl fühlen. Wer mag, kann nun auch verstärkt Einladungen an Freunde und Familie aussprechen. Der Drache ist in der Regel ein wirklich guter Gastgeber.
In der Liebe geht es vielleicht weniger um die große Leidenschaft, sondern mehr darum, wie Sie sich mit Ihrem Partner in Ihrem gemeinsamen Alltag wohl fühlen können.

Beruf, Finanzen: Die Hände in den Schoß legen ist im November keine Option. Sie können jedes Hindernis überwinden, wenn Sie entschlossen und konzentriert bei der Sache bleiben. Wenn Sie merken, dass Sie an Ihre Grenzen kommen, suchen Sie sich bitte rechtzeitig fleißige Helfer.
Nun wäre übrigens ein guter Zeitpunkt, Ihre berufliche Laufbahn mit Hilfe der Jahresregentin zu analysieren. Fühlen Sie sich am richtigen Platz? Machen Sie das, was Sie erfüllt? Falls Sie diese Fragen nicht mit ja beantworten können, wird es vielleicht Zeit, etwas zu verändern.

Tipp des Monats:
Bringen Sie zu Ende, was Sie begonnen haben! Dann haben Sie im nächsten Jahr mehr Zeit, etwas Neues zu starten.

SZE
Schlange

Grundtendenz des Monats:
Im November könnte der Wind der Schlange ein bisschen mehr ins Gesicht wehen als in den vergangenen Monaten. Mit dem Feuer-Schwein kommt nun das Tierzeichen ins Spiel, welches in direkter Opposition steht. Das kann bedeuten, dass nun einige Hindernisse überwunden werden müssen, um das angestrebte Ziel zu erreichen. Das sollte Sie aber nicht davon abschrecken, mutig voran zu schreiten, liebe Schlange. Mit dem entsprechenden Selbstbewusstsein sollten Sie allen Herausforderungen gewachsen sein.
Das Feuer-Element ist in diesen Wochen noch einmal sehr präsent. Achten Sie darauf, sich nicht zu übernehmen.

Liebe, Familie, Freundschaft: Im November können Sie es sich in den eigenen vier Wänden gemütlich machen. Schaffen Sie sich eine kleine persönliche Oase für den Rückzug, die Sie immer dann nutzen können, wenn Ihnen der Alltag mit Ihren Lieben über den Kopf zu wachsen droht.
Wenn es darum geht, einem geliebten Menschen vorbehaltlos sein Vertrauen zu schenken, kann die Schlange durchaus vom Schwein lernen. Eine wirklich tiefe Beziehung ist nur möglich, wenn Sie sich vollkommen öffnen und Ihr Misstrauen über Bord werfen. Natürlich besteht dadurch die Möglichkeit, dass Sie verletzt werden. Aber das sollte es Ihnen wert sein.

Beruf, Finanzen: Machen Sie sich nicht allzu sehr verrückt, wenn Sie jetzt mit unvorhergesehenen Schwierigkeiten konfrontiert werden. Bei genauerer Betrachtung sollten Sie gut in der Lage sein, diese zu überwinden. Am besten krempeln Sie gleich die Ärmel hoch und machen sich ans Werk. Dann können Sie schon im nächsten Monat über Ihre heutigen Bedenken lachen.
Bei geschäftlichen Anlässen erwartet man nun unter Umständen Ihre Anwesenheit. Da hilft kein wegducken. Nutzen Sie die Gelegenheit, um neue Kontakte zu knüpfen und Ihr persönliches Netzwerk zu erweitern.

Tipp des Monats:
Das Ziel ist in greifbarer Nähe. Lächeln Sie mögliche Hindernisse jetzt einfach weg!

WU
Pferd

Grundtendenz des Monats:
Einsatz lohnt sich auch im Jahr der Schlange. Allerdings mag dieser vielleicht anders aussehen, als Sie das gewohnt sind. Sie sollten mittlerweile gemerkt haben, dass es 2025 nicht darum geht, möglichst schnell ein Ziel zu erreichen. Vielmehr will die aktuelle Herrscherin, dass Sie sich intensiver mit den Dingen auseinander setzen und so zu einem besseren Verständnis gelangen. Das kann Sie spätestens im nächsten Jahr vor so mancher Fehleinschätzung bewahren.
Mit dem fleißigen Feuer-Schwein geht es im November darum, zuversichtlich auf dem eingeschlagenen Weg zu bleiben, egal was sich Ihnen in den Weg stellt.

Liebe, Familie, Freundschaft: Werden Sie nun in Ihren eigenen vier Wänden bitte Ihrer Vorbildfunktion gerecht. Vor allem, wer Nachwuchs hat, sollte im Alltag jetzt mit gutem Beispiel vorangehen. Sie wollen doch nicht, dass Ihre Glaubwürdigkeit leidet, oder?
In der Liebe mag es zuweilen nicht einfach für das Pferd sein, eine gute Balance zwischen Sicherheit und Abenteuer zu finden. Bevor Sie eine neue Beziehung eingehen, sollten Sie sich jetzt darüber klar werden, in welche Richtung Sie mehr tendieren. Alles andere wäre nicht fair.

Beruf, Finanzen: Wenn Sie das Gefühl haben, dass Sie sich wirklich lange genug mit den Details herumgeplagt haben, dürfen Sie getrost aktiv werden. Irgendwann ist einfach genug geplant. Natürlich bleibt immer ein Restrisiko - aber das sollte Sie nicht abhalten, auch wenn man das in Ihrem Umfeld unter Umständen anders sieht.
Es muss nicht immer eine grandioses Ergebnis sein, liebes Pferd. Manchmal reicht es vollkommen, den Anforderungen gerecht zu werden. Das ist vielleicht nicht so spektakulär, wie Sie es sich gewünscht hätten, aber dafür mussten Sie dafür auch nicht ganz so hart arbeiten. Wenn Ihr eigenes Tierzeichen im nächsten Jahr übernimmt, gibt es genug Raum für Ihre Visionen.

Tipp des Monats:
Achten Sie nun mehr auf die Details, sie können in den kommenden Wochen sehr wichtig sein.

WEI
Ziege

Grundtendenz des Monats:
Das freundliche und fleißige Schwein, das Sie in diesem Monat begleitet, dürfte so recht nach Ihrem Geschmack sein. Schließlich gehört es so wie Sie selbst zum Haus von Heim und Familie und ist sich mit Ihnen in vielen Aspekten einig.
Die Schlange ist da deutlich anders gestrickt, was im November dazu führen kann, dass sich die Ziege zuweilen ein bisschen hin und her gerissen fühlt. Sicher ist es jetzt nicht falsch, den Bedürfnissen der Menschen in Ihrer Umgebung gerecht zu werden und bei Bedarf eine helfende Hand auszustrecken. Dabei sollten Sie aber auf keinen Fall den eigenen Weg aus den Augen verlieren.

Liebe, Familie, Freundschaft: Die eigenen Kinder und der Rest der Familie können die Ziege in diesen Wochen ganz schön auf Trab halten. Nehmen Sie die Herausforderung an, ohne sich dabei zu sehr zu stressen. Wenn Sie verbindliche Ansagen machen, dürfte allen klar sein, dass diese Situation nur vorübergehend ist und Sie nicht bereit sind, Ihre eigenen Pläne permanent auf Eis zu legen.
Das Yin-Feuer, welches das Schwein nun mitbringt, kann dafür sorgen, dass man sich in der Partnerschaft emotional mehr öffnen kann. Davon können nicht nur Sie selbst, sondern auch Ihre bessere Hälfte sehr profitieren.

Beruf, Finanzen: Der November ist wirklich ein guter Monat, um einige Dinge wirklich abzuschließen. Das mag noch einmal eine gewisse Anstrengung erfordern, aber dafür haben Sie dann schon ab dem nächsten Monat Zeit, sich auf das Jahr des Feuer-Pferdes vorzubereiten, dass im Februar 2026 startet.
Manchmal wäre es schon schön, wenn man Ihnen mehr Anerkennung dafür zeigen würde, dass Sie mit schöner Regelmäßigkeit für andere die Kohlen aus dem Feuer holen, oder? Damit das nun passieren kann, müssen Sie den Mund aufmachen und einfordern, was Ihnen zusteht.

Tipp des Monats:
Machen Sie sich klare Vorstellungen von den Dingen, die Sie anstreben und bleiben Sie bei aller Begeisterung immer realistisch!

SUNG
Affe

Grundtendenz des Monats:
Das Feuer-Schwein, welches den November begleitet, überwindet in der Chinesischen Mythologie einige Hindernisse, um heilige Schriften in ein Kloster zu bringen. Das kann auf der einen Seite bedeuten, dass es nun noch einmal einer besonderen Anstrengung bedarf, um das Ziel zu erreichen. Auf der anderen Seite weist es aber auch darauf hin, dass einmal mehr die Themen Spiritualität und Glauben mehr betrachtet werden wollen.
Jetzt könnte es dem Affen ein bisschen an Erdung fehlen. Wenn Sie das Gefühl haben, irgendwie in der Luft zu hängen, sollten Sie sich einen Platz suchen, an dem Sie sich sicher und geborgen fühlen.

Liebe, Familie, Freundschaft: Familiäre Aspekte brauchen nun unter Umständen Ihre erhöhte Aufmerksamkeit. Am besten wäre es, wenn sich alle Beteiligten an einen Tisch setzen und gemeinsam über die gestellte Herausforderung beraten. Auch wenn das Ergebnis dieses Gesprächs nicht voll und ganz Ihren Vorstellungen entspricht, sollten Sie es ohne Murren mittragen.
Sie sind immer noch auf der Suche nach einem neuen Herzensmenschen? Dann dürfen Sie jetzt die Hoffnung auf keinen Fall aufgeben. Irgendwo da draußen wartet jemand auf Sie, der Sie auf die wunderbarste Weise ergänzen kann.

Beruf, Finanzen: Auch wenn es Ihnen manchmal ein wenig lästig ist, vernünftig zu recherchieren, sollten Sie in diesem Monat auf keinen Fall davon absehen. Vertrauen Sie bitte nicht blind auf die Versprechen, die man Ihnen nun vielleicht vor allem in finanzieller Hinsicht macht! Sie könnten sonst eventuell unschöne Verluste erleiden.
Besonders, wenn Sie für die Sache in Vorleistung gehen sollen, müssen Sie alles vorab auf Herz und Nieren checken. Es wäre bedauerlich, wenn Sie am Ende einen Verlust machen, nur weil Sie sich nicht genug Zeit für die Überprüfung der Fakten genommen haben.

Tipp des Monats:
Auf den letzten Metern mag der Anstieg noch einmal etwas steiler sein. Strengen Sie sich jetzt doppelt an, dann ist das Ziel bald erreicht!

YU
Hahn

Grundtendenz des Monats:
Im November können sich für den Hahn schon die ersten Ergebnisse der Aktivitäten zeigen, die er im Jahr der Holz-Schlange gestartet hat. Das sollte Sie jetzt motivieren, noch einmal wirklich alles zu geben, um die letzten kleinen Hindernisse auch noch zu überwinden. Suchen Sie sich gerne Unterstützung, wenn Sie das Gefühl haben, dass es für Sie alleine zu schwer wird.
Von einer recht starken Feuer-Energie unterstützt, kann der Hahn in diesen Wochen vielleicht einige Transformationsprozesse starten. Dabei geht es im Jahr der Schlange sicher auch darum, in wie weit Sie bereit sind, Ihre spirituellen Seiten auszuleben.

Liebe, Familie, Freundschaft: Ein freundliches Schwein begleitet den Monat und wünscht sich nun, dass der Hahn sich mehr um die Familie und weniger um die eigenen Projekte kümmert. Das kann dazu führen, dass Sie sich zuweilen hin und her gerissen fühlen und nicht so recht wissen, wie sich Ihre eigene Entwicklung mit den Bedürfnissen von Partner und Familie vereinbaren lässt. Einmal mehr kann Ihnen nun Ihr Sinn für Struktur helfen. Mit einer guten Planung muss keiner der beiden Aspekte vernachlässigt werden.
Nun ist ein wirklich guter Moment, um Ihren Lieben dabei zu helfen, Ihre Bestimmung zu finden.

Beruf, Finanzen: Es kommt nicht immer gut an, wenn Sie mit Ihrem Wissen zu sehr hausieren gehen. Natürlich sollen Sie zeigen, was Sie können. Aber wenn das dazu führt, dass die andere Seite sich unzulänglich fühlt, kann das zu Neid führen und das Arbeitsverhältnis negativ beeinflussen. Überzeugen Sie nun lieber durch Taten anstatt durch Worte!
Vielleicht haben Sie unter dem genauen Blick der Schlange an einigen Ihrer beruflichen Projekte in diesem Jahr Ihre Zweifel bekommen. Wenn Sie das Ganze nicht mehr abbrechen können, versuchen Sie, es so schnell wie möglich zu Ende zu bringen.

Tipp des Monats:
Konzentrieren Sie sich auf das Wesentliche, damit Sie das Ziel nicht aus den Augen verlieren!

SHIH Hund

Grundtendenz des Monats:
Mit dem Schwein kommt im November das Tierzeichen ins Spiel, welches in direkter Opposition zur Jahresregentin steht. Für den Hund dürfte sich das aber nicht negativ bemerkbar machen, denn er kommt mit beiden Zeichen gut klar. So können Sie in diesem Monat auf der einen Seite mehr Zeit auf häusliche Themen verwenden und trotzdem auf der anderen Seite weiter Ihre eigenen Bedürfnisse und Pläne vertiefen.
Das Feuer-Schwein hat übrigens wie die Schlange einen starken Bezug zum Thema Spiritualität. Da darf auch der Hund nun durchaus etwas genauer hinschauen und sich offener zeigen für die Dinge zwischen Himmel und Erde, die sich nicht mit reiner Logik erklären lassen.

Liebe, Familie, Freundschaft: Harmonie kann es auf der familiären Ebene am Ende nur dann geben, wenn alle Parteien sich ausreichend wertgeschätzt fühlen. Setzen Sie sich jetzt gemeinsam an einen Tisch und sprechen Sie offen darüber, wie Sie sich fühlen. Dabei ist es wichtig, dass jedes Familienmitglied zu Wort kommt und keine Vorverurteilung stattfindet.
Mit misstrauischem Verhalten werden in der Partnerschaft bestehende Gräben nun noch mehr vertieft. Es ist unabdingbar, dass Sie aufeinander zu gehen und miteinander reden, damit das Vertrauen ineinander wachsen kann.

Beruf, Finanzen: Die an Sie gestellten Aufgaben können nun durchaus noch einmal etwas anspruchsvoller werden. Das muss Sie aber nicht beunruhigen, denn Ihre Kenntnisse sollten locker reichen, um auch gestiegenen Anforderungen gerecht zu werden.
Wenn Sie das Gefühl haben, sich auf der Zielgeraden zu befinden, dürfen Sie nun noch einmal alles geben. Mit der entsprechenden Entschlossenheit können Sie im November erfolgreich zu Ende bringen, was Sie gestartet haben. Seien Sie sich nicht zu schade, um Hilfe zu bitten, wenn dafür auf den letzten Metern zusätzliche Unterstützung nötig ist.

Tipp des Monats:
Behalten Sie Ihre bewährte Struktur bei! Sie gibt Ihnen Halt und Sicherheit.

HAN Schwein

Grundtendenz des Monats:
In diesen Wochen geht es vor allem darum, zu Ende zu bringen, was Sie angefangen haben. Das bedeutet nun unter Umständen noch einmal einen nicht ganz unerheblichen Kraftakt. Der Aufwand wird aber sicher belohnt.
Mit einem Artgenossen an Ihrer Seite werden die Gegensätze zur Jahresregentin vielleicht noch einmal deutlicher spürbar. Lassen Sie sich deshalb nun bitte nicht zu unbedachten Handlungen hinreißen, sondern behalten Sie einen kühlen Kopf. Schon ab dem nächsten Monat lässt der Gegenwind deutlich nach.

Liebe, Familie, Freundschaft: Der familiäre Zusammenhalt ist in diesen Wochen immer dann deutlich spürbar, wenn es wirklich darauf ankommt. Es ist doch schön zu wissen, dass Sie sich im Ernstfall auf Ihre Lieben vollkommen verlassen können. Es wäre zu wünschen, dass Sie dieses Gefühl von Einigkeit auch in einfacheren Situationen erreichen können.
In der Partnerschaft geht es nun auch darum, sich gegenseitig voll und ganz zu unterstützen. Helfen Sie Ihrer besseren Hälfte dabei, Träume wahr werden zu lassen! Dann können Sie sicher auch mit dem nötigen Rückhalt rechnen, wenn Sie Ihre eigenen Wünsche umsetzen möchten.

Beruf, Finanzen: Das Schwein gehört wirklich nicht zu den Tierzeichen, die vor Arbeit zurückschrecken. In diesen Wochen müssen Sie wahrscheinlich die Ärmel noch einmal hochkrempeln und sich entschlossen ans Werk machen. So können Sie ein Ergebnis erreichen, mit dem am Ende alle zufrieden sind.
Ihre Kompromissbereitschaft wird nun vielleicht noch einmal auf die Probe gestellt. Scheuen Sie sich nicht davor, ernsthaft zu verhandeln. Wer jetzt zu schnell nachgibt, wird sich später wahrscheinlich über seine fehlende Stärke ärgern. Ihre Meinung und Ihre Werte sind genauso viel wert wie die Ihrer Mitstreiter.

Tipp des Monats:
Lassen Sie sich nun nicht beirren und visieren sie entschlossen Ihr Ziel an! Aufgeben ist keine Option.

November 2025	Jahreskonstellation – Holz Schlange Monatskonstellation – Feuer Schwein

1. Holz Hund	Ratte Büffel Tiger Hase Drache Schlange Pferd Ziege Affe Hahn Hund Schwein **Günstig:** Kleidung schneidern, Handel, Buchhaltung, Ausflüge, neue Dinge beginnen **Ungünstig:** Geschäfte eröffnen, Kraftanstrengungen, Reisen, Ersparnisse ausgeben
2. Holz Schwein	Ratte Büffel Tiger Hase Drache Schlange Pferd Ziege Affe Hahn Hund Schwein **Günstig:** Putzen, waschen, fasten, seelische und körperliche Pflege, Arztbesuche **Ungünstig:** Ausdauersport, Reisen, Hochzeit.
3. Feuer Ratte	Ratte Büffel Tiger Hase Drache Schlange Pferd Ziege Affe Hahn Hund Schwein **Günstig:** Umziehen, Reisen, Hochzeiten, Empfänge, wichtige Konferenzen. **Ungünstig:** geistige Arbeiten, Gartenarbeit, häusliche Tätigkeiten.
4. Feuer Büffel	Ratte Büffel Tiger Hase Drache Schlange Pferd Ziege Affe Hahn Hund Schwein **Günstig:** Versammlungen, gerechte Verteilungen, Hochzeit, Konferenzen, Umzug **Ungünstig:** Gartenarbeit, Dinge zum Abschluss bringen.
5. Erd Tiger	Ratte Büffel Tiger Hase Drache Schlange Pferd Ziege Affe Hahn Hund Schwein **Günstig:** Gartenarbeit, Feiern, Hochzeit, Dinge zum Abschluss bringen. **Ungünstig:** keine Anschuldigungen gegen Dritte erheben.
6. Erd Hase	Ratte Büffel Tiger Hase Drache Schlange Pferd Ziege Affe Hahn Hund Schwein **Günstig:** Gartenarbeit, Hochzeit, Dinge zum Abschluss bringen. **Ungünstig:** Umzug, Reisen, Geschäftseröffnung
7. Metall Drache	Ratte Büffel Tiger Hase Drache Schlange Pferd Ziege Affe Hahn Hund Schwein **Günstig:** Gartenarbeit, Hochzeit, Dinge zum Abschluss bringen. **Ungünstig:** Umzug, Reisen, Geschäftseröffnung
8. Metall Schlange	Ratte Büffel Tiger Hase Drache Schlange Pferd Ziege Affe Hahn Hund Schwein **Günstig:** Ausruhen, Meditation, seinen Hobbys nachgehen. **Ungünstig:** wichtige Unternehmungen
9. Wasser Pferd	Ratte Büffel Tiger Hase Drache Schlange Pferd Ziege Affe Hahn Hund Schwein **Günstig:** Amüsieren, mit Freunden ausgehen, Freizeitaktivitäten **Ungünstig:** geschäftliche Aktivitäten, neue Dinge anfangen.
10. Wasser Ziege	Ratte Büffel Tiger Hase Drache Schlange Pferd Ziege Affe Hahn Hund Schwein **Günstig:** für die meisten Aktivitäten, Geschäftsabschlüsse, Partnerschaft **Ungünstig:** negative Bemerkungen über andere Menschen.
11. Holz Affe	Ratte Büffel Tiger Hase Drache Schlange Pferd Ziege Affe Hahn Hund Schwein **Günstig:** Handel, Geschäftseröffnungen, Hochzeiten und andere Feste planen. **Ungünstig:** Beerdigungen, Reisen, Arztbesuche.
12. Holz Hahn	Ratte Büffel Tiger Hase Drache Schlange Pferd Ziege Affe Hahn Hund Schwein **Günstig:** Handwerkliche Aktivitäten, Handel, Hochzeiten, Reisen **Ungünstig:** Trauerfeiern und Beerdigungen, schwere körperliche Arbeit
13. Feuer Hund	Ratte Büffel Tiger Hase Drache Schlange Pferd Ziege Affe Hahn Hund Schwein **Günstig:** Ankündigungen machen, Beerdigungen, Trauerfeiern. **Ungünstig:** Handel, Vergnügungen, Freizeitaktivitäten.
14. Feuer Schwein	Ratte Büffel Tiger Hase Drache Schlange Pferd Ziege Affe Hahn Hund Schwein **Günstig:** Kleidung schneidern, Handel, Buchhaltung, Ausflüge, neue Dinge beginnen. **Ungünstig:** Geschäfte eröffnen, Kraftanstrengungen, Reisen, Ersparnisse ausgeben.
15. Erd Ratte	Ratte Büffel Tiger Hase Drache Schlange Pferd Ziege Affe Hahn Hund Schwein **Günstig:** Putzen, waschen, fasten, seelische und körperliche Pflege, Arztbesuche. **Ungünstig:** Ausdauersport, Reisen, Hochzeit.

Ob ein Tag besonders günstig für Ihr Tierzeichen ist, sehen Sie an folgenden Farben:
Rot = sehr günstig, Grau = günstig, Schwarz = nicht günstig

16. Erd Büffel	Ratte Büffel Tiger Hase Drache Schlange Pferd Ziege Affe Hahn Hund Schwein **Günstig:** Umziehen, Reisen, Hochzeiten, Empfänge, wichtige Konferenzen. **Ungünstig:** geistige Arbeiten, Gartenarbeit, häusliche Tätigkeiten.
17. Metall Tiger	Ratte Büffel Tiger Hase Drache Schlange Pferd Ziege Affe Hahn Hund Schwein **Günstig:** Versammlungen, gerechte Verteilungen, Hochzeit, Konferenzen, Umzug. **Ungünstig:** Gartenarbeit, Dinge zum Abschluss bringen.
18. Metall Hase	Ratte Büffel Tiger Hase Drache Schlange Pferd Ziege Affe Hahn Hund Schwein **Günstig:** Gartenarbeit, Feiern, Hochzeit, Dinge zum Abschluss bringen. **Ungünstig:** keine Anschuldigungen gegen Dritte erheben.
19. Wasser Drache	Ratte Büffel Tiger Hase Drache Schlange Pferd Ziege Affe Hahn Hund Schwein **Günstig:** Gartenarbeit, Hochzeit, Dinge zum Abschluss bringen. **Ungünstig:** Umzug, Reisen, Geschäftseröffnung
20. Wasser Schlange	Ratte Büffel Tiger Hase Drache Schlange Pferd Ziege Affe Hahn Hund Schwein **Günstig:** Ausruhen, Meditation, seinen Hobbys nachgehen. **Ungünstig:** wichtige Unternehmungen.
21. Holz Pferd	Ratte Büffel Tiger Hase Drache Schlange Pferd Ziege Affe Hahn Hund Schwein **Günstig:** Amüsieren, mit Freunden ausgehen, Freizeitaktivitäten **Ungünstig:** geschäftliche Aktivitäten, neue Dinge anfangen.
22. Holz Ziege	Ratte Büffel Tiger Hase Drache Schlange Pferd Ziege Affe Hahn Hund Schwein **Günstig:** für die meisten Aktivitäten, Geschäftsabschlüsse, Partnerschaft **Ungünstig:** negative Bemerkungen über andere Menschen.
23. Feuer Affe	Ratte Büffel Tiger Hase Drache Schlange Pferd Ziege Affe Hahn Hund Schwein **Günstig:** Handel, Geschäftseröffnungen, Hochzeiten und andere Feste planen. **Ungünstig:** Beerdigungen, Reisen, Arztbesuche.
24. Feuer Hahn	Ratte Büffel Tiger Hase Drache Schlange Pferd Ziege Affe Hahn Hund Schwein **Günstig:** Handwerkliche Aktivitäten, Handel, Hochzeiten, Reisen **Ungünstig:** Trauerfeiern und Beerdigungen, schwere körperliche Arbeit
25. Erd Hund	Ratte Büffel Tiger Hase Drache Schlange Pferd Ziege Affe Hahn Hund Schwein **Günstig:** Ankündigungen machen, Beerdigungen, Trauerfeiern. **Ungünstig:** Handel, Vergnügungen, Freizeitaktivitäten
26. Erd Schwein	Ratte Büffel Tiger Hase Drache Schlange Pferd Ziege Affe Hahn Hund Schwein **Günstig:** Kleidung schneidern, Handel, Buchhaltung, Ausflüge, neue Dinge beginnen **Ungünstig:** Geschäfte eröffnen, Kraftanstrengungen, Reisen, Ersparnisse ausgeben
27. Metall Ratte	Ratte Büffel Tiger Hase Drache Schlange Pferd Ziege Affe Hahn Hund Schwein **Günstig:** Putzen, waschen, fasten, seelische und körperliche Pflege, Arztbesuche **Ungünstig:** Ausdauersport, Reisen, Hochzeit.
28. Metall Büffel	Ratte Büffel Tiger Hase Drache Schlange Pferd Ziege Affe Hahn Hund Schwein **Günstig:** Umziehen, Reisen, Hochzeiten, Empfänge, wichtige Konferenzen. **Ungünstig:** geistige Arbeiten, Gartenarbeit, häusliche Tätigkeiten.
29. Wasser Tiger	Ratte Büffel Tiger Hase Drache Schlange Pferd Ziege Affe Hahn Hund Schwein **Günstig:** Versammlungen, gerechte Verteilungen, Hochzeit, Konferenzen, Umzug **Ungünstig:** Gartenarbeit, Dinge zum Abschluss bringen.
30. Wasser Hase	Ratte Büffel Tiger Hase Drache Schlange Pferd Ziege Affe Hahn Hund Schwein **Günstig:** Gartenarbeit, Feiern, Hochzeit, Dinge zum Abschluss bringen. **Ungünstig:** keine Anschuldigungen gegen Dritte erheben.

TZE Ratte

Grundtendenz des Monats:
Nach den Anstrengungen des letzten Monats ist nun wieder mehr genießen angesagt. Wenn es Ihnen gelungen ist, auch schwierigere Projekte entgegen aller Unkenrufe bis zum Ende durchzuziehen, können Sie wirklich stolz auf sich sein, liebe Ratte!
Ihr Erfolg könnte zum Ende des Kalenderjahres allerdings auch einige Bittsteller auf den Plan rufen. Sie müssen sich wirklich gut überlegen, ob und in welchem Maße Sie nun andere Menschen unterstützen wollen. Jede Hilfsbereitschaft hat ihre Grenzen! Das sollten Sie jetzt Ihrem Umfeld klar und deutlich zu verstehen geben und sich auf einige wenige Projekte konzentrieren.

Liebe, Familie, Freundschaft: Hüten Sie sich in diesem Monat vor falschen Freunden! Eignen Sie sich nun von der Schlange ein bisschen gesundes Misstrauen an, dann tappen Sie nicht so leicht in mögliche Fallen und erkennen recht schnell, ob man es ehrlich mit Ihnen meint. Ist das nicht der Fall, sollten Sie die Verbindung möglichst zügig kappen.
Wenn der eigene Nachwuchs oder auch der Partner nun verstärkt versuchen, Sie um den Finger zu wickeln, sollten Sie am besten direkt fragen, was der Grund dafür ist. Mit einer ehrlichen Antwort können Sie dann schnell entscheiden, ob Sie sich auf die Aktion einlassen wollen oder bei Ihrer ursprünglichen Entscheidung bleiben wollen.

Beruf, Finanzen: Wenn Sie in den vergangenen Monaten mit Hilfe der Schlange Ihren Wohlstand mehren konnten, ist nun die Zeit gekommen, sich etwas mehr zu gönnen. Dafür sollten Sie aber nicht Ihre Reserven angreifen, sondern wirklich nur den Überschuss verwenden.
Im Kopf spuken Ihnen vielleicht noch immer diverse Themen herum, die Sie bislang im Jahr der Holz-Schlange nicht angehen konnten. Haben Sie freie Kapazitäten? Dann können Sie durchaus noch etwas Neues anfangen. Ist das nicht der Fall, belasten Sie sich nicht weiter mit dem Thema.

Tipp des Monats:
Trennen Sie sich zum Jahresende konsequent von allem, was Sie in Ihrem Wachstum hemmt!

KIU Büffel

Grundtendenz des Monats:
Wer in den vergangenen Monaten bei seinen Aktivitäten Vorsicht hat walten lassen, konnte relativ entspannt durch das Jahr der Holz-Schlange navigieren. Ob Sie damit allerdings die gewünschten Ergebnisse erreicht haben, steht auf einem anderen Blatt, lieber Büffel. Wenn Sie nun noch einmal mit frischen Ideen an den Start gehen wollen, hilft Ihnen die Erd-Ratte sicher dabei. So kann sich zum Ende des Kalenderjahres noch so manches neue Projekt ergeben.
Die Ratte ist darüber hinaus ein deutlich sozialeres Wesen als die aktuelle Regentin. Das können Sie nun noch einmal nutzen, um auf der gesellschaftlichen Ebene wichtige Kontakte zu knüpfen.

Liebe, Familie, Freundschaft: Der Dezember ist traditionell ein guter Monat, um mehr Zeit mit Freunden, Familie und Partner zu verbringen. Geselligkeit wird in diesen Wochen deshalb groß geschrieben und sollte auch den letzten Einsiedler aus seiner Höhle holen können. Planen Sie nicht zu weit im Voraus, sondern lassen Sie jetzt ein wenig Platz für spontanere Aktionen!
Zu viel Kopfkino tut niemals gut. Bevor Sie sich jetzt zu viele Gedanken über Ihre Beziehung machen, wäre es sicher besser, gleich das Gespräch zu suchen. Verschwenden Sie keine Zeit damit, Gerüchten nachzugehen, die schon auf den ersten Blick wenig Sinn machen. Verlassen Sie sich lieber auf die Tatsachen!

Beruf, Finanzen: Die meisten Büffel werden als echte Macher geschätzt und setzen Ihre Fähigkeiten oft beruflich vor allem für andere ein. Im Jahr der Schlange geht es allerdings weniger darum, immer nur für andere die Kohlen aus dem Feuer zu holen. Auf den letzten Metern möchte Sie die aktuelle Herrscherin jetzt noch einmal ermutigen, mehr den eigenen Idealen zu folgen und wirklich ihr eigenes Ding zu machen.
Dazu gehört nun auch, öfters einmal nein zu sagen - vor allem, wenn man versucht, für den eigenen Vorteil Ihre wertvollen Reserven anzuzapfen.

Tipp des Monats:
Die Fülle ist nun wirklich greifbar! Lassen Sie sich nicht etwas anderes einreden!

YING Tiger

Grundtendenz des Monats:

Mit der Erd-Ratte kommt zum Ende des Kalenderjahrs wieder mehr frischer Wind in das Leben des Tigers. Neue Ideen können entstehen, was allerdings nicht heißt, dass diese nun sofort in die Tat umgesetzt werden. Dafür ist die aktuelle Jahresregentin einfach zu vorsichtig unterwegs. Das sollte den Tiger aber nicht allzu sehr stören, denn er kann sich ohne Probleme erst einmal auf der gedanklichen Ebene mit seinen neuen Einfällen beschäftigen. Spätestens ab Februar kann er sich dann mit dem Feuer-Pferd an die Umsetzung machen.

Bei neuen sozialen Kontakten ist nun eine gute Menschenkenntnis erforderlich. Prüfen Sie genau, wen Sie dauerhaft in Ihren inneren Zirkel lassen wollen.

Liebe, Familie, Freundschaft: Es ist vielleicht nicht immer ganz einfach einzuschätzen, wer aus Ihrem Familien- und Freundeskreis wirklich Ihre Unterstützung braucht. Vertrauen Sie jetzt ruhig auf das Urteil der Jahresregentin – sie ist eine extrem gute Beobachterin.

Im Dezember sollte auch im Alltag der Genuss nicht zu kurz kommen. Sie haben es sich verdient, gemeinsam mit Ihren Herzensmenschen Schönes zu erleben. Verschieben Sie diese Momente nun nicht nach hinten, sondern erleben Sie sie voll und ganz im Hier und Jetzt.

Beruf, Finanzen: Das Nein sagen bereitet dem Tiger in der Regel keine Schwierigkeiten. So dürfte es Ihnen jetzt nicht schwer fallen, bei Projekten, die Ihnen nicht liegen oder nicht in Ihren zeitlichen Rahmen passen dankend abzulehnen. Klare Worte sparen Ihnen hier unnötiges Geplänkel.

Zum Ende des Kalenderjahres sollte der Tiger finanziell lieber nicht über die Stränge schlagen. Auch wenn die Ratte gerne mit vollen Händen ausgibt, halten Sie sich nun lieber an die Schlange, die Ihr Geld nur vorsichtig investiert und unnötige Ausgaben zu vermeiden weiß.

Tipp des Monats:

Wenn Sie noch keine klare Vision für das nächste Jahr haben, ist es nun wirklich an der Zeit, sich dazu Gedanken zu machen!

MAO Hase

Grundtendenz des Monats:

Hat der Hase in den vergangenen Monaten seine Hausaufgaben gemacht, sollten die Dinge sich im Jahr der Schlange wirklich gut entwickelt haben. Vor allem, wenn es darum ging, die eigenen Bedürfnisse zu erkennen und die eigene Bestimmung zu finden, konnte die aktuelle Regentin sich sicher mehr als einmal hilfreich erweisen. Zum Ende des Kalenderjahres geht es nun auch darum, die eigene Leistung zu würdigen und die erreichte Fülle zu feiern.

Die Erd-Ratte mag bei so manchem Hasen noch einmal das Gedankenkarussell anschieben, aber im Grunde sollten Sie sich jetzt an einem wirklich guten Platz in Ihrem Leben befinden.

Liebe, Familie, Freundschaft: Denken Sie nicht zu viel nach, wenn es um die Liebe geht. Manchmal muss man sich einfach erst einmal auf einen Menschen einlassen, um herauszufinden, ob man zusammenpasst. Lassen Sie sich gegenseitig genug Zeit, um zueinander zu finden. Die Chancen stehen gut, dass daraus etwas Dauerhaftes werden kann.

In Ihrem weiteren Freundeskreis könnten nun noch einmal Menschen auftauchen, die Ihre Freundlichkeit ausnutzen wollen. Sie sollten deren Spiel auf keinen Fall mitmachen, sondern sich gleich klar abgrenzen.

Beruf, Finanzen: Halten Sie in diesem Monat auf jeden Fall Ihr Geld zusammen. Vor allem, wenn Sie bei fremden Projekten um Unterstützung gebeten werden, sagen Sie nun am besten freundlich aber bestimmt nein. Es kann nicht schaden, mit einer guten Reserve ins nächste Jahr zu gehen.

Wenn Sie Ihre Energie noch einmal für fremde Projekte einsetzen wollen, können Sie das gerne tun. Es ist aber wirklich nicht nötig. Sie haben in den vergangenen zwölf Monaten wirklich genug geleistet und müssen niemandem mehr etwas beweisen. Sie können sich nun genauso gut einfach entspannt zurücklegen und das Ende des Jahres genießen.

Tipp des Monats:

Lassen Sie sich keinen Floh ins Ohr setzen! Sie haben 2025 wirklich ein Menge auf die Reihe bekommen!

SHENG Drache

Grundtendenz des Monats: Mit der Erd-Ratte an seiner Seite kann der Drache das Kalenderjahr gut ausklingen lassen. Jetzt ist es an der Zeit anzuerkennen, was Sie in den vergangenen Monaten erreicht haben. Wenn das nicht genug ist, dürfen Sie sich gerne noch ein paar kleinere Projekte suchen, mit denen Sie auf den letzten Metern im Jahr der Holz-Schlange noch einmal glänzen können. Wählen Sie weise, lieber Drache! Im neuen Jahr werden Sie vor allem an Ihren Taten gemessen.

Auf dem sozialen Parkett kann der Drache nun sicher noch einmal punkten. Achten Sie jedoch darauf, dass Sie sich nicht zu offensichtlich in Szene setzen.

Liebe, Familie, Freundschaft: Ohne eine gute Kommunikation kann eine Beziehung nicht funktionieren. Nutzen Sie deshalb das präsente Wasser-Element in diesen Wochen und suchen Sie den Dialog mit Ihrer besseren Hälfte. Dabei kann es um gemeinsame Pläne für die Zukunft gehen oder auch einfach nur um die Organisation des gemeinsamen Alltags.

Der Drache ist für seine Großzügigkeit bekannt. Trotzdem ist es jetzt keine allzu gute Idee, sofort mit vollen Händen zu geben. Vor allem, wenn es sich um Menschen handelt, die nicht zu Ihrem inneren Kreis gehören, wäre es gut, sich erst einmal deren Motive anzuschauen.

Beruf, Finanzen: Wenn Ihnen noch einmal diverse Idee in den Kopf kommen, liegt das sicher auch an der inspirierenden Energie der Ratte, die sie nun begleitet. Bevor Sie sich aber mit allem, was Sie haben darauf stürzen, wäre es angebracht, ein bisschen tiefer in die Materie einzusteigen. Die Zeit, die Sie darauf verwenden, sparen Sie später bei der Umsetzung ein.

Halten Sie Ihre Ausgaben nun lieber unter Kontrolle. In den kommenden Monaten kann es sich als sehr hilfreich erweisen, wenn Sie auf gute Reserven zurückgreifen können.

Tipp des Monats:

Zeigen Sie sich zufrieden, mit dem was Sie geschafft haben und nehmen Sie sich die Zeit, das Ganze zu genießen!

SZE Schlange

Grundtendenz des Monats: Die Ratte, die auf dem Speicher lebt, begleitet Sie im Dezember. Sie ermöglicht Ihnen nun einen Blick auf die Fülle, die Sie erwartet, wenn Sie Ihrer persönlichen Bestimmung folgen. Das sollte eine schöne Motivation für Sie sein, jetzt zum Ende des Kalenderjahres noch einmal alles zu geben.

Wenn Sie das Gefühl haben, Sie müssten vielleicht doch noch einmal die Richtung ändern, kann das daran liegen, dass Ihnen gerade einfach wirklich vieles im Kopf herumgeht. Nehmen Sie sich deshalb bitte die Zeit, genauer in sich hinein zu horchen und parallel dazu die Fakten zu überprüfen.

Liebe, Familie, Freundschaft: Die Schlange gehört nicht unbedingt zu den Tierzeichen, die mit vollen Händen Ihre Gaben unters Volk bringen. So fällt es Ihnen nun vielleicht auch nicht ganz so leicht, sich Partner und Familie gegenüber großzügig zu zeigen. Jetzt würden sich aber alle sehr freuen, wenn Sie mit einer besonderen Geste von Ihnen bedacht werden. Vielleicht können Sie nun über Ihren Schatten springen?

Wenn es in der Familie ein wenig an Struktur im Alltag fehlt, ist es an Ihnen liebe Schlange, für mehr Ordnung zu sorgen. Machen Sie sich dabei nicht zu viele Gedanken, sondern gehen Sie die Sache einfach pragmatisch an!

Beruf, Finanzen: Mit Hilfe der Ratte können nun noch einmal wirklich spannende Dinge in Ihrem Kopf entstehen. Damit diese dann auch ans Licht kommen können, braucht es allerdings etwas mehr als einen inspirierenden Funken. Sollte Ihnen das zu viel Aufwand sein, warten Sie mit der Umsetzung einfach bis zum nächsten Monat.

Hüten Sie sich vor Menschen, die von Ihren Fähigkeiten profitieren wollen, ohne Ihnen dafür etwas zurückzugeben. Am besten machen Sie gleich feste Absprachen, damit klar ist, wer was zu leisten hat.

Tipp des Monats:

Voreilige Entscheidungen sollten Sie jetzt lieber nicht treffen. Gehen Sie das Jahresende entspannt und genußvoll an!

WU
Pferd

Grundtendenz des Monats:
Wer entscheidet in diesen Wochen - der Kopf oder das Herz? Zum Ende des Kalenderjahres können dem Pferd noch einmal so einige Dinge durch den Kopf gehen. Da besteht leicht die Versuchung, zu „verkopft" an bestimmte Situationen heranzugehen. Es wäre gut, wenn Sie sich nun auf das Yin-Holz der Jahresherrscherin besinnen und auch Ihre Intuition in die Entscheidungsfindung mit einbeziehen.
Die Erd-Ratte, die den Dezember begleitet, ist nicht unbedingt immer auf einer Linie mit dem Pferd. Allerdings kann dieser Kontrast Ihnen nun durchaus dabei helfen, nicht zu überhitzt oder gestresst zu reagieren.

Liebe, Familie, Freundschaft: Suchen Sie unbedingt das Gespräch, wenn Sie sich in Ihrer Beziehung nicht vollkommen wohl fühlen. Manchmal reicht es schon, wenn man sich regelmäßig über die eigenen Gefühle austauscht. Dann gehen Sie gleich achtsamer miteinander um und die Harmonie wird wieder hergestellt.
Nutzen Sie die Adventszeit, um schöne Erinnerungen mit den Menschen zu erschaffen, die Ihnen wirklich wichtig sind. Gemeinsame Ausflüge oder gemütliche Nachmittage daheim tragen jetzt ganz besonders dazu bei, dass sich bestehende Bindungen vertiefen können.

Beruf, Finanzen: Wer im letzten Monat einige Anstrengungen unternommen hat, darf sich nun über das Ergebnis freuen. Es ist vollkommen egal, wie groß das Ganze ausgefallen ist - auch auf kleinen Bergen kann man ein Gipfelfest feiern.
Wenn Ihnen mit Hilfe der kreativen Ratte schon die eine oder andere neue Idee für 2026 in den Kopf kommt, halten Sie sie gut fest! Nutzen Sie am besten noch einmal die analytischen Fähigkeiten der Jahresherrscherin. So können Sie jetzt schon die ersten Vorbereitungen treffen und müssen sich damit zu Beginn Ihres eigenen Jahres nicht groß aufhalten.

Tipp des Monats:
Halten Sie jetzt Ihr Geld zusammen! Wenn Sie im nächsten Jahr Großes vorhaben, brauchen Sie eine gute Reserve.

WEI
Ziege

Grundtendenz des Monats:
Vielleicht hat die Schlange es in den letzten Monaten immer wieder geschafft, in Ihnen Zweifel zu säen. Unter Umständen hat das dazu geführt, dass Sie zuweilen denken, dass Sie nicht ausreichend vorbereitet sind oder dass Sie die an sie gestellten Erwartungen nicht erfüllen können. Mit dem Erscheinen der Ratte im Dezember dürfen Sie lernen, dass Sie genug sind und Ihre Fülle wirklich in greifbarer Nähe liegt.
Ihre Hilfsbereitschaft kann auf eine harte Probe gestellt werden, wenn man Forderungen an Sie heranträgt, die überzogen sind. Lassen Sie sich nicht vor jeden Karren spannen, liebe Ziege. Auch der netteste Mensch darf ab und zu nein sagen.

Liebe, Familie, Freundschaft: Lassen Sie sich nicht entmutigen, wenn Ihr Werben vielleicht auf den ersten Blick nicht so erfolgreich war. Unter der Herrschaft der Schlange dauert es eben ein bisschen länger, bis sich das Herz entflammt. Dafür brennt das Feuer dann umso länger und das ist am Ende viel wichtiger.
Zum Ende des Kalenderjahres herrscht daheim unter Umständen hektische Aktivität. Davon können Sie sich anstecken lassen, sind aber nicht dazu verpflichtet. Vor allem, wenn Sie bereits die meisten Dinge für die Festtage vorbereitet haben, dürfen Sie sich zurücklehnen und dem Trubel von außen zusehen.

Beruf, Finanzen: Die Kombination aus Ratte und Schlange kann jetzt im Dezember noch einmal ordentlich das Gedankenkarussell in Fahrt bringen. Was könnten Sie noch alles auf den letzten Metern erledigen? Was haben Sie sich zu Beginn des Jahres vorgenommen und nicht geschafft? Machen Sie sich jetzt bitte nicht zu sehr verrückt! Im kommenden Jahr gibt es sicher reichlich Gelegenheit, Versäumnisse nachzuholen und Ihre Pläne umzusetzen.
Behalten Sie Ihre Finanzen nun gut im Auge. Unnötige Ausgaben sollten Sie im Dezember unbedingt vermeiden.

Tipp des Monats:
Lassen Sie sich nun bitte nicht verunsichern. Sie wissen um Ihre Fähigkeiten!

SUNG
Affe

Grundtendenz des Monats:
Mit der Ratte, die den letzten Monat des Kalenderjahres begleitet, verbindet den Affen so einiges. Kein Wunder, dass Sie frischen Elan verspüren! Doch auch wenn Ihnen nun wieder zahlreiche Ideen im Kopf herum sprühen, ist jetzt wahrscheinlich nicht der richtige Zeitpunkt, diese unmittelbar anzugehen. Nehmen Sie sich lieber ausgiebig Zeit zu genießen, was Sie 2025 erreicht haben.
In der heutigen schnelllebigen Zeit fehlt uns oft die Muße, all die Informationen zu verarbeiten, mit denen wir konfrontiert werden. Anstatt jetzt zu versuchen, da mitzuhalten, schalten Sie Computer und Handy einfach einmal aus und konzentrieren sich auf das Hier und Jetzt.
Liebe, Familie, Freundschaft: Ein entspannter und zufriedener Affe kann auch sein Privatleben deutlich mehr genießen. Lernen Sie, Ihre Zeit mehr mit Nichtstun zu füllen! Ihre Lieben wird es freuen, wenn Sie nicht immer noch irgendetwas erledigen müssen, sondern Partner und Familie Ihre volle Aufmerksamkeit schenken.
Sie allein entscheiden, mit wem Sie Ihre kostbare Zeit teilen möchten. Es spricht absolut nichts dagegen, wenn Sie sich nun auf Ihren engsten Kreis beschränken. Sie müssen wirklich nicht auf jeder Party mittanzen.
Beruf, Finanzen: Die Ratte hat eine Idee und der Affe setzt sie um. So funktioniert das normalerweise... Im Jahr der Schlange ist das nicht so einfach, denn es müssen deutlich mehr Details beachtet werden als dem Affen lieb sein dürfte. Machen Sie sich jetzt im Dezember deswegen aber bitte keinen Stress! Erledigen Sie einfach die Dinge, die gut zu schaffen sind. Den Rest heben Sie sich für später auf.
Sie sollten in diesem Monat schnell merken, wenn man versucht, sie auszunutzen. Entziehen Sie sich der Situation so schnell wie möglich und verschwenden Sie keine unnötige Energie darauf, sich allzu sehr zu ärgern.
Tipp des Monats:
Alles läuft rund. Machen Sie sich bitte keine unnötigen Sorgen!

YU
Hahn

Grundtendenz des Monats:
Zum Abschluss des Kalenderjahres vereinen sich noch einmal alle fünf Elemente für den Hahn. Es ist nun ein guter Zeitpunkt, auf die vergangenen Monate zurückzuschauen und zu analysieren, was Sie aus dem Jahr der Holz-Schlange für sich gemacht haben. Seien Sie dabei aber bitte nicht zu streng mit sich selbst!
Mit der Erd-Ratte kann jetzt im Dezember noch einmal einiges auf der geistigen Ebene angeschoben werden. Die introvertierte Jahresherrscherin tut das ihre dazu, dass Sie sich intensiv mit ihrem Innenleben beschäftigen und so vielleicht noch einmal wichtige Erkenntnisse gewinnen können.
Liebe, Familie, Freundschaft: Wer im letzten Monat viel gegeben hat, darf nun ruhig auch einmal nein sagen. Vor allem, wenn es sich bei den Bittstellern nicht um enge Familienangehörige oder Freunde handelt, sind Sie wirklich nicht verpflichtet auszuhelfen.
Wer weiß, vielleicht machen Sie sich einfach zu viele Gedanken über den idealen Partner... anstatt sich im Kopf die perfekte Liebe zu basteln, sollten Sie in diesem Monat lieber ganz konkret Ausschau halten nach einem Menschen, der Ihnen einfach nur gut tut. Alles weitere kann sich dann später ergeben.
Beruf, Finanzen: War es ein erfolgreiches Jahr für Sie, würde man in Ihrem Umfeld nun natürlich am liebsten daran teilhaben und wissen, wie Sie das angestellt haben. Sie können andere Menschen miteinbeziehen, sind aber keinesfalls verpflichtet dazu. Auf jeden Fall macht es Sinn, zukünftige Mitstreiter gut auf Herz und Nieren zu überprüfen, bevor Sie sich Ihnen öffnen.
Ein Kassensturz ist zum Ende des Jahres immer eine gute Idee. 2025 um so mehr, weil mit der Schlange ein Tierzeichen regiert, was mit Zahlen umzugehen weiß. Vielleicht können Sie mit ihrer Hilfe jetzt schon das Budget für die kommenden Monate aufstellen.
Tipp des Monats:
Nutzen Sie noch einmal Ihre Chancen! Dann können Sie Ihre Fülle ab nächsten Monat umso mehr genießen.

SHIH Hund

Grundtendenz des Monats: Mit einer lebhaften Ratte an Ihrer Seite können Sie im Dezember noch einmal einige kreative Impulse bekommen. Es ist nun aber nicht unbedingt nötig, diesen zu folgen. Vielleicht finden Sie, dass Sie im Jahr der Schlange schon genug geschafft haben und jetzt lieber Ihre erreichte Fülle genießen sollten.

Wer Ihre Unterstützung will in diesen Wochen, sollte wirklich gut argumentieren können. Schließlich haben Sie nichts zu verschenken! Mal ganz abgesehen davon, dass Sie unter Umständen ohnehin noch genug mit Ihren eigenen Prozessen beschäftigt sind. Auch die Hilfsbereitschaft des loyalen Hundes hat ihre Grenzen.

Liebe, Familie, Freundschaft: Einer gemeinsamen Routine zu folgen, mag ja für eine Weile ganz schön sein. Nach einer gewissen Zeit kann sich aber durchaus Langeweile einschleichen, was keiner Partnerschaft auf Dauer gut tut. Lassen Sie sich in diesem Monat ruhig einmal von den Ideen der Ratte inspirieren. Ein bisschen frischer Schwung kann in der Liebe sicher nicht schaden.

Wenn Sie bei einigen Freunden das Gefühl haben, dass Sie deutlich mehr investieren als die andere Seite, müssen Sie das zur Sprache bringen, bevor sich die Unzufriedenheit zu sehr in Ihnen breit macht.

Beruf, Finanzen: Zum Ende des Kalenderjahres wird so mancher Hund feststellen, dass sich harte Arbeit am Ende immer lohnt. Mit der Schlange an Ihrer Seite konnten Sie in den letzten Monaten nicht nur einfach stur Ihren Job machen, sondern wurden eingeladen, noch tiefer in die Materie einzusteigen.

Vielleicht hat das bewirkt, dass Sie sich nun besser mit Ihrer Tätigkeit identifizieren können. Vielleicht haben Sie aber auch festgestellt, dass Ihre aktuelle Arbeit auf Dauer nicht das Richtige ist. Wie auch immer das Ergebnis ist - auf jeden Fall haben Sie 2024 mehr Klarheit gewinnen können.

Tipp des Monats:

Denken Sie ruhig ein bisschen mehr an sich selbst! Eine gesunde Portion Egoismus hat noch nie geschadet.

HAN Schwein

Grundtendenz des Monats: Das Kalenderjahr geht zu Ende und es wird Zeit für das Schwein, ein Fazit der letzten zwölf Monate zu ziehen. Wenn Sie mit der Entwicklung nicht ganz so zufrieden sind, sollten Sie sich darüber nicht zu lange ärgern. Sie haben mit den Dingen gearbeitet, die die Schlange Ihnen angeboten hat und sicher das Beste daraus gemacht. Ab dem nächsten Jahr kommt mit dem Pferd eine völlig andere Dynamik ins Spiel.

Die Erd-Ratte möchte Sie im Dezember daran erinnern, dass im Grunde alles gut ist, wie es ist. Schließen Sie das Jahr ab in dem Vertrauen, dass immer für alles gesorgt ist.

Liebe, Familie, Freundschaft: In der Liebe hat es in den vergangenen Monaten vielleicht das eine oder andere kleinere Drama gegeben. Spätestens jetzt kann sich auch die letzte Wolke verziehen und wieder eitel Sonnenschein einkehren. Wenn auf der anderen Seite Einsicht herrscht, sollten Sie sich nun nicht nachtragend zeigen, liebes Schwein!

Freundschaften sollten niemals auf Verpflichtungen basieren. Wenn Sie das Gefühl haben, dass Sie ständig in die Beziehung investieren müssen, wäre vielleicht ein guter Zeitpunkt, die Bremse zu ziehen. Ein klärendes Gespräch kann zeigen, ob es eine Basis gibt, auf der die Freundschaft Bestand haben kann.

Beruf, Finanzen: Machen Sie sich nun bitte nicht zu viele Gedanken darüber, was alles theoretisch noch zu erledigen ist. Der Tag hat nur 24 Stunden! Wer sich seine Zeit realistisch einteilt, macht sich deutlich weniger Stress und bekommt am Ende die wirklich wichtigen Dinge auch noch erledigt. Alles andere kann bis zum nächsten Jahr warten.

Öffnen Sie Ihren Geldbeutel in diesem Monat lieber nicht zu großzügig! Vor allem, wenn die Ausgabe nicht für Sie selbst bestimmt ist, sollten Sie wirklich genau überprüfen, ob das Ganze wirklich nötig ist.

Tipp des Monats:

Trauern Sie nicht den verpassten Gelegenheiten nach, sondern konzentrieren Sie sich lieber auf das, was jetzt kommen mag!

Dezember 2025	Jahreskonstellation – Holz Schlange Monatskonstellation – Erd Ratte

1. Holz Drache	Ratte Büffel Tiger Hase Drache Schlange Pferd Ziege Affe Hahn Hund Schwein **Günstig:** Gartenarbeit, Hochzeit, Dinge zum Abschluss bringen. **Ungünstig:** Umzug, Reisen, Geschäftseröffnung
2. Holz Schlange	Ratte Büffel Tiger Hase Drache Schlange Pferd Ziege Affe Hahn Hund Schwein **Günstig:** Ausruhen, Meditation, seinen Hobbys nachgehen. **Ungünstig:** wichtige Unternehmungen.
3. Feuer Pferd	Ratte Büffel Tiger Hase Drache Schlange Pferd Ziege Affe Hahn Hund Schwein **Günstig:** Amüsieren, mit Freunden ausgehen, Freizeitaktivitäten **Ungünstig:** geschäftliche Aktivitäten, neue Dinge anfangen.
4. Feuer Ziege	Ratte Büffel Tiger Hase Drache Schlange Pferd Ziege Affe Hahn Hund Schwein **Günstig:** für die meisten Aktivitäten, Geschäftsabschlüsse, Partnerschaft **Ungünstig:** negative Bemerkungen über andere Menschen.
5. Erd Affe	Ratte Büffel Tiger Hase Drache Schlange Pferd Ziege Affe Hahn Hund Schwein **Günstig:** Handel, Geschäftseröffnungen, Hochzeiten und andere Feste planen. **Ungünstig:** Beerdigungen, Reisen, Arztbesuche.
6. Erd Hahn	Ratte Büffel Tiger Hase Drache Schlange Pferd Ziege Affe Hahn Hund Schwein **Günstig:** Handwerkliche Aktivitäten, Handel, Hochzeiten, Reisen **Ungünstig:** Trauerfeiern und Beerdigungen, schwere körperliche Arbeit
7. Metall Hund	Ratte Büffel Tiger Hase Drache Schlange Pferd Ziege Affe Hahn Hund Schwein **Günstig:** Handwerkliche Aktivitäten, Handel, Hochzeiten, Reisen **Ungünstig:** Trauerfeiern und Beerdigungen, schwere körperliche Arbeit
8. Metall Schwein	Ratte Büffel Tiger Hase Drache Schlange Pferd Ziege Affe Hahn Hund Schwein **Günstig:** Ankündigungen machen, Beerdigungen, Trauerfeiern. **Ungünstig:** Handel, Vergnügungen, Freizeitaktivitäten
9. Wasser Ratte	Ratte Büffel Tiger Hase Drache Schlange Pferd Ziege Affe Hahn Hund Schwein **Günstig:** Kleidung schneidern, Handel, Buchhaltung, Ausflüge, neue Dinge beginnen. **Ungünstig:** Geschäfte eröffnen, Kraftanstrengungen, Reisen, Ersparnisse ausgeben.
10. Wasser Büffel	Ratte Büffel Tiger Hase Drache Schlange Pferd Ziege Affe Hahn Hund Schwein **Günstig:** Putzen, waschen, fasten, seelische und körperliche Pflege, Arztbesuche. **Ungünstig:** Ausdauersport, Reisen, Hochzeit.
11. Holz Tiger	Ratte Büffel Tiger Hase Drache Schlange Pferd Ziege Affe Hahn Hund Schwein **Günstig:** Umziehen, Reisen, Hochzeiten, Empfänge, wichtige Konferenzen. **Ungünstig:** geistige Arbeiten, Gartenarbeit, häusliche Tätigkeiten.
12. Holz Hase	Ratte Büffel Tiger Hase Drache Schlange Pferd Ziege Affe Hahn Hund Schwein **Günstig:** Versammlungen, gerechte Verteilungen, Hochzeit, Konferenzen, Umzug. **Ungünstig:** Gartenarbeit, Dinge zum Abschluss bringen.
13. Feuer Drache	Ratte Büffel Tiger Hase Drache Schlange Pferd Ziege Affe Hahn Hund Schwein **Günstig:** Gartenarbeit, Feiern, Hochzeit, Dinge zum Abschluss bringen. **Ungünstig:** keine Anschuldigungen gegen Dritte erheben.
14. Feuer Schlange	Ratte Büffel Tiger Hase Drache Schlange Pferd Ziege Affe Hahn Hund Schwein **Günstig:** Gartenarbeit, Hochzeit, Dinge zum Abschluss bringen. **Ungünstig:** Umzug, Reisen, Geschäftseröffnung
15. Erd Pferd	Ratte Büffel Tiger Hase Drache Schlange Pferd Ziege Affe Hahn Hund Schwein **Günstig:** Ausruhen, Meditation, seinen Hobbys nachgehen. **Ungünstig:** wichtige Unternehmungen

Ob ein Tag besonders günstig für Ihr Tierzeichen ist, sehen Sie an folgenden Farben:
Rot = sehr günstig, Grau = günstig, Schwarz = nicht günstig

16. Erd Ziege	Ratte Büffel Tiger Hase Drache Schlange Pferd Ziege Affe Hahn Hund Schwein **Günstig:** Amüsieren, mit Freunden ausgehen, Freizeitaktivitäten **Ungünstig:** geschäftliche Aktivitäten, neue Dinge anfangen.
17. Metall Affe	Ratte Büffel Tiger Hase Drache Schlange Pferd Ziege Affe Hahn Hund Schwein **Günstig:** für die meisten Aktivitäten, Geschäftsabschlüsse, Partnerschaft **Ungünstig:** negative Bemerkungen über andere Menschen.
18. Metall Hahn	Ratte Büffel Tiger Hase Drache Schlange Pferd Ziege Affe Hahn Hund Schwein **Günstig:** Handel, Geschäftseröffnungen, Hochzeiten und andere Feste planen. **Ungünstig:** Beerdigungen, Reisen, Arztbesuche.
19. Wasser Hund	Ratte Büffel Tiger Hase Drache Schlange Pferd Ziege Affe Hahn Hund Schwein **Günstig:** Handwerkliche Aktivitäten, Handel, Hochzeiten, Reisen **Ungünstig:** Trauerfeiern und Beerdigungen, schwere körperliche Arbeit
20. Wasser Schwein	Ratte Büffel Tiger Hase Drache Schlange Pferd Ziege Affe Hahn Hund Schwein **Günstig:** Ankündigungen machen, Beerdigungen, Trauerfeiern. **Ungünstig:** Handel, Vergnügungen, Freizeitaktivitäten
21. Holz Ratte	Ratte Büffel Tiger Hase Drache Schlange Pferd Ziege Affe Hahn Hund Schwein **Günstig:** Kleidung schneidern, Handel, Buchhaltung, Ausflüge, neue Dinge beginnen. **Ungünstig:** Geschäfte eröffnen, Kraftanstrengungen, Reisen, Ersparnisse ausgeben.
22. Holz Büffel	Ratte Büffel Tiger Hase Drache Schlange Pferd Ziege Affe Hahn Hund Schwein **Günstig:** Putzen, waschen, fasten, seelische und körperliche Pflege, Arztbesuche. **Ungünstig:** Ausdauersport, Reisen, Hochzeit.
23. Feuer Tiger	Ratte Büffel Tiger Hase Drache Schlange Pferd Ziege Affe Hahn Hund Schwein **Günstig:** Umziehen, Reisen, Hochzeiten, Empfänge, wichtige Konferenzen. **Ungünstig:** geistige Arbeiten, Gartenarbeit, häusliche Tätigkeiten.
24. Feuer Hase	Ratte Büffel Tiger Hase Drache Schlange Pferd Ziege Affe Hahn Hund Schwein **Günstig:** Versammlungen, gerechte Verteilungen, Hochzeit, Konferenzen, Umzug. **Ungünstig:** Gartenarbeit, Dinge zum Abschluss bringen.
25. Erd Drache	Ratte Büffel Tiger Hase Drache Schlange Pferd Ziege Affe Hahn Hund Schwein **Günstig:** Gartenarbeit, Feiern, Hochzeit, Dinge zum Abschluss bringen. **Ungünstig:** keine Anschuldigungen gegen Dritte erheben.
26. Erd Schlange	Ratte Büffel Tiger Hase Drache Schlange Pferd Ziege Affe Hahn Hund Schwein **Günstig:** Gartenarbeit, Feiern, Hochzeit, Dinge zum Abschluss bringen. **Ungünstig:** keine Anschuldigungen gegen Dritte erheben.
27. Metall Pferd	Ratte Büffel Tiger Hase Drache Schlange Pferd Ziege Affe Hahn Hund Schwein **Günstig:** Ausruhen, Meditation, seinen Hobbys nachgehen. **Ungünstig:** wichtige Unternehmungen
28. Metall Ziege	Ratte Büffel Tiger Hase Drache Schlange Pferd Ziege Affe Hahn Hund Schwein **Günstig:** Amüsieren, mit Freunden ausgehen, Freizeitaktivitäten **Ungünstig:** geschäftliche Aktivitäten, neue Dinge anfangen.
29. Wasser Affe	Ratte Büffel Tiger Hase Drache Schlange Pferd Ziege Affe Hahn Hund Schwein **Günstig:** für die meisten Aktivitäten, Geschäftsabschlüsse, Partnerschaft **Ungünstig:** negative Bemerkungen über andere Menschen.
30. Wasser Hahn	Ratte Büffel Tiger Hase Drache Schlange Pferd Ziege Affe Hahn Hund Schwein **Günstig:** Handel, Geschäftseröffnungen, Hochzeiten und andere Feste planen. **Ungünstig:** Beerdigungen, Reisen, Arztbesuche.
31. Holz Hund	Ratte Büffel Tiger Hase Drache Schlange Pferd Ziege Affe Hahn Hund Schwein **Günstig:** Handwerkliche Aktivitäten, Handel, Hochzeiten, Reisen **Ungünstig:** Trauerfeiern und Beerdigungen, schwere körperliche Arbeit

> Kleine Kälte / Große Kälte < Januar 2026

TZE Ratte

Grundtendenz des Monats:
In der Ruhe lag in den vergangenen zwölf Monaten sicher des Öfteren die Kraft für die Ratte. Im letzten Monat des Schlangen-Jahres gilt das nun umso mehr, denn mit dem besonnenen Erd-Büffel tritt ein Tierzeichen auf den Plan, welches es ganz besonders ruhig angehen lässt.
Der Januar könnte sich so zu einem der besten Monate für Sie entwickeln, denn der Büffel versteht sich sowohl mit der Jahresregentin als auch mit der Ratte ganz hervorragend. So darf sich nun das Gefühl einstellen, dass nach diversen Aufs und Abs alles an seinem richtigen Platz ist. Die starke Erd-Energie bestärkt die Ratte darin, die Dinge einfach so zu belassen, wie sie im Augenblick sind. Für neue Aktionen ist im nächsten Jahr noch genug Zeit.

Liebe, Familie, Freundschaft: Etwaige Spannungen dürften sich jetzt im Januar endgültig legen und die Emotionen dürfen sich glätten. Sollten Sie sich dennoch noch nicht hundertprozentig wohl fühlen, kann ein klärendes Gespräch mit Partner oder Familie die Dinge wieder in ein harmonisches Verhältnis rücken.
Wer zukünftige Auseinandersetzungen unter der neuen Herrschaft des Feuer-Pferdes ab dem nächsten Monat vermeiden will, macht am besten jetzt schon einen Plan, wie 2026 Privatleben und Beruf unter einen Hut zu bringen sind. Stellen Sie sicher, dass es vor allem mit Ihrem Partner keine Interessenkonflikte gibt.

Beruf, Finanzen: 2025 ging es für die Ratte vielleicht nicht immer schnell genug voran. Die scheidende Jahresherrscherin ließ sich nur ungern hetzen, denn das geht auf Kosten der Genauigkeit. Für die Ratte war es sicher eine neue Erfahrung, sich intensiver mit ihren Projekten auseinander zu setzen und tiefer in die Problemlösung einzusteigen. Wenn ab dem nächsten Monat das Pferd das Zepter übernimmt, wird sich zeigen, wie praxistauglich Ihre Ideen am Ende sein können.

Tipp des Monats:
Ist es Ihnen gelungen, sich mit Bedacht weiter zu entwickeln, können Sie diesen Weg auch 2026 beschreiten.

KIU Büffel

Grundtendenz des Monats:
Das Jahr der Schlange hat Ihnen viele Möglichkeiten geboten - sei es auf der persönlichen oder auch der beruflichen Ebene. Haben Sie Ihre Ziele in den vergangenen zwölf Monaten hartnäckig verfolgt? Oder haben Sie sich doch immer wieder ablenken lassen? Zum Ende der aktuellen Regentschaft ist es an der Zeit, eine ehrliche Bestandsaufnahme zu machen.
Mit einem weiteren Büffel als Begleitung im Januar macht sich nun vielleicht die realistische Erkenntnis breit, dass Sie im scheidenden Schlangenjahr nicht mehr allzu viel bewegen können. Aber vielleicht ist das ja auch gar nicht nötig und Sie haben das Jahr der Holz-Schlange wirklich gut genutzt. Wie auch immer Ihr Fazit ausfällt - nun ist es an der Zeit, das Erreichte zu genießen.

Liebe, Familie, Freundschaft: Vielleicht haben Sie in den vergangenen Monaten so manches Detail an Ihrem Partner zum ersten Mal richtig wahrgenommen. Die scheidende Regentin hat Ihnen so möglicherweise dabei geholfen, ein tieferes Verständnis für Ihre bessere Hälfte zu entwickeln. Jetzt kommt es darauf an, wie sich das im Alltag auf die Beziehung auswirken darf.
Bevor im nächsten Monat ein dynamisches Feuer-Pferd das Zepter übernimmt, sollten Sie sich die Zeit nehmen, sich noch einmal familiären Angelegenheiten zu widmen. Je klarer Sie die Aufgaben definieren, desto weniger Stress werden Sie in den kommenden Monaten haben.

Beruf, Finanzen: Ein letzter genauer Blick auf die Finanzen kann nicht schaden, bevor ab dem nächsten Monat das Pferd von der Schlange übernimmt. Stellen Sie sicher, dass das Zahlenwerk korrekt ist und legen Sie im Zweifelsfall ruhig noch einige zusätzliche Reserven an.
So mancher Büffel dürfte es genossen haben, 2025 aus dem Hintergrund die Fäden zu ziehen und hat so deutlich an Einfluss gewonnen. Inwieweit das sich im kommenden Jahr auszahlt, hängt davon ab, wie gut Sie sich vorbereitet haben.

Tipp des Monats:
Zeigen Sie sich dankbar für das, was Sie erreicht haben!

YING Tiger

Grundtendenz des Monats: Auch wenn es sich für den Tiger in den letzten Monaten vielleicht nicht immer so angefühlt hat, sollten nun alle Dinge an ihrem richtigen Platz sein. Wer mehr erwartet hat, wird unter Umständen ein bisschen enttäuscht sein. Im Jahr der Schlange entwickeln sich die Dinge einfach deutlich langsamer als in anderen Jahren. Dafür gab es sicher genug Gelegenheiten für den Tiger, tiefer in unbekanntes Terrain einzudringen und viel dazu zu lernen.

Bevor ab dem nächsten Monat ein deutlich dynamischeres Feuer-Pferd das Zepter übernimmt, dürfen Sie noch einmal tief Luft holen und sich in eine stabile Ausgangslage für das kommende Jahr bringen.

Liebe, Familie, Freundschaft: Ein Erd-Büffel begleitet den letzten Monat im Jahr der Schlange. Dieser kann sich als ziemlich stur erweisen, wenn es darum geht, mögliche Fehler einzugestehen. Erwarten Sie also in dieser Hinsicht jetzt lieber nicht zu viel von Ihren Lieben. Zeigen Sie Nachsicht und Verständnis - das würden Sie sich im umgekehrten Fall auch wünschen.

Es macht durchaus Sinn, nun schon einmal gemeinsam mit Ihrem Partner und der Familie die Prioritäten für die kommenden Monate zu setzen. Mögliche Interessenkonflikte können so vermieden werden und es wird sicher gestellt, dass 2026 jeder auf seine Kosten kommt.

Beruf, Finanzen: Büffel und Schlange helfen im Januar nun sicher noch einmal dabei, berufliche Angelegenheiten zu ordnen. Schließlich sind die beiden vor allem in geschäftlichen Dingen ein richtiges Dream-Team. Vor allem der Büffel mit seinem starken Erd-Element kann für gesicherte Verhältnisse sorgen und dem Tiger so einige Sorgen abnehmen.

Man muss nicht immer laut werden, um sich durchzusetzen. Wenn Sie das in den vergangenen Monaten beherzt haben, konnten Sie nicht nur viele Sympathien sammeln, sondern auch problemlos heikle Klippen umschiffen.

Tipp des Monats: Feiern Sie Ihre kleinen Siege! Sie sind enorm wertvoll für Ihren weiteren Weg.

MAO Hase

Grundtendenz des Monats: Ein letztes Mal darf der Hase noch die sanfte Yin-Energie der Schlange genießen, bevor ab dem nächsten Monat ein dynamisches Feuer-Pferd die Regentschaft übernimmt. Atmen Sie also noch einmal tief durch, denn die nächsten zwölf Monate dürften schon ein bisschen anstrengender werden als das letzte Jahr.

Mit einem bedächtigen Erd-Büffel an Ihrer Seite geht es im Januar darum, in allen Bereichen des Lebens für stabile Verhältnisse zu sorgen. Mit den Erkenntnissen aus dem Jahr der Schlange ausgestattet, sollte es Ihnen nicht schwer fallen, für eine gute Balance in Ihrem Leben zu sorgen.

Liebe, Familie, Freundschaft: Richten Sie Ihre Aufmerksamkeit ruhig etwas mehr auf das Wohlergehen Ihrer Familie und schauen Sie genau hin, wo jeder einzelne Ihrer Lieben aktuell steht. Mit einer guten Planung können Sie verhindern, dass das bestehende Gleichgewicht in den nächsten Monaten zu sehr durchgerüttelt wird. Bei aller Fürsorge sollten Sie aber nicht vergessen, auch Ihre eigenen Befindlichkeiten mit zu berücksichtigen.

Konstanz ist nun in der Liebe definitiv wichtiger als sporadische Aktionen. Das Versprechen, miteinander durch dick und dünn zu gehen, wiegt mehr als teure Geschenke.

Beruf, Finanzen: Sicher konnte so mancher Hase mit Hilfe der Schlange beruflich ein neues Kapitel aufschlagen. Es ist Ihnen zu wünschen, dass Sie auch 2026 den Pfad Ihrer Selbstverwirklichung weiter mutig beschreiten können.

Für den letzten Monat im Jahr der Schlange ist es allerdings auch völlig in Ordnung, wenn Sie auf bekanntem Terrain bleiben. Im warmen Stall fühlt sich der Büffel in diesen Wochen einfach wohler als auf der kalten Wiese. Sie müssen jetzt nicht mehr viel erreichen, sondern können mit Hilfe des starken Erd-Elementes das gesetzte Fundament verstärken, auf dass es Sie in den kommenden Jahren gut trägt.

Tipp des Monats:

Genießen Sie den Platz im Leben, den Sie erreicht haben! Sie haben es sich verdient!

SHENG
Drache

Grundtendenz des Monats:
Zum Abschluss des Jahres der Schlange wird der Drache vielleicht feststellen, das sich sein Fortschritt 2025 weniger auf der äußeren Ebene manifestiert hat. Dafür gäbe es mit der scheidenden Herrscherin reichlich Gelegenheit, an der inneren Entwicklung zu arbeiten, um so bestehende Knoten aufzulösen.

Wenn in den nächsten Monaten mit dem Feuer-Pferd eine stärkere Yang-Energie herrscht, können Sie wieder deutlich extrovertierter agieren. Bis dahin geht es in diesen Wochen an der Seite des Erd-Büffels aber noch einmal eher gemächlich zu.

Liebe, Familie, Freundschaft: Haben Sie sich in den vergangenen Monaten mehr Zeit für Partner und Familie genommen, hat sich das sicher schon einige Male für Sie ausgezahlt. Die Tiefe der Bindung und das damit erreichte gegenseitige Verständnis kann Ihnen niemand mehr nehmen.

Beständigkeit war sicher ein wichtiges Thema in den vergangenen zwölf Monaten und könnte so manchen Drachen dazu bewegt haben, sich mehr niederzulassen. Nun werden Sie noch einmal daran erinnert, wie schön es sein kann, einen festen und sicheren Platz im Herzen Ihrer Lieben zu haben.

Beruf, Finanzen: Mit dem stoischen Büffel an Ihrer Seite können Sie vor dem Übergang in die nächste Regentschaft wirklich gut für Ordnung sorgen. Dazu gehört sicher auch, lästige Restarbeiten zu erledigen und fertige Projekte in die Ablage zu verfrachten. Halten Sie sich nicht damit auf, über diese eher langweiligen Tätigkeiten zu jammern, sondern machen Sie einfach schnörkellos Ihren Job. Ein aufgeräumter Schreibtisch hinterlässt am Ende immer ein gutes Gefühl.

Die Kombination aus Büffel und Schlange unterstützt vor allem geschäftliche und finanzielle Belange. Nehmen Sie es deshalb nun dankend an, wenn man Ihnen unerwartet von außen Hilfe anbietet.

Tipp des Monats:
Wenn Sie Interessenkonflikte in den kommenden Monaten vermeiden möchten, sollten Sie nun bereits mit der entsprechenden Planung anfangen.

SZE
Schlange

Grundtendenz des Monats:
Wie fühlen Sie sich zum Ende des Jahres der Holz-Schlange? Haben sich Ihre Hoffnungen erfüllt? Oder haben Sie das Gefühl, dass sich nicht wirklich viel für Sie bewegt hat? Wenn Sie vom bisherigen Ergebnis vielleicht in bisschen enttäuscht sind, kann das auch daran liegen, dass Sie zu Beginn des Jahres nicht genau definieren konnten, wohin die Reise wirklich gehen soll.

Vielleicht fühlen Sie sich nach den Erfahrungen der letzten Monaten nun eher dazu in der Lage, Ihre Ziele klarer zu definieren. Dann lässt sich der positive Trend aus 2025 sicher im nächsten Jahr fortsetzen.

Wer sich übrigens von Anfang an klar positioniert hat, dürfte mit dem Ergebnis jetzt sehr zufrieden sein.

Liebe, Familie, Freundschaft: Büffel und Schlange bilden im letzten Monat des Jahres noch einmal ein wirklich gutes Team. Es gibt kaum eine Aufgabe, die Sie nun nicht bewältigen können. Von Ihrer Stärke dürfen nun vor allem Ihre Lieben profitieren. Achten Sie darauf, dass Sie Ihnen nicht manchmal ein bisschen zu viele Aufgaben abnehmen. Wenn gegenseitiges Verständnis und ausreichend Toleranz füreinander Ihre Partnerschaft prägen, wird das Ganze sicher lange Bestand haben. Lassen Sie es nicht zu, dass diese Werte von Ihrer Außenwelt in Frage gestellt werden.

Beruf, Finanzen: Ob und wie viel Sie in den vergangenen zwölf Monaten erreicht haben, lässt sich bestimmt nicht ausschließlich an Ihrem Kontostand messen, sondern viel mehr daran, wie Sie sich im Augenblick fühlen. Wer das Gefühl hat, dass alles so ist, wie es sein sollte, hat 2025 alles richtig gemacht.

Mit einem zähen Büffel an Ihrer Seite könnten Sie bei Bedarf noch einmal einen Karren aus dem Dreck ziehen. Wenn das aber eigentlich nicht Ihre Aufgabe ist, können Sie auch einfach dankend abwinken. Sie haben bereits genug getan.

Tipp des Monats:
Sie dürfen sich ruhig einmal selbst auf die Schultern klopfen und die Ergebnisse der letzten Monate feiern.

WU
Pferd

Grundtendenz des Monats: Im letzten Monat des Schlangen-Jahres sollte das Pferd ehrlich Bilanz ziehen. Es ist wichtig, dass Sie nun noch einmal Ihre Entscheidungen der vergangenen zwölf Monate Revue passieren lassen, bevor Sie sich voller Elan in Ihr eigenes Jahr stürzen. Vielleicht hat die scheidende Regentin Ihnen nicht immer die besten Karten gelegt, aber am Ende des Tages geht es darum, was Sie daraus gemacht haben.

Mit dem stoischen Erd-Büffel an Ihrer Seite dürfte die realistische Einschätzung Ihrer aktuellen Situation im Januar gut gelingen. Jetzt heißt es noch einmal tief durchatmen, bevor ab dem nächsten Monat neue spannende Abenteuer auf Sie warten.

Liebe, Familie, Freundschaft: Wer sich den vergangenen Monaten lieber auf Bewährtes verlassen hat, dürfte damit im Großen und Ganzen gut gefahren sein. Partner und Familie wissen es sicher zu schätzen, wenn Sie für ein stabiles Umfeld gesorgt haben. Das war vielleicht nicht immer ganz einfach, sollte aber spätestens jetzt die Anerkennung bringen, die Sie verdient haben.

Wer das Tempo im Alltag etwas gedrosselt hat, konnte sicher vieles umsetzen, für das zuvor nicht genug Zeit war. Sorgen Sie dafür, dass Sie auch in den kommenden Monaten genug Zeit im Privatleben für die Projekte finden, die Ihnen wirklich Freude bereiten.

Beruf, Finanzen: Es ist ein schönes Gefühl, wenn die Dinge am Ende doch gut zusammenlaufen. Die Holz-Schlange hat Ihnen gezeigt, dass es nicht immer der ganz große Wurf sein muss. Wer ihrem Beispiel gefolgt ist, ist durchaus auch vom Platz gekommen und hat dafür keine unnötigen Risiken eingehen müssen.

Zum Ende der Regentschaft sollten Sie besser nichts Neues mehr anfangen. Bleiben Sie im Januar in bekannten Gefilden und warten Sie entspannt auf den Start ins Jahr des Feuer-Pferdes. Ab nächsten Monat gibt es genug zu tun.

Tipp des Monats:

Unberechtigte Kritik dürfen Sie nun einfach an sich abprallen lassen. Sie wissen genau, was Sie können.

WEI
Ziege

Grundtendenz des Monats: Das Jahr der Holz-Schlange neigt sich dem Ende zu und die Energie des Feuer-Pferdes ist sicher schon an einigen Ecken zu spüren. In den letzten zwölf Monaten ging es sicher weniger um schnelle Ergebnisse, sondern mehr darum, sich mittel- und langfristig in eine gute Ausgangsposition zu bringen. Hat die Ziege das erkannt, konnte sie bestimmt viele Dinge in die richtige Richtung lenken.

Da Sie ab dem nächsten Monat wahrscheinlich nicht mehr so viel Zeit haben, tiefer in die Materie einzusteigen, sollten Sie den letzten Monat nun vielleicht noch einmal dafür nutzen. Ein gutes Wissensfundament kann niemals schaden.

Liebe, Familie, Freundschaft: Mit dem Erd-Büffel geht es auf der häuslichen Ebene vor allem um Stabilität. Gerade wenn sich 2025 Veränderungen ergeben haben, ist es nun für alle Beteiligten wichtig, dass endlich wieder mehr Ruhe einkehrt. Fangen Sie nun also besser nichts Neues an, sondern sorgen Sie lieber dafür, dass alles erst einmal so läuft, wie es ist.

Mit der Schlange an Ihrer Seite haben Sie vielleicht einige emotionale Momente in Ihrer Beziehung erlebt. Es bleibt zu wünschen, dass gemeinsame Höhen und Tiefen Sie am Ende noch enger zusammengeschweißt haben.

Beruf, Finanzen: Vielleicht kommt es Ihnen so vor, als ob Sie 2025 nicht so viel gewagt haben, wie im Jahr davor. Bei genauerer Betrachtung können Sie aber feststellen, dass Sie dafür unter Umständen deutlich tiefer in die Materie eingestiegen sind. Ist das der Fall, haben Sie eine hervorragende Basis für das dynamische Jahr des Feuer-Pferdes geschaffen.

Schuster bleib bei deinen Leisten könnte das Motto in diesem Monat sein. Laden Sie sich nun nichts auf, womit Sie sich nicht schon gut auskennen. Die Energie sparen Sie sich besser für den Start ins neue Jahr auf.

Tipp des Monats:

Wirkliche Veränderungen können sich jetzt nur manifestieren, wenn Sie davon eine klare Vorstellung haben.

SUNG
Affe

Grundtendenz des Monats:
Das Jahr der Holz-Schlange neigt sich dem Ende zu und es ist an der Zeit, ein Resümee zu ziehen. Wie hat es sich für Sie angefühlt, tiefer in die Materie einzusteigen und weniger spontane Aktionen durchsetzen zu können? Es mag sein, dass Sie sich zuweilen ein bisschen ausgebremst gefühlt haben. Hoffentlich haben Sie die Zeit genutzt, um sich intensiver mit bestimmten Themen auseinander zu setzen. Dann müssen Sie sich im kommenden Jahr weniger mit lästigen Details befassen.

Mit dem Büffel bekommen Sie im Januar noch einmal einen recht konservativen Vertreter des Chinesischen Tierkreis zur Seite gestellt. Da wird sich wahrscheinlich nicht viel bewegen.

Liebe, Familie, Freundschaft: Einmal mehr darf sich der Affe bewusst werden, dass es keine großen Aufregungen braucht, damit er sich im Privatleben wohlfühlen kann. Seien Sie nun dankbar für die wunderbaren Menschen in Ihrem Umfeld, die dafür sorgen, dass alles harmonisch läuft.

Auch in der Liebe geht es nun noch einmal um Beständigkeit und Stabilität. Wenn Sie dauerhaft mit einem Menschen glücklich sein wollen, können Sie sich nicht darauf verlassen, dass das schon irgendwie laufen wird. Eine gute Partnerschaft ist immer auch ein gutes Stück Arbeit für beide Seiten.

Beruf, Finanzen: Im Monat des Büffels lassen sich in der Regel vor allem lästige Arbeiten gut zum Abschluss bringen. In Kombination mit der Schlange gilt das auf der beruflichen Ebene nun um so mehr. Bleiben sie strukturiert und wachsam und ziehen Sie das Ganze jetzt durch. Im kommenden Jahr haben Sie wahrscheinlich nicht mehr so viel Zeit, sich so gut auf die Details zu konzentrieren.

Wie steht es um Ihre Finanzen? Machen Sie spätestens jetzt noch einmal einen Kassensturz und teilen Sie sich Ihr Geld schon einmal grob für die nächsten Monate ein.

Tipp des Monats:
Am besten fangen Sie nun schon an, Seilschaften für die zukünftige Projekte aufzubauen.

YU
Hahn

Grundtendenz des Monats:
Im Januar dürften für den Hahn die Fäden perfekt zusammenlaufen. Mit dem Büffel tritt nun das Tierzeichen an Ihre Seite, dass sich am besten mit Schlange und Hahn ergänzt. Die Harmonie kann sich in vielen Bereichen des Lebens zeigen, wenn Sie sich eingestehen, dass nun alles an seinem richtigen Platz ist.

Es ist nun nicht der richtige Zeitpunkt für übertriebene Kritik. Sicher kann der Hahn immer noch irgendetwas besser machen. Allerdings steht der Wunsch nach Perfektion Ihnen im Weg, wenn es darum geht, die Dinge in einem guten zeitlichen Rahmen abzuschließen.

Liebe, Familie, Freundschaft: Im Grunde sollten Sie sich mit Ihren Lieben in den vergangenen Monaten gut eingespielt haben, so dass die Dinge zu Hause zu aller Zufriedenheit laufen können. Damit das so bleibt, setzen Sie sich am besten noch einmal mit allen Familienmitgliedern zusammen und planen schon einmal die nächsten Monate. Im Jahr des dynamischen Feuer-Pferdes kann es sonst leicht zu Interessenkonflikten kommen.

Wie Sie Ihre Beziehung einschätzen, sollte nicht von Außenstehenden abhängen, sondern allein davon, wie Sie sich mit Ihrer besseren Hälfte fühlen. Wenn es für Sie beide stimmig ist, kann Ihnen die Meinung anderer völlig egal sein.

Beruf, Finanzen: Die Wahrscheinlichkeit für den beruflichen Erfolg war im Jahr der Schlange immer dann gut für den Hahn, wenn er tiefer in die Materie eingestiegen ist. Mit dem Pferd kommt nun ein Tierzeichen ans Steuer, was deutlich aktiver ist und sich wahrscheinlich weniger Zeit für die Recherche nimmt. Damit bekommen Sie vielleicht mehr geschafft, aber die potentielle Fehlerquote ist auch höher.

Ist es nicht ein schönes Gefühl, wenn Ihre Pläne aufgehen? Wenn es nichts mehr zu verbessern gibt und Sie einfach nur genießen dürfen, was Sie erreicht haben?

Tipp des Monats:
Zum Abschluss des Jahres sollten Sie noch einmal versuchen, ein gutes Gleichgewicht für Ihre Aktivitäten zu finden.

SHIH
Hund

Grundtendenz des Monats:

Bevor im nächsten Monat mit einem feurigen Pferd für den Hund deutlich mehr Bewegung ins Spiel kommt, geht es nun noch einmal darum, allen Dingen ihren richtigen Platz zu geben. Das kann bedeuten, dass Sie noch einmal so richtig aufräumen sollten. Es kann aber auch darum gehen, die eigenen Präferenzen auf Basis der Erfahrungen des letzten Jahres genauer festzulegen. So können Sie schon jetzt die Richtung für die kommenden Monate bestimmen und ab Februar gleich tatkräftig loslegen.

Große Überraschungen sollten Sie im letzten Monat des Schlangen-Jahres nicht mehr erwarten, denn mit dem Büffel an Ihrer Seite kehrt nun mehr Ruhe ein.

Liebe, Familie, Freundschaft: Auf der emotionalen Ebene konnte so mancher Hund 2024 sicher eine gute Entwicklung hinlegen. Die Schlange hat Ihnen gezeigt, wie Sie Ihre Gefühle in einem sicheren Rahmen besser offenbaren können. Ihr Partner wird es sicher zu schätzen wissen, wenn Sie auch im kommenden Jahr in diesem Bereich weiter offen bleiben.

Die starke Erd-Energie sorgt im Januar dafür, dass sich auf der privaten Ebene wahrscheinlich nicht viel ändert, was dem Hund nur recht sein dürfte. So können Sie nun wunderbar zur Ruhe kommen und sich mental auf das Jahr des Feuer-Pferdes vorbereiten.

Beruf, Finanzen: Schlange und Büffel bilden zum Ausklang des Jahres noch einmal eine wirklich günstige Konstellation für das beruflichen Vorankommen. Nutzen Sie diese Energie nun ruhig noch einmal aus, um sich für die kommenden Monate in Position zu bringen. Mit dem Pferd können Sie ab dem nächsten Monat Ihre persönlichen Ambitionen noch besser umsetzen.

Bis dahin können Sie jetzt noch einmal ein paar schwere Steine aus dem Weg räumen und so den Weg für zukünftige Projekte ebnen.

Tipp des Monats:

In der Ruhe vor dem Sturm kann man vorzüglich nachdenken. Nutzen Sie die Zeit, um sich über Ihre Ziele klar zu werden!

HAN
Schwein

Grundtendenz des Monats:

Mit einem willensstarken Büffel an der Seite geht das Jahr der Holz-Schlange zu Ende. So manches Schwein mag nun ein wenig aufatmen, denn die letzten Monate waren unter Umständen recht fordernd. Die entstandene Reibung hat aber einige Veränderungen gebracht, die Sie sonst vielleicht gar nicht ins Auge gefasst hätten. Wer es gewollt hat, konnte 2025 auf jeden Fall sein eigenes Wachstum voran treiben.

Mit der Kombination aus Schlange und Büffel kann es jetzt noch einmal darum gehen, die letzten Hindernisse zu erkennen und entschlossen zu beseitigen. So wird der Weg frei gemacht für spannende Abenteuer, die im Jahr des Feuer-Pferdes auf Sie warten.

Liebe, Familie, Freundschaft: Tiefe Gefühle konnten mit Hilfe der Schlange entwickelt werden, was so mancher Partnerschaft sicher gut getan und emotionale Nähe geschaffen hat. Erhalten Sie sich diese innige Verbindung, auch wenn es in den kommenden Monaten etwas rasanter zugeht. Vielleicht ist es eine gute Idee, nun schon einmal den Alltag neu zu strukturieren, denn mit dem dynamischen Feuer-Pferd bleiben sonst unter Umständen wichtige Dinge auf der Strecke. Gerade wenn es darum geht, eine gute Balance zwischen Beruf und Privatleben zu finden, können Sie nicht früh genug mit der Planung beginnen.

Beruf, Finanzen: Büffel und Schlange können Ihnen nun noch einmal dabei helfen, die richtigen geschäftlichen Entscheidungen zu treffen und diese dann auch gleich umzusetzen. Nicht umsonst ist der Büffel bekannt für seine Durchsetzungskraft. So können Sie noch einmal einige Dinge in trockene Tücher bringen.

Wer das Gefühl hat, nun nicht mehr viel bewegen zu müssen, darf sich auch gerne ein wenig ausruhen, bevor ab nächsten Monat eine starke Feuer-Energie für mehr Trubel sorgen dürfte. Genießen Sie die Ruhe vor dem Sturm!

Tipp des Monats:

Pragmatische Entscheidungen mögen nicht so spannend sein, sind aber jetzt die beste Vorbereitung für die kommenden Monate.

Januar 2026	Jahreskonstellation – Feuer Pferd Monatskonstellation – Erd Büffel/Ochse

1. Holz Schwein	Ratte Büffel Tiger Hase Drache Schlange Pferd Ziege Affe Hahn Hund Schwein **Günstig:** Ankündigungen machen, Beerdigungen, Trauerfeiern. **Ungünstig:** Handel, Vergnügungen, Freizeitaktivitäten
2. Feuer Ratte	Ratte Büffel Tiger Hase Drache Schlange Pferd Ziege Affe Hahn Hund Schwein **Günstig:** Kleidung schneidern, Handel, Buchhaltung, Ausflüge, neue Dinge beginnen. **Ungünstig:** Geschäfte eröffnen, Kraftanstrengungen, Reisen, Ersparnisse ausgeben.
3. Feuer Büffel	Ratte Büffel Tiger Hase Drache Schlange Pferd Ziege Affe Hahn Hund Schwein **Günstig:** Putzen, waschen, fasten, seelische und körperliche Pflege, Arztbesuche. **Ungünstig:** Ausdauersport, Reisen, Hochzeit.
4. Erd Tiger	Ratte Büffel Tiger Hase Drache Schlange Pferd Ziege Affe Hahn Hund Schwein **Günstig:** Umziehen, Reisen, Hochzeiten, Empfänge, wichtige Konferenzen. **Ungünstig:** geistige Arbeiten, Gartenarbeit, häusliche Tätigkeiten.
5. Erd Hase	Ratte Büffel Tiger Hase Drache Schlange Pferd Ziege Affe Hahn Hund Schwein **Günstig:** Versammlungen, gerechte Verteilungen, Hochzeit, Konferenzen, Umzug. **Ungünstig:** Gartenarbeit, Dinge zum Abschluss bringen.
6. Metall Drache	Ratte Büffel Tiger Hase Drache Schlange Pferd Ziege Affe Hahn Hund Schwein **Günstig:** Versammlungen, gerechte Verteilungen, Hochzeit, Konferenzen, Umzug. **Ungünstig:** Gartenarbeit, Dinge zum Abschluss bringen.
7. Metall Schlange	Ratte Büffel Tiger Hase Drache Schlange Pferd Ziege Affe Hahn Hund Schwein **Günstig:** Gartenarbeit, Feiern, Hochzeit, Dinge zum Abschluss bringen. **Ungünstig:** keine Anschuldigungen gegen Dritte erheben.
8. Wasser Pferd	Ratte Büffel Tiger Hase Drache Schlange Pferd Ziege Affe Hahn Hund Schwein **Günstig:** Gartenarbeit, Hochzeit, Dinge zum Abschluss bringen. **Ungünstig:** Umzug, Reisen, Geschäftseröffnung
9. Wasser Ziege	Ratte Büffel Tiger Hase Drache Schlange Pferd Ziege Affe Hahn Hund Schwein **Günstig:** Ausruhen, Meditation, seinen Hobbys nachgehen. **Ungünstig:** wichtige Unternehmungen
10. Holz Affe	Ratte Büffel Tiger Hase Drache Schlange Pferd Ziege Affe Hahn Hund Schwein **Günstig:** Amüsieren, mit Freunden ausgehen, Freizeitaktivitäten **Ungünstig:** geschäftliche Aktivitäten, neue Dinge anfangen.
11. Holz Hahn	Ratte Büffel Tiger Hase Drache Schlange Pferd Ziege Affe Hahn Hund Schwein **Günstig:** für die meisten Aktivitäten, Geschäftsabschlüsse, Partnerschaft **Ungünstig:** negative Bemerkungen über andere Menschen.
12. Feuer Hund	Ratte Büffel Tiger Hase Drache Schlange Pferd Ziege Affe Hahn Hund Schwein **Günstig:** Handel, Geschäftseröffnungen, Hochzeiten und andere Feste planen. **Ungünstig:** Beerdigungen, Reisen, Arztbesuche.
13. Feuer Schwein	Ratte Büffel Tiger Hase Drache Schlange Pferd Ziege Affe Hahn Hund Schwein **Günstig:** Handwerkliche Aktivitäten, Handel, Hochzeiten, Reisen **Ungünstig:** Trauerfeiern und Beerdigungen, schwere körperliche Arbeit
14. Erd Ratte	Ratte Büffel Tiger Hase Drache Schlange Pferd Ziege Affe Hahn Hund Schwein **Günstig:** Ankündigungen machen, Beerdigungen, Trauerfeiern. **Ungünstig:** Handel, Vergnügungen, Freizeitaktivitäten
15. Erd Büffel	Ratte Büffel Tiger Hase Drache Schlange Pferd Ziege Affe Hahn Hund Schwein **Günstig:** Kleidung schneidern, Handel, Buchhaltung, Ausflüge, neue Dinge beginnen. **Ungünstig:** Geschäfte eröffnen, Kraftanstrengungen, Reisen, Ersparnisse ausgeben.

Ob ein Tag besonders günstig für Ihr Tierzeichen ist, sehen Sie an folgenden Farben:
Rot = sehr günstig, Grau = günstig, Schwarz = nicht günstig

16. Metall Tiger	Ratte Büffel Tiger Hase Drache Schlange Pferd Ziege Affe Hahn Hund Schwein **Günstig:** Putzen, waschen, fasten, seelische und körperliche Pflege, Arztbesuche. **Ungünstig:** Ausdauersport, Reisen, Hochzeit.
17. Metall Hase	Ratte Büffel Tiger Hase Drache Schlange Pferd Ziege Affe Hahn Hund Schwein **Günstig:** Umziehen, Reisen, Hochzeiten, Empfänge, wichtige Konferenzen. **Ungünstig:** geistige Arbeiten, Gartenarbeit, häusliche Tätigkeiten.
18. Wasser Drache	Ratte Büffel Tiger Hase Drache Schlange Pferd Ziege Affe Hahn Hund Schwein **Günstig:** Versammlungen, gerechte Verteilungen, Hochzeit, Konferenzen, Umzug. **Ungünstig:** Gartenarbeit, Dinge zum Abschluss bringen.
19. Wasser Schlange	Ratte Büffel Tiger Hase Drache Schlange Pferd Ziege Affe Hahn Hund Schwein **Günstig:** Gartenarbeit, Feiern, Hochzeit, Dinge zum Abschluss bringen. **Ungünstig:** keine Anschuldigungen gegen Dritte erheben.
20. Holz Pferd	Ratte Büffel Tiger Hase Drache Schlange Pferd Ziege Affe Hahn Hund Schwein **Günstig:** Gartenarbeit, Hochzeit, Dinge zum Abschluss bringen. **Ungünstig:** Umzug, Reisen, Geschäftseröffnung
21. Holz Ziege	Ratte Büffel Tiger Hase Drache Schlange Pferd Ziege Affe Hahn Hund Schwein **Günstig:** Ausruhen, Meditation, seinen Hobbys nachgehen. **Ungünstig:** wichtige Unternehmungen
22. Feuer Affe	Ratte Büffel Tiger Hase Drache Schlange Pferd Ziege Affe Hahn Hund Schwein **Günstig:** Amüsieren, mit Freunden ausgehen, Freizeitaktivitäten **Ungünstig:** geschäftliche Aktivitäten, neue Dinge anfangen.
23. Feuer Hahn	Ratte Büffel Tiger Hase Drache Schlange Pferd Ziege Affe Hahn Hund Schwein **Günstig:** für die meisten Aktivitäten, Geschäftsabschlüsse, Partnerschaft **Ungünstig:** negative Bemerkungen über andere Menschen.
24. Erd Hund	Ratte Büffel Tiger Hase Drache Schlange Pferd Ziege Affe Hahn Hund Schwein **Günstig:** Handel, Geschäftseröffnungen, Hochzeiten und andere Feste planen. **Ungünstig:** Beerdigungen, Reisen, Arztbesuche.
25. Erd Schwein	Ratte Büffel Tiger Hase Drache Schlange Pferd Ziege Affe Hahn Hund Schwein **Günstig:** Handwerkliche Aktivitäten, Handel, Hochzeiten, Reisen **Ungünstig:** Trauerfeiern und Beerdigungen, schwere körperliche Arbeit
26. Metall Ratte	Ratte Büffel Tiger Hase Drache Schlange Pferd Ziege Affe Hahn Hund Schwein **Günstig:** Ankündigungen machen, Beerdigungen, Trauerfeiern. **Ungünstig:** Handel, Vergnügungen, Freizeitaktivitäten
27. Metall Büffel	Ratte Büffel Tiger Hase Drache Schlange Pferd Ziege Affe Hahn Hund Schwein **Günstig:** Kleidung schneidern, Handel, Buchhaltung, Ausflüge, neue Dinge beginnen. **Ungünstig:** Geschäfte eröffnen, Kraftanstrengungen, Reisen, Ersparnisse ausgeben.
28. Wasser Tiger	Ratte Büffel Tiger Hase Drache Schlange Pferd Ziege Affe Hahn Hund Schwein **Günstig:** Putzen, waschen, fasten, seelische und körperliche Pflege, Arztbesuche. **Ungünstig:** Ausdauersport, Reisen, Hochzeit.
29. Wasser Hase	Ratte Büffel Tiger Hase Drache Schlange Pferd Ziege Affe Hahn Hund Schwein **Günstig:** Umziehen, Reisen, Hochzeiten, Empfänge, wichtige Konferenzen. **Ungünstig:** geistige Arbeiten, Gartenarbeit, häusliche Tätigkeiten.
30. Holz Drache	Ratte Büffel Tiger Hase Drache Schlange Pferd Ziege Affe Hahn Hund Schwein **Günstig:** Versammlungen, gerechte Verteilungen, Hochzeit, Konferenzen, Umzug. **Ungünstig:** Gartenarbeit, Dinge zum Abschluss bringen.
31. Holz Schlange	Ratte Büffel Tiger Hase Drache Schlange Pferd Ziege Affe Hahn Hund Schwein **Günstig:** Gartenarbeit, Feiern, Hochzeit, Dinge zum Abschluss bringen. **Ungünstig:** keine Anschuldigungen gegen Dritte erheben.

Die Lo Shu Zahl 9 und die chinesischen Tierzeichen:

Eine Periode voller Möglichkeiten (2024-2044)

Von Roger Keller

Das Lo Shu, auch als "Magisches Quadrat" bekannt, ist ein bedeutendes Symbol in der chinesischen Philosophie und Mathematik. Es geht auf eine Legende zurück, in der ein Zahlenmuster auf dem Panzer einer Schildkröte entdeckt wurde, die aus dem Luo-Fluss stieg. Dieses quadratische Muster, bestehend aus den Zahlen 1 bis 9, hat eine besondere Anordnung, bei der die Summen jeder Reihe, Spalte und Diagonale stets 15 ergibt.

Das Lo Shu wurde in der traditionellen chinesischen Kultur mit Harmonie, Ordnung und kosmischer Balance assoziiert und spielt eine wichtige Rolle in der Numerologie und im Feng Shui. Jede der neun Zahlen herrscht über eine Periode von 20 Jahren und wird von einer bestimmten Energie, auch „fliegender Stern" genannt, dominiert. Nach 180 Jahren beginnt der Kreislauf von vorne. 2024 sind wir in die letzte 20 Jahresperiode mit der Zahl 9 gestartet.

Allgemeiner Überblick zur Lo Shu Zahl 9

Die Lo Shu Zahl 9 hat in der chinesischen Kultur eine ganz besondere Bedeutung und ist ein Symbol für Vollständigkeit, Perfektion, Ewigkeit und Glück. Sie wird dem Element Feuer zugeordnet, was bedeutet, dass ihre Energie sehr dynamisch und transformierend ist. Diese Zahl repräsentiert die Vollendung und steht oft für den Zustand der höchsten Erfüllung und Verwandlung.

Die 20-jährige Periode der Lo Shu Zahl 9 (2024-2044) markiert deshalb eine bewegte Zeit der Erneuerung, Innovation und persönlichen Entwicklung. Sie kann sowohl im persönlichen als auch im beruflichen Bereich weitreichende Veränderungen mit sich bringen. Das starke Feuer-Element zeigt sich in den kommenden Jahren über mehr technologischen Fortschritt, mehr kreative Energie und einem allgemeinen Streben nach Veränderung und spiritueller Entwicklung. Darüber hinaus wird das Yin-Prinzip mit einem verstärkten Fokus auf Intuition und weichen, weiblichen Qualitäten deutlich wichtiger.

Allgemein lässt sich diese Zeit nutzen, um alte Gewohnheiten abzulegen und sich auf eine Reise der inneren und äußeren Transformation zu begeben.
Nachfolgend werfen wir einen detaillierten Blick darauf, was jedes einzelne der zwölf chinesischen Tierzeichen in der Periode 9 zu erwarten hat.

Die Ratte

Allgemeiner Ausblick:
Es sind spannende Zeiten für die clevere Ratte. In der Periode 9 kann sie ihre kreative und neugierige Natur wunderbar ausleben.

Karriere und Finanzen:
Der Erfolg ist vorprogrammiert, wenn die Ratte ihrem sechsten Sinn folgt. Verrückte Geschäftsideen lassen sich in die Tat umsetzen oder es tut sich ein neuer Karriereweg auf, der bisher nur ein Traum war.

Persönliches Leben:
Die Ratte könnte in der Periode 9 feststellen, dass sie mehr als je zuvor nach innerer Erfüllung sucht. Spirituelle Praktiken und Selbstreflexion könnten wichtige Themen sein – vielleicht sogar noch mehr als neue Technologien.

Der Büffel

Allgemeiner Ausblick:
Den zuverlässigen Büffel können in der Periode 9 einige Herausforderungen erwarten, die seine Geduld auf die Probe stellen können. Mit Beharrlichkeit kann er seine Ziele jedoch erreichen.

Karriere und Finanzen:
Wenn der Büffel sich offen für Veränderungen zeigt, können sich neue berufliche Chancen abseits der gängigen Wege ergeben. Auf jeden Fall ist es nötig, aus der eigenen Komfortzone herauszutreten.

Persönliches Leben:
Die Periode 9 kann dem Büffel überraschende Wendungen und eine Chance zur persönlichen Transformation bieten. Dafür muss er mehr Flexibilität zeigen und bereit sein, neue Wege zu gehen.

Der Tiger

Allgemeiner Ausblick:
Alle Zeichen stehen auf Abenteuer für den mutigen Tiger in der Periode 9. Es bieten sich neue Möglichkeiten, die seinen unabhängigen Geist weiter befeuern.

Karriere und Finanzen:
Auf den Tiger warten jede Menge berufliche Chancen in der Periode 9. Es ist eine gute Zeit, um neue Projekte zu starten, sich aus seiner Höhle herauszuwagen und mutig und unerschrocken die Führungsrolle zu übernehmen.

Persönliches Leben:
Auch für den Tiger kann sich die transformative Energie der Periode 9 bemerkbar machen und er kann tiefer in seine spirituelle Reise eintauchen. So können alte Gewohnheiten abgelegt und der Weg zu einer gesünderen Lebensweise eingeschlagen werden.

Der Drache

Allgemeiner Ausblick:
Die Energie der Periode 9 kann den Drachen regelrecht beflügeln, sich zu neuen Höhen aufzuschwingen, neue Abenteuer zu suchen und seine Ambitionen auszuleben.

Karriere und Finanzen:
Diese Periode wird dem Drachen viele Chancen bieten, seine Visionen umzusetzen. Große berufliche Durchbrüche und dauerhafte Erfolge sind in Reichweite. Neue Projekte können angestossen und zu seiner Zufriedenheit zu Ende gebracht werden.

Persönliches Leben:
Auf der anderen Seite kann der Drache die Periode 9 vor allem auch für sein persönliches und spirituelles Wachstums nutzen. So kann er nun tiefgreifende Veränderungen erleben, die sein Leben bereichern.

Der Hase

Allgemeiner Ausblick:
Der vorsichtige Hase wird in der Periode 9 ermutigt, aus seiner Deckung zu kommen und Möglichkeiten zu erkunden, die sein Wachstum voranbringen können.

Karriere und Finanzen:
Der Hase kann in dieser Periode von Kooperationen und diplomatisch geführten Verhandlungen profitieren. Mit seinem Gespür für Menschen und seiner guten Intuition kann er in seinem beruflichen Umfeld punkten. Auch seine Finanzen können sich nun gut entwickeln.

Persönliches Leben:
Die Periode 9 läutet für den Hasen eine Phase intensiver innerer Reflexion und spiritueller Entwicklung ein. So bekommt er nun die wunderbare Gelegenheit, tief in die eigene Psyche einzutauchen und neue Aspekte seines Selbst zu entdecken. Das Gelernte kann er selbstbewusst für seinen weiteren Weg nutzen.

Die Schlange

Allgemeiner Ausblick:
Für die Schlange können sich in der Periode 9 bedeutende spirituelle Einsichten ergeben. Sie kann wertvolle Transformationen erleben und viel lernen in dieser Zeit.

Karriere und Finanzen:
Mit ihren strategischen Fähigkeiten und ihrer Intuition kann die Schlange nun wirklich gut vorankommen. Berufliche Erfolge werden vor allem durch genau abgestimmte Maßnahmen erzielt. Auf der finanziellen Ebene lassen sich gut geplante Aktionen erfolgreich umsetzen.

Persönliches Leben:
Die Periode 9 bietet der Schlange eine gute Gelegenheit zur tiefen Selbstreflexion und inneren Transformation. Ein persönlicher Rückzugsort für Meditation und spirituelle Praktiken kann jetzt besonders wichtig werden. So kann die Schlange nun ihre Bestimmung finden und diese auch leben.

Das Pferd

Allgemeiner Ausblick:
Scheinbar endlose Möglichkeiten bietet die Periode 9 der unabhängigen Pferdepersönlichkeit, die sich nun ins Abenteuer stürzen und dabei seine persönliche Unabhängigkeit genießen darf.

Karriere und Finanzen:
Wahrscheinlich stehen für das Pferd in der Periode 9 berufliche Veränderungen an. Dabei kann es sich um kleine oder auch größere Schritte in eine neue Richtung handeln. Es ist gut, nun neue Projekte zu starten und dabei ruhig auch ein gewisses kalkulierbares Risiko einzugehen.

Persönliches Leben:
In dieser Zeit kann das Pferd seine Freiheit genießen und sich auf seine persönliche Entwicklung konzentrieren. Es ist nun möglich, eine tiefere Verbindung zu sich selbst und anderen aufzubauen, die sich langfristig als sehr wertvoll für den persönlichen Weg erweisen kann.

Die Ziege

Allgemeiner Ausblick:
Für die sanfte Ziege ergeben sich in der Periode 9 viele Gelegenheiten, vor allem ihre künstlerischen Talente weiterzuentwickeln und sich kreativ auszudrücken.

Karriere und Finanzen:
Vor allem im Bereich der Kreativität kann die Ziege nun alleine oder in Kooperation mit anderen Fortschritte erzielen. Dabei darf sie nun wirklich auf ihre Fähigkeiten vertrauen und muss sich nicht in der Menge verstecken. Ihr Talent wird ihr helfen, beruflich voranzukommen.

Persönliches Leben:
Die Periode 9 wird eine Phase der inneren Ruhe und spirituellen Entwicklung für die Ziege sein. Sie kann neue Interessen entdecken, die ihr tiefe Erfüllung bringen kann oder auch verborgene Schätze aus ihrem Inneren bergen und verfeinern.

Der Affe

Allgemeiner Ausblick:
Der clevere Affe kann in der Periode 9 ganz besonders von Innovation und neuen Technologien profitieren und sich in diesem Bereich so richtig austoben.

Karriere und Finanzen:
Kreative Problemlösungen und neue Ideen bringen den Affen in dieser Periode wunderbar voran. Er bekommt reichlich Gelegenheit, berufliche Erfolge zu feiern und in seinen Fachbereichen große Fortschritte zu erzielen. Dafür muss er allerdings voll und ganz bei der Sache bleiben und nicht zu viel auf einmal wollen.

Persönliches Leben:
Den Affen erwartet eine Phase des Wachstums und der Erneuerung auf allen Ebenen. Er kann seine eigene Entwicklung und die vertrauter Menschen vorantreiben und sich mit Begeisterung auf neue Projekte stürzen.

Der Hahn

Allgemeiner Ausblick:
Auf den Hahn werden in der Periode 9 sicher einige neue und spannende Herausforderungen zukommen und er darf zuweilen seine Komfortzone verlassen.

Karriere und Finanzen:
Voller Einsatz und unermüdliches Engagement können beeindruckende berufliche Fortschritte bringen. Mit seinem geschärften Blick sollten dem Hahn nun keine Trends entgehen, wenn er seinen Blick nicht zu sehr auf die Details konzentriert.

Persönliches Leben:
Auch beim Hahn stehen in der Periode 9 die persönliche Transformation und inneren Entwicklung auf dem Plan. Wenn es dazu nötig ist, neue Fähigkeiten zu erwerben, wird es genug Gelegenheiten geben, sein Wissen zu vertiefen und zu verfeinern.

Der Hund

Allgemeiner Ausblick:
In der Periode 9 kann der loyale Hund besonders von der Unterstützung anderer profitieren, wenn er sich neuen Möglichkeiten öffnet und ohne Scheu um Hilfe bittet.

Karriere und Finanzen:
Für den Hund geht es in der Periode 9 vor allem darum, gemeinsam mit anderen berufliche Fortschritte zu erzielen. Im Team lässt sich eine gute Arbeitsatmosphäre schaffen, unter der alle Beteiligten zu Hochform auflaufen können. Persönliches Engagement und Loyalität spielen für den Erfolg eine wichtige Rolle.

Persönliches Leben:
Wenn der Hund sich auf die Energie der Periode 9 einlässt, kann er ganz neue Wege zur Selbstentfaltung beschreiten und so seine innere und äußere Entwicklung wirklich vorantreiben. Je mehr er seine Entwicklung mit seiner Umgebung teilt, umso besser.

Das Schwein

Allgemeiner Ausblick:
Das lebensfrohe Schwein kann in der Periode 9 von neuen Chancen profitieren. Es kann außergewöhnliche Erfahrungen machen, wenn es neugierig bleibt.

Karriere und Finanzen:
Wer mit anderen Menschen kooperiert und sich offen für neue Wege zeigt, wird in der Periode 9 einige berufliche Fortschritte erzielen können. Ein gewisser Mut zum Risiko kann dabei nicht schaden – am besten in Absprache mit einem Team von zuverlässigen Unterstützern.

Persönliches Leben:
Das Schwein erwartet eine Phase der inneren Ruhe und spirituellen Entwicklung. Dabei werden sich neue Türen öffnen, die es mutig zu durchschreiten gilt. Wer auf seine Fähigkeiten vertraut, wird nicht enttäuscht werden.

Feng Shui in der Periode 9

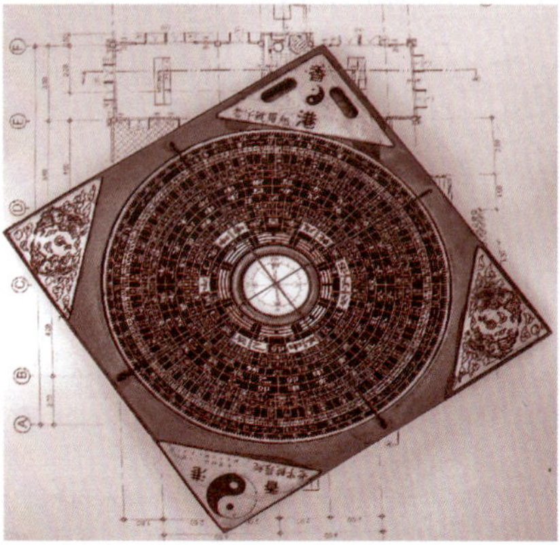

Roger Keller verrät Ihnen, wie Sie jetzt Ihre Umgebung so gestalten, dass Sie die positiven Energien der Periode 9 optimal nutzen können.

Die Periode 9 ist eine transformative und dynamische Zeit, in der Veränderungen und Erneuerungen an der Tagesordnung sind. Durch gezielte Feng Shui-Anpassungen können Sie die Kraft dieser Periode nutzen, um in Ihrem Leben positive Entwicklungen zu fördern.
Hier kommen einige Tipps, wie Sie die Energie Ihrer Räume in der Periode 9 so gestalten können, dass Transformation und Innovation gefördert werden:

Betonung des Feuer-Elementes

Das Feuer ist das dominierende Element in der Periode 9. Wenn Sie es stärker in Ihre Umgebung einbringen, können Sie die entsprechende Energie aktivieren und ausgleichen.

- **Farben:** Verwenden Sie warme feurige Farben wie Rot, Violett, Orange und unterstützen Sie so die transformative Energie. Integrieren Sie diese Farben in Ihre Wohn- und Arbeitsräume - zum Beispiel an den Wänden, Teppichen, Kissen, Vorhängen oder Kunstwerken

- **Beleuchtung:** Eine stimmungsvolle Beleuchtung mit Kerzen, Lampen mit warmem Licht und natürliche Feuerquellen wie ein Kamin bringen eine yinige Feuer-Energie in Ihre vier Wände.

- **Formen:** Dreieckige und spitze Formen können die energetische Dynamik der Periode 9 verstärken. Dekorieren Sie Ihr Heim mit solchen Elementen, um die Energie zu steigern.

- **Materialien:** Verwenden Sie Materialien, die das Feuer-Element symbolisieren wie Kerzen, Räucherwerk und glänzende Oberflächen.

- **Dekoration:** Verwenden Sie Symbole, die das Feuer-Element repräsentieren wie zum Beispiel Bilder von Sonnenaufgängen.

Förderung von Kreativität und Inspiration

Die Periode 9 ist vor allem eine Phase der Erneuerung und Innovation. Gestalten Sie Ihr persönliches Umfeld so, dass es Sie jeden Tag aufs neue inspiriert.

- **Kreative Zonen:** Schaffen Sie Bereiche in Ihrem privaten und beruflichen Umfeld, die Ihrem kreativen Schaffen gewidmet sind und dekorieren Sie diese mit inspirierenden Bildern und Objekten.

- **Pflanzen:** Lebende Pflanzen (gerne mit roten Blüten oder Blättern) bringen frische Energie und unterstützen das Wachstum und die Erneuerung, die mit der Lo Shu Zahl 9 verbunden sind.

- **Farben und Formen:** Setzen Sie in Ihren kreativen Zonen langgezogene Formen mit Betonung auf die Vertikale und sanfte Grüntöne ein, um so das intuitive Holz-Element zu unterstützen.

Anpassungen im Garten und Außenbereich

Auch im direkten Umfeld Ihrer Wohnung können Sie Maßnahmen treffen, um die Energie der Periode 9 mehr in Ihr Leben zu bringen und zu harmonisieren.

- **Feuerstellen:** Mit einer Feuerstelle oder einem Grillplatz im Garten lässt sich die Energie des Feuer-Elementes auch im Außenbereich betonen.

- **Bepflanzung:** Pflanzen Sie nun vor allem Blumen und Sträucher mit roten Blüten oder Blättern, um das Feuer-Element mehr in Ihren Alltag einzuladen.

- **Lichtakzente:** Beleuchten Sie Zugangswege und besondere Bereiche in Ihrem Garten mit warmen, sanften Lichtern.

Unterstützung der Yin-Energie und der persönlichen Entwicklung

Das weibliche Prinzip ist in der Periode 9 sehr wichtig. Außerdem ist diese Phase auch eine Zeit des inneren Wachstums und der Spiritualität. Schaffen Sie deshalb Räume, die diese Aspekte fördern, auf das Sie sich harmonisch und ausgeglichen fühlen.

- **Sanfte Formen:** Nutzen Sie runde und geschwungene Formen bei der Einrichtung, um die Yin-Energie zu stärken. Runde Tische, geschwungene Sofas und sanfte Linien fördern Ruhe und Ausgeglichenheit.

- **Materialien:** Setzen Sie auf weiche, natürliche Materialien, die sich angenehm anfühlen, wie Seide, Baumwolle oder Samt.

- **Duft und Klang:** Nutzen Sie ätherische Öle, um eine friedliche und entspannte Atmosphäre zu schaffen. Sanfte Klänge wirken ebenfalls ausgleichend.

- **Inspirierende Kunst:** Verwenden Sie Bilder und Symbole, die Sie bewegen, Ihre Fantasie und Ihr spirituelles Wachstum fördern können.

- **Ruhige Bereiche:** Schaffen Sie sich Rückzugsorte in Ihrem Zuhause, wo Sie sich entspannen und zur Ruhe kommen können. Das kann ein Meditationsraum, eine gemütliche Leseecke oder auch ein ruhiger Schlafbereich sein. Verwenden Sie in diesem Bereich eher sanfte Farben und eine dezente Beleuchtung.

Wenn Sie mehr über das Thema Feng Shui erfahren möchten oder sich eine persönliche Beratung wünschen, schauen Sie doch einfach einmal auf unserer Webseite www.5-elemente.org vorbei.

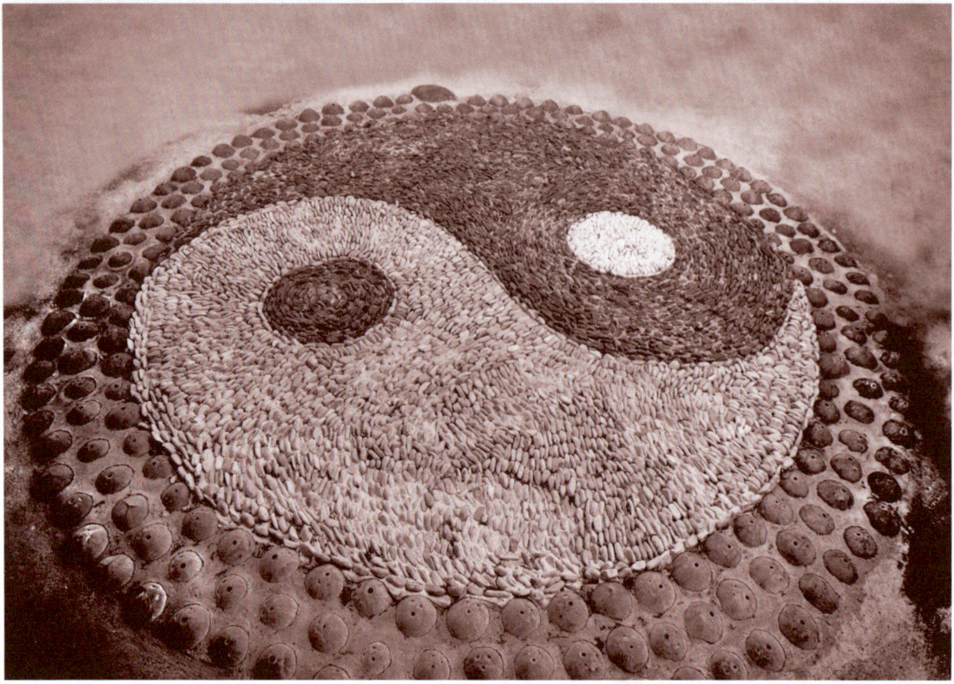

Yin und Yang und die Fünf Elemente

Jedes Tierzeichen wird durch die Fünf Elemente sowie Yin und Yang eindeutig charakterisiert. Diese beiden Grundprinzipien der asiatischen Philosophie beschreiben außerdem auch alle anderen Bereiche unseres Lebens auf verblüffend zutreffende Art und Weise

Im alten China standen die Fünf Elemente ursprünglich für die fünf Planeten Jupiter (Holz), Mars (Feuer), Saturn (Erde), Venus (Metall) und Merkur (Wasser). Aufgrund von astronomischen und astrologischen Beobachtungen über die Jahrhunderte wurden dann nicht nur die Jahreszeiten, Formen und Farben, sondern auch jedes Tier, jede Pflanze und die verschiedenen Landschaften einem Element zugeordnet. Auch der menschliche Körper als Teil der universellen Schöpfung folgt diesen Gesetzmäßigkeiten. So lassen sich auch unsere inneren Organe, die Körpergewebe, die Sinnesorgane und unsere Empfindungen den Fünf Elementen sowie Yin und Yang zuordnen.

Nach der chinesischen Philosophie stehen die Elemente in einem sogenannten Fütterungszyklus zueinander. Danach nährt das Holz das Feuer, dessen Asche gibt der Erde Kraft. Aus der Erde wird das Metall gewonnen, das wiederum mit seinen reichhaltigen Inhaltsstoffen das Wasser belebt. Und Holz braucht das Wasser zum Wachsen – so ist der Zyklus harmonisch geschlossen. Anhand nebenstehender Grafik ist es einfach nachzuvollziehen, wie sich ein Zuviel oder ein Zuwenig der einzelnen Elemente auf das gesamte System auswirkt.

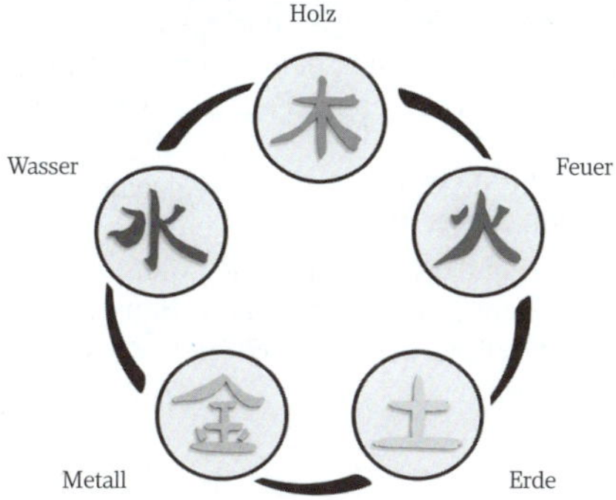

Fehlt zwischen Holz und Erde das Feuer, ist die Wirkung vergleichbar mit einem Baum, der dem Boden langsam, aber sicher die Kraft entzieht. Ein schwaches Wasser-Element kann dazu führen, dass das Holz nicht genug Nahrung bekommt und vom Metall „beschnitten" wird. Wasser und Feuer prallen direkt aufeinander, wenn dazwischen das Holz fehlt.

Wie sich Yin und Yang in Balance halten

Jedes der Fünf Elemente gibt es in einer Yang- und einer Yin-Ausprägung. Die Begriffe Yin und Yang wurden ursprünglich für die Sonnen- und Schattenseite eines Berges benutzt. Heute bezeichnen sie sämtliche Polaritäten wie hell und dunkel, langsam und schnell, männlich und weiblich. Wir Menschen sind dem Einfluss beider Seiten ausgesetzt und es gilt immer, nicht nur die Fünf Elemente in Harmonie zu bringen, sondern auch Yin und Yang in Balance zu halten.

Die Fünf Elemente und ihre Eigenschaften

Die Tabelle bei der Jahresvorschau ihres Tierzeichens ab Seite 10 zeigt Ihnen, welches Element Ihrem Geburtsjahr zugeordnet sind.

Wenn Sie die Eigenschaften der unterschiedlichen Elemente betrachten, sollten Sie jedoch bedenken, dass jeder Mensch eine Kombination aus mehreren verschiedenen Elementen bei seiner Geburt mitbekommen hat. Der persönliche Charakter und das eigene Schicksal lassen sich also nicht ausschließlich aufgrund des chinesischen Jahrestieres mit dem dazugehörigen Element ermitteln, sondern ergeben sich aus der Kombination aller im Geburtshoroskop vorhandenen Elemente.

Holz

Das Element Holz steht für alles, was grünt, und verspürt ständig den Drang zu wachsen. Der Planet Jupiter ist der Holzplanet. Grün und hellblau sind die Farben, die mit Holz assoziiert werden. Auf der körperlichen Ebene steht Yang- Holz für die Galle und Yin-Holz für die Leber.

Die dem Holz entsprechende Jahreszeit ist der Frühling, das entsprechende Lebensalter des Menschen die Kindheit.

Das Element steht generell für Spielfreude, Schöpferkraft, Freiheitsdrang und Kreativität.

Menschen mit einem hohen Holzanteil lieben es, in der freien Natur zu sein und sind meistens sehr kinderlieb – wohl auch, weil sie sich selbst ihr inneres Kind bewahrt haben. Außerdem steht das Element Holz für eine gute Intuition.

Menschen mit viel Holz neigen häufig zur Egozentrik – vor allem wenn man sie einengen will. Wenn sie an ihre eigenen Grenzen stoßen, reagieren sie oft mit Zorn und Wut. Wird dieses Gefühl unterdrückt, äußert sich das häufig in einer Schwäche der entsprechenden Organe Galle und Leber.

Geduld gehört nicht unbedingt zu den Stärken des Holz-Elements. Wenn alles nicht sofort so klappt, wie sie es sich vorstellen, verlieren solche Zeitgenossen in der Regel schnell die Lust an einer Sache.

Damit man die Einfälle des Holz-Elements in die Tat umsetzen kann, braucht es das Feuer.

Feuer

Feuer bringt Bewegung und Aktivität ins Spiel. Das Holz nährt das Feuer mit seinen Ideen, die dann vom Feuer-Element in die Tat umgesetzt werden. Der Feuerplanet ist der Mars und die dazugehörige Farbe ist rot. Dünndarm (Yang) und Herz (Yin) sind diesem Element zugeordnet.

Feuer ist das Element, unter dem sich die Menschen emotional öffnen und Beziehungen eingehen. Die zum Feuer-Element gehörende Jahreszeit ist der Sommer, die Zeit, in der die Sonne am heißesten vom Himmel brennt. Zum Feuer-Element gehört der Lebensabschnitt der Teenager und jungen Erwachsenen.

Das Element Feuer steht für lebhafte und beredsame Zeitgenossen, die jedoch manchmal auch zu leicht extrovertiertem Verhalten neigen. Feuermenschen sind sehr geradeaus und tragen ihr Herz häufig auf der Zunge. Sie arbeiten gerne und viel und sind dabei meist clever und temperamentvoll.

Zeitgenossen mit viel Feuer fallen oft durch ein starkes Temperament auf. Sie gehen auch große Aufgaben mutig an und sorgen dafür, dass Worten auch entsprechende Taten folgen. Ein harmonisches Feuer-Element weiß, wann es aktiv werden muss und wann es „Fünfe gerade sein lassen kann". Ist das Feuer zu stark, kann sich das zuweilen in hektischer Aktivität äußern, während ein zu schwaches Feuer oft ein wenig antriebslos wirkt.

Wenn das Feuer zu Asche verbrannt ist, entsteht das Element Erde.

Erde

Dieses Element sorgt für die nötige Stabilität. Es bringt die Vernunft ins Spiel und achtet darauf, dass Aktivitäten nicht aus dem Ruder laufen. Der Saturn gilt als Erdplanet und die entsprechenden Farben sind alle Gelb- und Brauntöne. Aus der Erde gewinnen wir unsere Nahrung und deshalb gehören Magen (Yang), Milz und Bauchspeicheldrüse (Yin) zum Erd–Element.

Das entsprechende Lebensalter ist das mittlere Erwachsenenalter, wo der Mensch zu Familie und Beziehungen findet. Dem Erd-Element wird keine bestimmte Jahreszeit zugeordnet. Wie auch im Kreislauf der zwölf Tierzeichen wird es quasi immer als eine Art Puffer zwischen die anderen Elemente und Jahreszeiten platziert.

Erde steht für Stabilität und Sicherheit, aber auch für Familienzusammenhalt im weiteren Sinne. Menschen mit einem hohen Erdanteil im Horoskop sind sehr zuverlässige Zeitgenossen, die zu langfristigen und besonders stabilen Bindungen fähig sind.

Erd-Typen konservieren beharrlich altes Wissen und sind oft leidenschaftliche Sammler. Ein gesunder Erdanteil hilft uns, Bodenständigkeit in unser Leben zu bringen und die richtigen Entscheidungen zu treffen, damit aus unseren Ideen (Holz) und Aktivitäten (Feuer) etwas werden kann.

Zu viel Erde kann jedoch zu mangelnder Flexibilität führen. Ist die Erde dagegen schwach oder nicht vorhanden, fühlt sich der Mensch möglicherweise nirgendwo so richtig zu Hause.

Aus der Tiefe der Erde schürfen wir das Element Metall.

Metall

Metall ist ein kühles Element, das viel mit Struktur und Ordnung zu tun hat. Metall kann planen. Es weiß genau, welcher Schritt der nächste sein sollte, um ein angestrebtes Ziel zu erreichen. Die Venus ist der Metallplanet und die Elementfarben sind weiß, grau, silber und gold. Auf der körperlichen Ebene gehört das Metall-Element zu Lunge (Yin) und Dickdarm (Yang).

Der Herbst ist die Jahreszeit des Metalls. Auch beim Menschen ist der Lebensherbst diesem Element zugeordnet. Aktivität und Zielstrebigkeit sind nicht mehr die wichtigsten Ziele. Man hat in der Regel seinen Lebensrhythmus gefunden und erntet die Früchte des Erfolges.

Generell steht das Metall-Element für Tatkraft, Fortschrittlichkeit, Zähigkeit und einen ideellen Abstand zu den Dingen. Aber auch strategisches Denken und ein rationaler Umgang mit Geld zählen zu den Metallqualitäten.

Menschen mit einem gesunden Metallanteil verstehen es, ihr Leben zu organisieren. Zu viel Metall kann allerdings zu dogmatischen Strukturen führen, die wenig Spielraum für spontane Impulse von außen lassen. Ist das Metall dagegen nicht stark genug, besteht die Gefahr, dass man nicht zielstrebig genug ist und sich vom eigentlichen Weg abbringen lässt.

Um in den Fluss zu kommen braucht Metall das Wasser-Element.

Wasser

Wasser fließt (Yang-Wasser) oder steht (Yin-Wasser). Es ist von allen Elementen das flexibelste.

Die Fünf Elemente und ihre Entsprechungen

	HOLZ	FEUER	ERDE	METALL	WASSER
Himmelsrichtung	Osten, Südosten	Süden	Südwesten, Nordosten	Westen, Nordwesten	Norden
Jahreszeit	Frühling	Sommer	Übergänge zwischen den Jahreszeiten	Herbst	Winter
Farben	grün/hellblau	rot/violett/ orange	gelb/braun/ beige	weiß/hellgrau/ gold	schwarz/ dunkelblau
Formen	langgestreckt	spitz, dreieckig	flach, rechteckig	rund	unregelmäßig
Material	Holz Pflanzen	Feuer Kerzen, Räucherstäbchen	Erde Ton Terrakotta	Metall Schmuck Hartgeld	Wasser Brunnen Teiche
Organe Yin Yang	 Leber Gallenblase	 Herz Dünndarm	Milz/ Bauchspeicheldrüse Magen	 Lunge Dickdarm	 Nieren Blase
Sinnesorgan	Augen (sehen)	Zunge (sprechen)	Mund/Lippen (schmecken)	Nase (riechen)	Ohren (hören)
Gewebe	Finger- und Fußnägel, Sehnen	Blutgefäße	Muskeln Fett- und Bindegewebe	Haut, Körperbehaarung	Knochen, Zähne, Kopfbehaarung
Geschmack	sauer	bitter	süß	scharf	salzig

Hier eine kleine Auswahl mit den wichtigsten Entsprechungen der einzelnen Elemente. Will man eines der Elemente stärken, kann man dies z. B. mit den entsprechenden Farben, Formen, Materialien oder Geschmacksrichtungen tun. Schwächen in einem der Elemente äußern sich häufig körperlich über Ungleichgewichte oder Krankheiten der entsprechenden Organe, Gewebe oder Sinnesorgane.

Dem Wasser steht die Welt offen. Ist ein Weg versperrt, sucht es sich eben einen anderen. Merkur ist der Wasserplanet. Die Farben schwarz und dunkelblau gehören diesem Element an und auf der körperlichen Ebene ist das Wasser unter anderem Nieren (Yin) und Blase (Yang) zugeordnet.

Im Winter, der Jahreszeit des Wasser-Elementes, kommt die Natur zur Ruhe und sammelt ihre Kräfte für den Neuanfang im Frühjahr. Entsprechend gehört auch beim Menschen das Alter zum Wasser-Element – die Kraft zieht sich jetzt allmählich zurück.

Im Wasser-Element spielen Emotionen und Begeisterung nicht mehr die größte Rolle. Wasser stellt eigentlich alles in Frage und denkt über die Grenzen des Greifbaren hinaus. Dabei schwimmen Wassermenschen durchaus auch gegen den Strom und kümmern sich wenig um die Gefühle und Meinung anderer. Sie legen Wert auf ihre Unabhängigkeit.

Ein harmonisches Wasser-Element gibt uns Gelegenheit, uns für unsere Umgebung zu öffnen, Reisen zu genießen und mit unseren Mitmenschen zu kommunizieren. Ist das Wasser-Element zu stark, kann der Druck auf den Menschen zu groß werden. Das kann dann entweder zu Rastlosigkeit (Yang) oder zu Süchten (Yin) führen. Menschen mit einem zu schwachen Wasseranteil fühlen sich dagegen oft unverstanden oder neigen zu Erschöpfung, weil die Kraft der Nieren geschwächt ist.

Wasser nährt das Holz – und damit schließt sich der Kreislauf der Fünf Elemente.

Die zwölf Tierzeichen und ihre Elemente

Wussten Sie eigentlich, dass im chinesischen Horoskop Drache nicht gleich Drache ist?

Dass nicht jede Ziege sanft und nicht jeder Tiger wild ist, sondern es durchaus davon abhängt, in welchem Jahr Sie geboren sind?

Auf den folgenden Seiten verraten wir Ihnen, welches der fünf Elemente Ihr persönliches Tierzeichen prägt und was das für Sie bedeutet.

Neben seinem Stamm-Element verfügt jedes der zwölf Tierzeichen zusätzlich über ein weiteres Element, das vom jeweiligen Geburtsjahr, -monat, -tag oder -stunde abgeleitet wird. Dieser zusätzliche Anteil verrät uns eine ganze Menge über die Stärken und Schwächen des Tierzeichens und die Ausprägung seiner Charaktereigenschaften.
Nicht jeder Drache ist also gleich! Je nachdem, ob Holz, Feuer, Erde, Metall oder Wasser ihn begleiten, ist er mal forscher, mal verträumter. Auf den nachfolgenden Seiten stellen wir Ihnen die unterschiedlichen Vertreter der einzelnen Tierzeichen mit ihren Elementen vor.
Welches Element Ihr Tierzeichen begleitet, können Sie entweder in dem Kasten über den Jahresvorschauen ab Seite 10 oder direkt im folgenden Text nachlesen.

Die Ratte

Als erstes Tier des chinesischen Tierkreises steht die Ratte für den Neubeginn. Mit ihrem wachen Verstand liebt sie es, neue Projekte zu entwickeln. So mancher ihrer genialen Einfälle kommt jedoch nicht über die geistige Ebene hinaus, denn mit der Umsetzung ihrer Ideen tut sich die Ratte zuweilen etwas schwer.

Holz-Ratte (1984)
Die Holz-Ratte ist ein kreativer Zeitgenosse mit einem sehr wachen Verstand und einer Unmenge an Ideen. Vielleicht kann sie ihre Talente nicht immer so präsentieren, wie sie es gerne möchte. Sie verfügt aber über einen guten Weitblick und weiß Situationen in der Regel richtig einzuschätzen.

Feuer-Ratte (1936, 1996)
Die Feuer-Ratte ist eine äußerst charmante Vertreterin ihrer Art und weiß sich geschickt auf gesellschaftlichem Parkett zu bewegen. Mit ihrer Intelligenz wird sie schnell zum Mittelpunkt jedes Gespräches. Leider drückt sie sich ab und an gerne in wenig vor ihrer Verantwortung und lässt lieber andere machen.

Erd-Ratte (1948, 2008)
Diese Ratte hat die Gabe, ihren Wohlstand wirklich zu genießen. Damit sie das tun kann, ist sie bereit hart zu arbeiten und ihr Geld zusammenzuhalten. Bittstellern gegenüber ist sie konsequent – man muss sein Anliegen schon gut vortragen, um von ihr die gewünschte Unterstützung erwarten zu können.

Metall-Ratte (1960)
Die Metall-Ratte ist sich sehr wohl bewusst, dass nichts von selbst kommt, sondern ihre Errungenschaften in erster Linie die Früchte ihrer Arbeit sind. Sie ist ein guter Beobachter, der sich jedoch nur ungern unmittelbar ins Geschehen einmischen mag.

Wasser-Ratte (1972)
Die Wasser-Ratte ist eine recht analytische Persönlichkeit, die sehr gut das für und wider einer Sache abzuwägen weiß, auch wenn sie diese Erkenntnisse nicht immer mit der Öffentlichkeit teilt. Sie hat ein Faible für Kostbares und weiß in der Regel, mit ihren Ressourcen hauszuhalten.

Der Büffel

Man kann sich wirklich glücklich schätzen, bei der Arbeit einen Büffel an seiner Seite zu haben. Er ist nicht nur ein guter Planer, sondern weiß seine Projekte auch konsequent umzusetzen. Mit unerschütterlicher Zuverlässigkeit und Durchsetzungskraft tut er seinen Dienst und steht entschlossen zu seiner Meinung, egal was seine Umgebung von ihm denkt.

Holz-Büffel (1925, 1985)
Das Holz-Element weckt das kreative Potential, das in diesem Büffel schlummert. So ist er in der Lage, auch komplizierte Sachverhalte zu entschlüsseln. Er findet oft eher unorthodoxe Lösungsansätze für bestehende Probleme und setzt diese mit Entschlossenheit um.

Feuer-Büffel (1937, 1997)
Eine gesunde Portion Realismus bewahrt diesen Büffel davor, nach Dingen zu streben, die für ihn unerreichbar sind. Lieber setzt er seine Talente dort ein, wo sie ihm wirklich nützen. Mit seiner Intelligenz ist er in der Lage, seine Projekte wirklich durchzuziehen. Viele Feuer-Büffel haben ein Faible fürs Reisen.

Erd-Büffel (1949, 2009)
Dieser Büffel fühlt sich in der Regel am richtigen Platz und ist nicht unbedingt auf Abenteuer und Risiko aus. Vielmehr zieht er es vor, im warmen Stall bei zu bleiben, wo er sich auskennt. Von dort aus zieht er mit seiner starken Persönlichkeit die Fäden und sorgt für das Wohl der ihm anvertrauten Menschen.

Metall-Büffel (1961, 2021)
Im Gegensatz zum Erd-Büffel beschreitet dieser Büffel durchaus fremde Straßen und kommt auf dem von ihm gewählten Weg langsam aber stetig voran. Er lässt sich nur schwer von einem gefassten Entschluss abbringen und behält immer sein Ziel im Auge. Viele Metall-Büffel haben ein gutes Händchen für alle Aktivitäten, die mit Bauen zu tun haben.

Wasser-Büffel (1973)
Dem Wasser-Büffel liegt das Beobachten mehr als das aktive Einschreiten. Auf seinem Posten hört und sieht er vieles, gibt aber nur Rat, wenn er wirklich darum gebeten wird. Er hat eine klare Meinung und lässt sich nicht von Außenstehenden beeinflussen. Sein Besitz und der seiner Familie sind ihm heilig.

Der Tiger

Die meisten Tiger strahlen eine natürliche Autorität aus, die kaum Widerspruch duldet. Als unangefochtener Herrscher über den Dschungel kontrolliert der Tiger sein Terrain und wacht mit Argusaugen über seine Untertanen. Mit persönlichem Einsatz, harter Arbeit und guten Verbindungen kann er es in allen Bereichen weit bringen und hervorragend auch unter Druck arbeiten.

Holz-Tiger (1974)
Ein sehr ausdauernder Vertreter seiner Art, der seine persönlichen Ziele ausgesprochen beharrlich verfolgt. Von Außenstehenden lässt er sich nur schwer in die Karten schauen. Entschlossen trennt er sich von Dingen und Menschen, die er nicht mehr braucht und schafft sich so mehr persönliche Freiräume.

Feuer-Tiger (1926, 1986)
Der Feuer-Tiger vermag mit seinem gewandten Auftreten spielend jedes seiner Ziele zu erreichen. Er hat eine starke und recht ehrgeizige Persönlichkeit, die ihre Ansichten mit Worten und Taten zu verteidigen weiß. Dabei wirkt er aufgrund des starken Feuer-Elementes sehr mitreißend, motivierend und überzeugend auf seine Umgebung.

Erd-Tiger (1938, 1998)
Dieser Tiger strebt definitiv nach Höherem. Sein Ehrgeiz und seine Entschlossenheit treiben ihn an. Solange er ein Ziel hat, fällt es ihm leicht, jedes Hindernis zu überwinden und jede Entbehrung in Kauf zu nehmen. Am Ende wird der Erd-Tiger immer erfolgreich sein, auch wenn ihn sein Triumph manchmal Freundschaften kosten kann.

Metall-Tiger (1950, 2010)
Dieser Tiger hat es nicht nötig, ständig um Anerkennung zu kämpfen. Er ist sich seiner Fähigkeiten bewusst und kann sein Leben deshalb deutlich entspannter angehen, als seine restlichen Artgenossen. Wenn es ihm gelingt, seine Entscheidungen seiner Umgebung verständlich zu machen, kann er ein zufriedenes Leben führen. Ansonsten hat er zuweilen mit Widerständen aus den eigenen Reihen zu kämpfen, weil man manchmal nicht so recht weiß, was er will.

Wasser-Tiger (1962, 2022)
Dies ist die spirituellste Tiger-Persönlichkeit im chinesischen Tierkreis mit einem besonders guten Draht nach oben, den er seiner Außenwelt allerdings nur zögerlich zeigen mag. Für seine Überzeugungen ist der Wasser-Tiger bereit, den schützenden Wald zu verlassen und sich auf seinem Weg in seiner vollen Pracht der Öffentlichkeit zu präsentieren.

Der Hase

Wie der Tiger weiß auch der Hase seine Wünsche durchaus durchzusetzen. Er verlässt sich dabei jedoch mehr auf sein diplomatisches Geschick. Familie und Kinder spielen in seinem Leben meist eine sehr große Rolle und er ist durchaus bereit, zum Wohle seiner Lieben auf so manches zu verzichten. Wenn er etwas wirklich will, kann er sich jedoch in der Regel durchsetzen.

Holz-Hase (1975)

Wie reines Quellwasser sprudeln die Ideen des Holz-Hasen an die Öffentlichkeit, oft getragen von einer tiefen inneren Zufriedenheit. Er lebt mit sich selbst in Einklang und hat die Gabe, glücklich und beständig seiner inneren Überzeugung zu folgen und auf sein Bauchgefühl zu hören.

Feuer-Hase (1927, 1987)

Man muss nur fest genug an seine Träume glauben, dann können sie Wirklichkeit werden, das weiß der Feuer-Hase in seinem Innersten ganz genau. Er schöpft seine Lebenskraft aus seinem guten Draht nach oben und begeistert sich und seine Mitmenschen recht problemlos für seine Ideen.

Erd-Hase (1939, 1999)

Der Erd-Hase ist sich bewusst, dass er für sein Glück selbst verantwortlich ist. So wagt er sich auf seiner Suche auch in unbekanntes Terrain vor, wo Abenteuer auf ihn warten können. Er zieht es in der Regel vor, unterwegs zu sein und weiß die Gelegenheiten zu nutzen, die sich ihm auf seinem Weg bieten.

Metall-Hase (1951, 2011)

Der Metall-Hase schätzt die Behaglichkeit und Sicherheit seiner eigenen vier Wände. Er ist eine recht häusliche Persönlichkeit, die nicht nur viel zu geben weiß, sondern auch für die eigenen Belange auf die Unterstützung seiner Familie baut. Er braucht keine großen Besitztümer, sondern nur seine Lieben, um sich in seiner Umgebung wohl zu fühlen.

Wasser-Hase (1963, 2023)
Viele Wasser-Hasen verfügen über heilende Hände und setzen diese gerne zum Wohle Ihrer Mitmenschen ein. Nach außen erscheinen sie eher introvertiert und zurückhaltend, sind aber durchaus in der Lage, ihre eigenen Interessen durchzusetzen, wenn es die Situation erfordert.

Der Drache

Der Drache ist das einzige Fabeltier im chinesischen Tierkreis und so ist es nicht verwunderlich, dass die alten Chinesen ihm übernatürliche Fähigkeiten nachsagten und ihn als Glücksbringer verstehen. Er liebt es, sich im Glanz der Öffentlichkeit zu sonnen und hat ein Faible für alles, was sich außerhalb der eigentlichen Norm bewegt.

Holz-Drache (1964, 2024)
Auch wenn es eigentlich nicht die Natur des Drachen ist, sich geduldig zu zeigen, weiß der Holz-Drache sehr wohl abzuwarten, ohne dabei Nervosität zu zeigen. Er hat die Gabe, seine verborgenen Talente gerade dann zum Vorschein zu bringen, wenn die Situation es erfordert. Die Zeit davor verbringt er damit, sich gut auf diesen Augenblick vorzubereiten.

Feuer-Drache (1916, 1976)
Aus luftiger Höhe betrachtet der Feuer-Drachen das Geschehen. Das ermöglicht ihm, vorausschauend und besonnen zu handeln und in schwierigen Situationen den Überblick zu behalten. Hat er einmal den richtigen Weg eingeschlagen, sind fast alle seine Unternehmungen von Erfolg geprägt.

Erd-Drache (1928, 1988)
Der Erd-Drache hat sehr klar definierte Vorstellungen von Moral und Ethik. Seine persönliche Werteskala ist in der Regel unantastbar und er folgt seinen Prinzipien mit all seiner Energie. Oft setzt er seine Fähigkeiten zum Wohle derjenigen ein, die sich nicht selbst wehren können, selbst wenn das für ihn nicht immer von Vorteil ist.

Metall-Drache (1940, 2000)
Dieser Drache erlangt seine Weisheit vor allem dadurch, dass er zuzuhören weiß. Wie der Holz-Drache ist er ein eher zurückhaltender Vertreter seiner Art, der sich nicht um jeden Preis in den Vordergrund spielen muss. Kleine effektive Taten sind deutlich mehr nach seinem Geschmack als große Gesten ohne Substanz. Der Metall-Drache kann seine Fähigkeiten wirklich nutzbringend einsetzen.

Wasser-Drache (1952, 2012)
Der Regen-Drache gilt bei den Chinesen als Symbol von Wohlstand und Reichtum. Der Wasser-Drache weiß was er verdient und kann deshalb Geschenke des Universums galant annehmen. Sein gewinnendes Auftreten wird geprägt durch die sichere Gewissheit, dass am Ende des Weges die Belohnung und der Erfolg auf ihn warten.

Der Schlange

Auch der Schlange sagt man mystische Kräfte nach, im Gegensatz zum Drachen hält sie sich mit ihren Fähigkeiten jedoch meist eher bedeckt. Sie liebt es, den Dingen auf den Grund zu gehen und gibt in der Regel nicht eher Ruhe, bis sie wirklich das letzte Quäntchen Information gesammelt hat, auch wenn sie dafür sehr viel Zeit aufwenden muss.

Holz-Schlange(1965, 2025)
Die Holz-Schlange ist ein besonders vorsichtiger Vertreter ihrer Art, die sich lieber doppelt absichert, anstatt ein unnötiges Risiko einzugehen. Sie verfügt über einen Reihe von verborgenen Talenten, die darauf warten, entdeckt und gepflegt zu werden. Nimmt sie sich ausreichend Zeit für die Vorbereitung, kann sie sich mit ungewohnten Situationen arrangieren und ist durchaus auch zu einem Neuanfang bereit.

Feuer-Schlange (1977)
Auch die Feuer-Schlange ist ein eher introvertiertes Wesen, weiß aber durchaus auf sich aufmerksam zu machen, wenn sie den richtigen

Zeitpunkt für gekommen hält. Von Unbekanntem hält sie sich zunächst einmal lieber fern und zeigt sich zufrieden, wenn sie recht ungestört an ihrem Lieblingsplatz bleiben kann. Von dort aus beobachtet sie mit Geduld ihre Umgebung und wird erst aktiv, wenn sie sich ganz sicher fühlt.

Erd-Schlange (1929, 1989)
Die Erd-Schlange wird bei den alten Chinesen als ‚Glücksschlange' verehrt, denn sie ist in der Lage mit ihrer bloßen Anwesenheit ein Lächeln ins Gesicht ihrer Mitmenschen zu zaubern. Sie hat es nicht nötig mit Besitztümern zu glänzen, sondern gibt ein Beispiel dafür, dass man auch mit geringen Mitteln Freude und Glück erleben kann.

Metall-Schlange (1941, 2001)
Viele Dinge regeln sich ganz von selbst, wenn man sie nur lange genug ruhen lässt und den Dingen ab einem gewissen Punkt einfach seinen Lauf lässt. Diese Erfahrung hat die Metall-Schlange in ihrem Leben sicher schon mehr als einmal gemacht. Sie pflanzt deshalb den Samen in die Erde und wartet entspannt und ruhig, bis das Korn reif ist und geerntet werden kann.

Wasser-Schlange (1952, 2012)
Besonders in der Partnerschaft ist diese Schlange ausgesprochen beliebt, ist sie doch zu dauerhaften und tiefen Beziehungen fähig, die durch kaum etwas zu erschüttern sind. Darüber hinaus ist die Wasser-Schlange zuweilen jedoch schwer zu durchschauen, da sie ihre wahres Selbst oft lieber vor neugierigen Blicken hinter einer Maske verbirgt.

Das Pferd

Im chinesischen Tierkreis repräsentiert das Pferd das männliche Prinzip. Sport, Natur und gesellschaftliche Aktivitäten stehen bei den meisten Pferden ganz oben auf der Liste. Die meisten Pferde verfügen über einen gesunden Ehrgeiz, würden diesen aber niemals auf Kosten Dritter ausleben. Dafür sind ihnen ihre Mitmenschen zu wichtig.

Holz-Pferd (1954, 2014)
Mit der ansonsten so realistischen Pferde-Persönlichkeit hat das Holz-Pferd recht wenig gemein. Es baut mit Begeisterung Luftschlösser und hat eine Phantasie, die ihresgleichen sucht. Ausgestattet mit Fleiß und einem starken Willen ist es in der Lage, seine Träume letztendlich wirklich in die Tat umzusetzen, auch wenn das in seiner Umgebung niemand so recht glauben mag.

Feuer-Pferd (1966)
Das Feuer-Pferd ist die ambitionierteste Pferdepersönlichkeit im chinesischen Horoskop. In der Regel mit einem starken Willen zum Erfolg und einer guten Überzeugungskraft ausgestattet, kann ihm alles gelingen, was es anpackt, sofern es die richtigen Mitstreiter findet und zu motivieren weiß. So mancher seiner Pläne wird von ganz oben inspiriert und dann mit viel Elan und Begeisterung umgesetzt.

Erd-Pferd (1978)
Warum in der Ferne schweifen, wenn das Glück vor der eigenen Haustür wartet. Das Erd-Pferd weiß in der Regel nicht nur, wo es hingehört, sondern fühlt sich auch noch wohl an seinem Platz. In einem vertrauten Umfeld kann es seinen zahlreichen Aufgaben am besten gerecht werden und außerdem die Gemeinschaft stützen.

Metall-Pferd (1930, 1990)
Wer pflichtbewusst und zuverlässig seinen Dienst tut, wird über kurz oder lang dafür belohnt. Mit dieser Überzeugung kann es das Metall-Pferd weit bringen und so ist es nicht verwunderlich, wenn es im Laufe seines Lebens eine recht hohe soziale oder gesellschaftliche Stellung einnehmen kann und immer zur richtigen Zeit die richtigen Menschen trifft.

Wasser-Pferd (1942, 2002)
Das Wasser-Pferd scheut nicht davor zurück, für seine Ideale zu kämpfen. Wenn es von seinen Ideen überzeugt ist, nimmt es Auseinandersetzungen in Kauf und setzt sich mit allen Kräften, die ihm zur Verfügung stehen, für die Umsetzung ein. Dabei geht es niemals unvorbereitet in den Kampf und weiß seine Kontrahenten vor allem verbal zu überzeugen.

Die Ziege

Auch wenn die Ziege im Tierkreis das weibliche Prinzip versinnbildlicht, ist sie nicht immer so sanft, wie es auf den ersten Blick scheinen mag. Sie umgibt sich in der Regel gern mit anderen Menschen und zeigt viel Verständnis und Mitgefühl, wenn es um die Sorgen und Nöten ihrer Mitmenschen geht. Viele Ziegen haben übrigens versteckte künstlerische Talente.

Holz-Ziege (1955, 2015)
Die Holz-Ziege braucht zwar wie alle Ziegen den Schutz ihrer Herde, sucht aber trotzdem häufig die Einsamkeit. Sie liebt es, allein zu sein und sich mit sich selbst zu beschäftigen. Dabei kommt oft eine künstlerische Ader zum Vorschein. In sich selbst versunken braucht sie häufig keine Gesellschaft, sondern widmet sich mit voller Konzentration ihren eigenen Belangen.

Feuer-Ziege (1967)
Diese Ziegenpersönlichkeit sucht vor allem nach Unabhängigkeit. Wenn es Ihrer Selbstverwirklichung dient, kann sie sich durchaus von der Herde entfernen. Hat sie sich entschieden, ihre eigenen Interessen voranzutreiben, beschert ihr hohes Verantwortungsbewusstsein ihr allerdings fast ständig ein schlechtes Gewissen.

Erd-Ziege (1979)
Die Erd-Ziege ist mit Ihrem Platz in der Herde in der Regel recht zufrieden. Sie weiß, dass sie auf diese Weise vielleicht nicht den schnellsten, aber dafür den sichersten Weg zum Erfolg gewählt hat. Außerdem handelt sie in der Gewissheit, niemandem zu schaden. Das Wohlergehen anderer liegt ihr am Herzen.

Metall-Ziege (1931, 1991)
Die Metall-Ziege muss sich nicht in den Vordergrund drängen. Sie weiß, dass ihre Taten für sich sprechen und sie immer Fürsprecher findet, wenn es darauf ankommt. Wenn sie sich ihre Freundlichkeit bewahrt, kann sie es in der Gesellschaft weit bringen und findet oft einflussreiche Fürsprecher. Zeigt sie sich zu spröde, bleibt sie oft auf sich allein gestellt.

Wasser-Ziege (1943, 2003)
Gesellschaft ist der Wasser-Ziege sehr wichtig und sie fühlt sich immer dann am wohlsten, wenn sie nicht allein ist. Selbst ihre persönlichen Auszeiten nimmt sie sich oft unbemerkt und mitten im größten Trubel. Ihre Mitstreiter lassen sich gerne von ihren sanften Worten zum gemeinsamen Engagement überzeugen.

Der Affe

Mit seinem wachen Verstand gibt der Affe sich in der Regel nicht mit einer Aktivität zufrieden. Auch wenn er sich dabei zuweilen ein wenig verzettelt, kommt er am Ende doch immer mit heiler Haut davon und kann den Erfolg für sich verbuchen. Mit seinem flinken Mundwerk gelingt es ihm oft, auch den letzten Zweifler überzeugen.

Holz-Affe (1944, 2004)
Der Holz-Affe versteht es, sich für eine sorgfältige Planung beizeiten aus dem allgemeinen Trubel zurückzuziehen und die Sache von außen zu betrachten. Mit seinem wachen Geist spielt er die verschiedenen Möglichkeiten erst einmal mehrfach durch, bevor er die erfolgversprechendste in die Tat umsetzt.

Feuer-Affe (1956, 2016)
Unter dem Mantel der Leichtigkeit verbirgt sich eine Persönlichkeit, auf die man zählen kann, wenn es wirklich darauf ankommt. Der Feuer-Affe gehört zwar eher zu den chaotischeren Vertretern seiner Art und braucht reichlich Platz, um sich auszubreiten. Im Grunde seines Herzens ist er jedoch immer bereit, alles stehen und liegen zu lassen und Hilfe anzubieten.

Erd-Affe (1968)
Der Erd-Affe verfügt in der Regel über ein gesundes Selbstbewusstsein und hat es nicht nötig, sich in den Vordergrund zu spielen. Er gesteht es seinen Mitstreitern zu, ihr eigenes Süppchen zu kochen. Abseits des Scheinwerferlichts kommt er sehr gut alleine klar, auch wenn er sich nach außen gerne mit vielen Menschen umgibt.

Metall-Affe (1980)
Der Metall-Affe ist die ruhigste und ausgeglichenste unter den Affen-Persönlichkeiten. Er passt sich ohne Schwierigkeiten an aktuelle Gegebenheiten an und zeigt sich deutlich konstanter in seinem Tun als seine zuweilen etwas unsteten Artgenossen. In geschäftlichen Angelegenheiten hat er ein besonders gutes Gespür für Erfolg.

Wasser-Affe (1932, 1992)
Rein äußerlich ist dieser Vertreter seiner Art sicher die eleganteste Erscheinung unter den Affen. Der Wasser-Affe ist sich seiner Wirkung auf andere bewusst und weiß mit guten Manieren und gepflegter Konversation zu überzeugen. Wenn er ein Auge auf sein Budget hat, erreicht er in der Regel mühelos seine Ziele.

Der Hahn

Wie schon der Tiger verfügt auch der Hahn über eine natürliche Autorität, die er in der Regel geschickt für seine Zwecke einzusetzen weiß. Sein Geschick in geschäftlichen Dingen und im Umgang mit Geld und sein Blick für die Details machen es ihm besonders leicht, beruflich zu punkten. Im Privatleben besticht er durch seinen guten Geschmack und hervorragende Manieren.

Holz-Hahn (1945, 2005)
Manchmal ist er ein wenig vorschnell mit seinem Urteil, doch in der Regel hat der Holz-Hahn ein unbestechliches Auge für Menschen und Situationen. Er ist überzeugt von seinen Idealen und zieht es vor, nach seinen eigenen Regeln zu leben. Wichtige Entscheidungen trifft er nur nach sorgfältigem Abwägen und scheut sich nicht vor den Konsequenzen.

Feuer-Hahn (1957, 2017)
So mancher Feuer-Hahn leidet vielleicht unter seinen Führungsqualitäten, bedeuten sie doch, dass er so manche einsame Entscheidung zu treffen hat, die nicht immer auf Gegenliebe stößt. Er kann jedoch sicher sein, dass die Menschen, die ihm wirklich etwas bedeuten, seine Fähigkeiten zu schätzen wissen und sich vertrauensvoll in seine Hände begeben.

Erd-Hahn (1969)
Diese unabhängige Hahn-Persönlichkeit kommt hervorragend ohne Unterstützung zurecht und weiß sein Wissen und seine Kontakte sehr gut zu seinem Vorteil zu nutzen. Trotzdem kann er das Zusammensein mit Freunden und Familie genießen. Vor allem wenn er weiß, dass alle geschäftlichen Angelegenheiten geregelt sind, kann er sich am Leben erfreuen.

Metall-Hahn (1981)
Oft wünscht sich dieser Hahn mehr Freiheiten, damit er seine innersten Ideen verwirklichen kann. Denn unter der harten Schale schlummert oft ein ausgesprochen weicher Kern, der wahrgenommen werden möchte. Der Metall-Hahn ist jedoch oft so gefangen in seinen selbst auferlegten Regeln, dass er seine zahlreichen Talente nicht immer nutzen kann.

Wasser-Hahn (1933, 1993)
Mit dem Wasser-Hahn sollte man sich besser nicht anlegen. Vor allem, wenn er sich auf seinem eigenen Terrain befindet, duldet er nur ungern Widerspruch und weiß seine Ansichten laut und deutlich zu artikulieren. Dabei lenkt er mit seiner imposanten Erscheinung oft von seinen tief verborgenen spirituellen Qualitäten ab.

Der Hund

Sicherheit und Stabilität stehen auf der Prioritätenliste der meisten Hunde ganz weit oben. So ist es nicht verwunderlich, dass der Hund der treueste Freund und Gefolgsmann ist, den man im chinesischen Tierkreis finden kann. Seine Loyalität ist geradezu legendär, wenn es um die eigene Familie oder enge Freunde geht.

Holz-Hund (1934, 1994)
Als besonders aufmerksamer Vertreter seiner Art wacht der Holz-Hund mit Argusaugen nicht nur über alle geschäftlichen Belange, sondern auch über das Wohl seiner Familie. Sein schöpferisches Potential lebt er oft aufgrund seiner Stellung nicht aus - vielleicht auch, weil er Angst hat, seinen Status Quo zu gefährden.

Feuer-Hund (1946, 2006)

Auch wenn es auf den ersten Blick nicht so erscheint, steht dieses Exemplar dem Holz-Hund in seiner Wachsamkeit in nichts nach – besonders wenn es um geschäftliche Angelegenheiten geht. Der Feuer-Hund ist jedoch im Großen und Ganzen ein friedlicher Vertreter seiner Art, der wirklich nur dann zubeißt, wenn man ihn so sehr reizt, dass er sich nicht mehr anders zu helfen weiß.

Erd-Hund (1958, 2018)

Alles Fremde weckt im Erd-Hund zunächst einmal ein gesundes Misstrauen, dass er nur überwindet, wenn man ihm dazu Zeit lässt. Er ist kein Freund von schnellen Entscheidungen und zieht es vor, allein seinen Weg zu gehen, als sich auf faule Kompromisse einzulassen. Hat man sein Vertrauen erst einmal gewonnen, steht er wie ein Fels in der Brandung.

Metall-Hund (1970)

So mancher Metall-Hund hat sich in kniffligen Situationen als wertvoller Vermittler zwischen den Parteien erwiesen. Sein ausgeprägter Gerechtigkeitssinn und seine Besonnenheit sorgen dafür, dass man sich in seiner Gegenwart fast immer gut aufgehoben fühlt. Wenn es darauf ankommt, verteidigt er freundlich aber bestimmt sein Terrain.

Wasser-Hund (1982)

Es gibt eigentlich nichts, was dieser Hund nicht kann – vor allem wenn es um Haus und Hof geht, ist ihm keine Aufgabe zu anspruchsvoll und kein Weg zu weit. Darüber hinaus verfügt der Wasser-Hund in der Regel über eine gute Menschenkenntnis, die ihn vor Fehlentscheidungen bewahren kann und zum gefragten Ratgeber macht.

Das Schwein

Ein gemütliches Heim ist dem Schwein sehr wichtig und so sorgt es mit Fleiß dafür, dass sich alle Menschen in seiner Umgebung wohl fühlen. Als durch und durch positiver Mensch steht es fast immer auf der Sonnenseite des Lebens, auch wenn es manchmal Situationen und Mitmenschen falsch einschätzt.

Holz-Schwein (1935, 1995)

Im Gegensatz zu seinen anderen Artgenossen liebt es es das Holz-Schwein, unterwegs zu sein. Dabei stehen in der Regel keine beruflichen oder andere zwingende Gründe im Vordergrund. Vielmehr nutzt es seine Reisen, um seinen persönlichen Horizont zu erweitern, sich spirituell weiter zu entwickeln oder in seiner selbstlosen Art anderen Menschen zu helfen.

Feuer-Schwein (1947, 2007)

Diese Schweinepersönlichkeit hat den unbedingten Willen, das zu Ende zu bringen, was sie angefangen hat. Dafür nimmt das Schwein Entbehrungen und Hindernisse in Kauf. Es weiß doch, dass es am Ende für seine Anstrengungen nicht nur reich entlohnt wird, sondern auf diese Weise zu seiner eigentlichen Bestimmung finden kann.

Erd-Schwein (1959, 2019)

Ganz im Gegensatz zu seinen Artgenossen schätzt das Erd-Schwein durchaus die Einsamkeit und sucht zuweilen den Rückzug in eine Welt ohne weltliche Versuchungen. In der Ruhe findet es seinen inneren Kern und kann Kraft sammeln für Zeiten, in denen es nicht ganz so leicht voran geht. Es verfügt über einen sehr ausgeprägten Ordnungssinn und weiß seinen Alltag mit Geschick zu organisieren.

Metall-Schwein (1971)

Das Metall-Schwein fühlt sich in der Regel auf dem Land deutlich wohler als in der Stadt, wo es den Bezug zu Mutter Natur verlieren könnte. Als Mittelpunkt der Familie kreisen seine Gedanken vor allem um das Wohlergehen seiner Lieben und es setzt sich auf sympathische und patente Art für die Belange aller Menschen ein, die sich ihm anvertrauen.

Wasser-Schwein (1923, 1983)

Sein untrügliches Gespür für die schönen Dinge im Leben haben Familie und Freunden des Wasser-Schweins schon so manchen Vorteil gebracht. Dabei ist es nicht so, dass das Wasser-Schwein ständig auf der Suche nach teuren und luxuriösen Objekten ist. Vielmehr weiß es vor allem die kleinen Freuden im Leben zu schätzen und anzunehmen und diese Gabe überträgt es großzügig auf seine Umgebung.

Weitere Veröffentlichungen von Daniela Herzberg:

Neben dem Chinesischem Horoskop, das Daniela Herzberg seit 2004 jedes Jahr verfasst, hat sie außerdem eine Reihe von praktischen Ratgebern und Kochbüchern in digitaler und gedruckter Form veröffentlicht:

Wo die Liebe hinfällt
Die Chinesischen Tierzeichen und ihre persönlichen Beziehungen
E-Book

Fünf Elemente Ernährung für Jedermann –
Dein leichter Weg zum persönlichen Wohlbefinden
E-Book

Das große 5 Elemente Lebensmittel-Glossar
E-Book

Gesund & Fit zum Wunschgewicht
Mit der Fünf Elemente Getreidekur die Mitte stärken & die Pfunde schmelzen lassen
E-Book

Das große fünf Elemente Kochbuch
mit über 190 leckeren und gesunden Rezepten
E-Book
(auch als rein vegetarische Version)

Lieblingsrezepte aus Danielas 5 Elemente Küche
mit über 90 neuen Rezepten
E-Book

Das Frühstück ist fertig!
Lecker und gesunde 5 Elemente Rezepte für den perfekten Start in den Tag
E-Book

Danielas Brotrezepte
Gesunde und bekömmliche Backwaren selber machen
E-Book

Süße Versuchungen
Himmlische Rezepte aus der 5 Elemente Küche
E-Book

Kochen mit den Jahreszeiten
Gesund und fit durch das Jahr mit leckeren Rezepten
E-Book

Vegane Snacks & Starter
mit über 50 Rezepten
E-Book

Was tun bei Leberhitze?
Fünf Elemente Ernährungstipps & Übungen für eine angespannte Lebe
E-Book

Gesund & Vital mit den Fünf Elementen
Bio Ritter Ratgeber
Taschenbuch

Hier geht es zu den E-Books: **https://5-elemente.org/produkt-kategorie/e-books/**